# ソウル・ハンターズ

## シベリア・ユカギールのアニミズムの人類学

Soul Hunters

Hunting, Animism, and Personhood among the Siberian Yukaghirs

Rane Willerslev

レーン・ウィラースレフ

奥野克巳・近藤祉秋・古川不可知=訳

亜紀書房

目次

はじめに　6

第1章　ミメーシスとしてのアニミズム　11
ユカギール人――ミメーシス（模倣）――デカルトの遺産――人類学的伝統――現象学的な代替案――「関わり」対「再帰性」という問題――第二の自然――本書のあらまし

第2章　殺すべきか、殺さざるべきか　再生・シェア・リスク　56
狩猟と動物の再生――シェアリングの原理――シェアリングのリスク――狩猟者が獲物になるとき

## 第3章 身体-霊魂の弁証法　人間の再生信仰　89

模倣する行為主と二重のパースペクティヴ——身体的な行為主——アイビ——自身の霊魂を統御すること——経験における自己と他者としての身体——関係的なものとしての自己

## 第4章 種と人格性の概念　128

人格のカテゴリー——動物を殺して食べることについての道徳的不安——身体とにおい——状況としての人間性

## 第5章 人格としての動物　153

人間＝動物の変容——「動物でもなく、動物でなくもなく」——パースペクティヴの鏡像——変身、愛、誘惑——模倣的な共感とパースペクティヴィズム——狩猟とセックス——人間と動物：度合いの違い——動物の人格性をいかに理解するか

## 第6章 シャーマニズム　200

ユカギールのシャーマンシップ——シャーマンと狩猟者を比較する——双系社会のシャーマン

と父系社会のシャーマン――ユカギール・シャーマンの消滅

第7章　精霊の世界　235
ハズィアイン――ユカギール人とユピック人の比較――住まうことの視点――「用具的存在者」としての精霊――物事がうまくいかないとき――精霊の世界に問いかける――「世界観」の観念に抗して

第8章　学ぶことと夢見ること　263
知識と生まれ変わり――言語、知識、アイデンティティ――語りの場と空間的な位置把握――自己から他者性を追放する――夢の世界――精霊は現実か？

第9章　アニミズムを真剣に受け取る　298
隠喩モデル――デカルト主義としての相対主義――意味は関わりのうちに与えられる――つながりと自律――差異化の力

註　315
謝辞　341
訳者解説　344
参考文献　375
索引　379

## 凡例

一．原注は章ごとに、1、2、3、の番号を付し、巻末に訳出した。

一．原文におけるイタリック体は、書名の場合は『　』に入れ、その他については太字で示した。

一．現地語が本文に記される場合には読みを訳語としてあるいはルビで、カタカナで表記のうえ、原文のアルファベット表記を（　）に入れイタリック体で記した。なお、同一の語でもイタリックのものもあれば正体のものもあり、基本的には原文の表記に従った。

一．原文におけるハイフンは、二重ハイフン（＝）で示した。ただし、二重ハイフンがイコール（＝）と混同される可能性がある場合に限り、ハイフンを用いた。

一．原書にある注釈は［　］で示し、訳者による注釈は［訳注：　］として割注で表記した。

# はじめに

本書は、コリマ川上流域ユカギールのもとでおこなった通算十八ヵ月のフィールド調査の成果である。コリマ川上流域ユカギールとは、ロシア連邦サハ共和国（ヤクーチア）を流れるヤサチナヤ川沿岸のネレムノエ村に居住する、シベリアの先住狩猟民の小集団である。一九九三年、私はデンマーク＝ロシア合同の学際的な探検隊の一員として初めてユカギール人のもとを訪れた（R. Willerslev 1995）(1)。私の任務は、デンマークの博物館に展示するための民族学的な工芸品をコリマ川上流域のユカギール人から収集することであった。一九九七年には、狩猟と罠猟についての民族誌映画を撮影する二度の機会を得て、コリマ川上流域ユカギールの定住地であるネレムノエに戻った（Willerslev and Høgel 1997; Willerslev 1997）。一九九八年にはデンマークのＮＧＯが、ユカギール製のクロテンの毛皮を世界市場に向けて直接販売するための販促と支援を目的とした共同組合を設立するために、私を同じ村に派遣した（Willerslev and Christensen 2000; Willerslev 2000a, 2000b）。こうした様々な機会の滞在は通算するとおよそ六ヵ月にわたり、基礎的な言語能力と個人的な知り合いを得ることができた。そのため一九九九年から二〇〇〇年にかけてユカギールの狩猟者たちのもとでおこなった、博士論文のための一年間のフィールドワークは円滑に運んだ。長期滞在の間には、私自身も狩猟者として活動に加わるようになった。本書で分析される資料の大部分は、この仕事に携わった経験に基づいている。

ユカギール人に対する私の関心は、一九二六年に公刊されたヨヘルソンの古典的なモノグラフ、『ユカギール人とユカギール化されたツングース（*The Yukaghir and the Yukaghized Tungus*）』を読んだことに始まる。これは現在でも、ユカギール人に関する最も徹底した作品である。ロシアの知識人にして革命家であったヨヘルソンは、はじめ流刑囚としてヤクーチアに入り、のちにアメリカ自然史博物館の有名なジェサップ北太平洋探検（The Jesup North Pacific Expedition, 1897-1902）のメンバーとして、二十世紀への変わり目にコリマ川上下流域のユカギール人の間でフィールドワークを実施した。(2) 彼はユカギール文化と宗教生活について広範な研究をおこない、とりわけシャーマニズムの実践と霊的な信念に関心を寄せた。彼はこうした信念を、当時の慣例通りタイラーの「アニミズム」概念に則って、野蛮から文明へと至る進化段階における宗教の初期形態として解釈した。ヨヘルソン以降、ユカギール人についての研究はほんのわずかしか発表されていない。またそのすべてはロシア語で書かれ、大部分は同時代のユカギールの生きた声よりもヨヘルソンのデータに基づくものである。(3) そのため、私が一九九九年の夏にフィールドワークのためにネレムノエの村に到着したとき、頭の中にあったのはヨヘルソンの仕事であり、この百年間に何が起きたかを調べることに大きな関心があった。ユカギール人は依然として、ヨヘルソンが鮮やかに描き出したような伝統的な霊的知識の持ち主であるのか、あるいはそうした思考は完全に変容もしくは喪失してしまったのか。

だがそのときは、この調査が私をタイラーによって「アニミズム」と呼ばれた複雑な現象の再考へと導くことになるとは知る由もなかった。私はまた、ユカギールの狩猟がその再考をおこなうための枠組みとなることも知らなかった。

しかし調査はすぐに難しい局面を迎え、そのことが調査の方向性を決定づけた。ユカギール製のクロテンの毛皮を世界市場に向けて販促し、支援する活動にかかわっていたため、ソ連の崩壊からこのかたサハ共和国の毛皮貿易を独占するようになったヤクートの大きな毛皮会社、サハブルトから攻撃を受けるようになったのだ。ユカギール人の毛皮収集とヨーロッパの毛皮競売所への直接送付を私が手助けしていると気づいたとき、その会社は私を「違法」貿易と密猟のかどで逮捕するため、ネレムノエに警察官を派遣した。その結果、私は村から逃げて森の狩猟者たちの間に身を潜めねばならなかった。とはいえ私の境遇は、毛皮の専門家であり貿易商でもあったヤクーツクのロシア人協力者が不可解な状況下で溺死したことに比べれば、はるかに好ましいものであった（Willerslev and Christensen 2000）。

かくして私はほとんど六ヵ月の間、スピリドン・スピリドノフ「爺さん」と、その二人の成人した息子ユラとピョートル、および孫のステファンを含む狩猟者集団とともに、ネレムノエの南方およそ百キロメートル、ヤサチナヤ川に合流する切り立った山河オムレフカで暮らした。しばしば食料不足や凍傷、さらにはクマにも襲われる森の生活は身体的に苦しかったにもかかわらず、私はこの滞在を心から楽しむようになった。一生懸命に働く覚悟が私にあると他の狩猟者たちから認められたとき、私は集団にすっかり溶け込んだ。我々は毎日連れ立って、もしくは一人で狩りに行き、私は次第に極めて大きな猟果を上げるようになった。肉や毛皮の分け前を平等に受け取り、集団の誰かがネレムノエに戻るときにはいつもそれを村の知人に持っていってもらった。森への逃亡を強いられたことによって、狩りの様々な局面や、獲物や精霊を扱う様々な実践的・呪術的な技法などの観察が可能になった。それだけでなく、日々のルーティン作業をとおして自らも狩猟者の実存の様態へと浸《ひた》っていった。私は徐々に、彼らが経験するように彼らの環境を経験するようになった。狩りに出たときは常に獲物の足跡や他の痕跡を見分けられるように私の筋肉は緊張し、夜の夢にはときおり霊的存在が猟運を知らせに現れた。

だが森の生活がどれほど深く影響したのかに気づいたのは、森の逃亡生活からネレムノエに戻ってからのことだった。私は大多数の狩猟者たちと同様に、村の生活がほとんど耐え難いほど単調であることに気がついた。さらに、優雅なレザーブーツにロシア式の服を着た村の若い女性は、私にとってはまったく異質なものに見えた。教師や役人、引退した人々にインタビューをするとき以外は、他の狩猟者と酒を飲んで時間をつぶした。特に仲の良い友人となっていたアクリナとグレゴリーのシャルーギン老夫妻が私を森へと引っぱって行ったとき、ようやく状態はましになった。だがそのときから私は村の生活をできるかぎり避け、調査地での残り時間を森にいるスピリドンや他の狩猟者の集団と一緒に過ごした。

重要な点は、私はすべてのユカギールを代弁していると主張できるわけではなく、それはネレムノエに住むユカギール人すべてですらないということだ。したがって、本書で「ユカギール（*Yukaghir*）」、「ユカギール人（*the Yukaghirs*）」あるいは「ユカギールの人々（*the Yukaghir people*)」と言うとき、これはユカギールの人々の中で私が最もよく知っている個人たちを指すために用いられる民族誌的省略法である（Atkinson 1989: 5参照）。これらの人々はほとんどが狩猟者であり、年長世代の人々である。森で過ごしていたため、村で若いユカギール女性と話す十分な機会がなかったのだ。本書に反映されているのは、以下の事実である。良かれ悪しかれこの本は主として狩猟者の視点から書かれている。それは完全にではないにせよ、ほとんどが男性の視点である。伝統的には、男女間の区別はユカギールでは顕著ではなかった。男性と女性は、狩りの季節には同様の役割を果たしていた。女性は、例えば月経期間中や出産の直後は狩りに行くことを禁じられるといったいくつかのタブーに服すものの（Jochelson 1926: 146）、女性だけで、あるいは男性と一緒に狩りに行くのはまったく珍しいことではなかった。今日でも、狩りの腕前で知られる年配の女性たちがおり、クマさえ狩ることでも有名である。だが、一九六〇年代以降はすべてが変化した。女性はネレムノエの村に常住し、寄宿学校や幼稚園、病院などの施設に雇用されている。一方で男性の側は、ソビエト国家にとって重要な富の資源であった毛皮、とりわけクロテンの毛皮を狩るためには、土地に留まった（Willerslev 2000a）。今日でもユカギール男性の大部分は、一年のうち八ヵ月からそれ以上、森の奥でエルクやクロテンを狩って暮らす。これこそ本書が取り扱う狩猟者たちの宇宙であり、幾人かの女性は含まれるにせよ、描き出されるのは主として男性の世界である。

# 第1章　ミメーシスとしてのアニミズム

　スピリドン爺さんが身体を前後に揺らすのを見て、今、目にしているのが男の姿なのか、エルクのなのか、私は困惑した。毛を外向きにするようにして着ているエルク革の外套、特徴的な突き出た耳のついた頭飾り、エルクが雪の中を動く音に似せるためにエルクの脚の滑らかな毛皮で覆ったスキー板が、彼をエルクにしていた。しかし、両手に握られた装塡済みのライフル銃とあわせて、帽子の下から出た、人間の目、鼻、口を備えた顔の下半分が、彼を人間の男にしていた。だから、スピリドンは人間であることをやめてしまったわけではない。むしろ、彼は境界領域的《リミナル》な性質を有していた。彼はエルクではなかったが、エルク**ではない**というわけでもなかった。彼は、人間と非人間のアイデンティティの間にある奇妙な場を占めていたのだ。

　一匹の雌エルクが仔を連れてヤナギの茂みから現れた。当初、その二匹は立ち止まっていた。母親は当惑した様子で巨大な頭を上げたり、下げたりして、目の前の難問を解けずにいた。しかしスピリドンが近づくと、彼女は彼の模倣的パフォーマンスに囚われ、疑心を一旦棚上げして、彼に向かってまっすぐに歩き出した。その後ろから、仔が速足で続いた。そのとき、スピリドンは銃をもちあげ、二匹を撃ち殺した。後に、彼はその出来事を以下のように説明した。「私は二人の人間《パーソンズ》が踊りながら近づいて来るのを見た。母親は美しく若い女で、歌いながらこう言ったんだ。『誉れある友よ、いらっしゃい。あなたの手を取り、私たちの住まいにご案内しましょう』。そのとき、私は二人を殺したんだ。もし彼女と一緒に行ってしまっていたら、私のほうが死んでいただろう。彼女が私を殺していただろう」

私たちを生気あふれる世界へといざなってくれるこの一節は、シベリア北東部のコリマ川上流域に暮らす、小規模な先住狩猟民集団であるユカギール人に関する本書の舞台を用意してくれる。我々西洋人にとって、言語、志向性《インテンショナリティ》、論理思考および道徳意識といったものを備えた人格性《パーソンフッド》の諸属性は、人間のみに帰属すると考えるのが通例である。動物はまったく自然的な存在であると理解され、その行動は自動的で本能的なものとして概して説明されている。しかしユカギール人の間では、別の前提が流布している。彼らの世界では、人格《パーソン》は様々な形態を取ることができ、人間《ヒューマン・ビーイング》はそのうちのひとつに過ぎない。人格は、河川、樹木、霊魂、精霊の形で現われることもある。だが、何にも増して、ユカギール人が「人間以外の人格」(Hallowell 1960: 36)と見なすのは哺乳類である。さらに、人間と動物は、互いの身体を一時的に借りることで、別種のパースペクティヴに出入りすることができる。後で見ていくように、ユカギール人の間では、別の存在の外見と観点を採るこの能力は、人格であることの鍵となる側面のひとつである。

人間ではない《ノンヒューマン》動物に対して(また、無生物や精霊といった動物ではないものに対してさえ)、人間の人格と同等の知的、情動的、霊的な性質を与えるこうした一組の信念は、**アニミズム**と伝統的に呼ばれている。アニミズムは、人類学における最初の概念とは言わないまでも、最古の概念のひとつである。それはタイラー（Tylor 1929a [1871]: 424）によって、宗教的信仰の最も単純な形態、つまり、「霊的存在への信仰」を特徴づけるやり方として導入された。しかしそれは、こんにちの人類学者が、たとえ使うとしても注意しながら使う概念である。その理由はデスコラによってうまくまとめられている。彼は以下のように書いている。「おそらく古代社会の生活の一見、非合理的な側面に対して、過度の注目を引いてしまうのではないかという暗黙の恐れからか……近代の人類学は、アニミズムというトピックについては極度に口を閉ざしてきた」（Descola 1992: 114）。私たちが「ふつう」であると考えるものから根本的に異なった――例えば、スピリドン爺さんがしたような――説明を人類学者がほとんど信用しない傾向があったことはなるほど正しい。この学問の黎明期において、ヴィクトリア期の学者ならば、その老狩猟者が実は嘘をついているのでなかったら、何らかの妄想にさいなまれているのに違いなく、幻想と事実、夢と現実を区別することができなくなってしまっているのだと言ったであろう。最近の人類学者であれば、土着の観点により同情的な傾向を示す気質と「学問的な」訓練によって、狩猟者の説明に「……かのように」を付け加えることで彼の物語を受け入れるだろう。だから、その狩猟者は、意味不明のことを話しているのではなく、隠喩で語っていて、自然と文化という分離された二つの領域の間に比喩的な並行を生み出しているとされる。だが、狩猟者は動物が人格である「かのように」語っているということは、彼の物語が文字通りに受け取られるのではなく、象徴的な言明なのだと受け取られるべきだということになる。デュルケーム社会学に由来する「隠喩モデル」は、近代の狩猟採集民研究のそこかしこに見出せるはずだ。だが、どちらのモデルにとっても、結果は本質的には同じままである。動物は**本当は**人格ではないが、狩猟者の精神の中でのみ、そのようなものとして存在する。それゆえ狩猟者の説明は、現実に基礎を持つものとして、真剣に受け取られるべきものではないということになる。この一手によって、土着の形而上学は、私たちの存在論的な確証に対して何ら脅威を与えないもののように見え、人類学者は、人々が口にすることが現実に基礎づけを持っているか否かに頭を悩ませることなく、仕事を進めることができる。

しかし、本書で私は、土着の理解に対する西洋の形而上学の優越性をひっくり返し、精霊、霊魂、動物の人格の性質についてユカギール人が言うことに関して、彼らの導きに従いたいと思う。このようにすることでのみ、私たちは、これらの事柄に関する彼らの観点を真剣に受け取る枠組みを発展させることを望みうる。このことは、ユカギール人を私たちと比べて、なぜか知識が深かったり賢かったりする者として、エキゾチックに描くことを示唆しない。またそれは、疑問を抱かずに彼らの信念を採用したり、受け入れたりすることでもない。むしろそれは、私たちの知の理論とユカギール人のアニミズム的な信念や実践とを批判的な対話の場に置くことで、私たちとユカギール人の共通の特色と差異が織りなす複雑なパターンに注意を促すための真摯な努力を伴っている。本章ではこれ以降、アニミズム「問題」に関するこの新しいアプローチを素描することにほぼすべての紙幅を費やすことになる。だが、私たちを哲学と人類学の理論に向き合わせることになるこの仕事に取りかかる前に本書が扱う民族を紹介しておきたい。

## ◇ユカギール人

**ユカギール**（*Yukaghir*、別の綴りとしては、*Iukagir*、*Yukagir*、*Yukagiry*、*Yukagirskiy*）という名前は、エヴェンキ語由来の総称であると考えられており、十七世紀にロシア人によって使われるようになった[(1)]。その名の意味に関する定説はないが、「氷の、もしくは、凍りついた人々」の意味かもしれないという説が唱えられてきた（Ivanov 1999: 153）。彼ら自身の言葉では、コリマ川上流域のユカギール人は、自分たちのことを「強い」、「強力な」を意味する**オドゥル**（*Odul*）と呼ぶ。この名は人々の間で広く知られているが、それを使う者はほとんどいない。代わりに、彼らは自分たちのことを**ユカギール**（*Yukaghirs*）と呼ぶ。これが、私が彼らをこの名で呼ぶ理由である。

大雑把に言って、こんにちユカギール人は、互いに通じないユカギール語の方言を話す二つの集団からなる。主な居住地をヴェルフネ・コリムスク・ウルスのネレムノエ村とするコリマ川上流域の集団と、ニジネ・コリムスク・ウルスに住むコリマ川下流域の集団である（ユカギール人のテリトリーに関する地図を参照）。私が調査したのは前者の集団であり、本書の焦点は彼らに当てられる。二つの集団の間にある最も顕著な差異は、コリマ川下流域の集団が主に（比較的新しい時代にエヴェンキ人から取り入れたと考えられる）トナカイ牧畜によって生活している一方で、コリマ川上流域の集団の成員たちは、狩猟・漁撈民のままであり続け、今なお、イヌが唯一の家畜であることだ[(2)]。

十七世紀中葉、ロシア人がシベリア北東部を占領した時点で、ユカギール語を話す集団は、西はレナ川の下流部から東はアナディリ川流域まで、北は北極海の沿岸部から南はヤナ川、インディギルカ川、コリマ川の上流部までにわたる、広大な領域（およそ百五十万平方キロメートル）を占めていた。彼らはチュヴァン人、コディン人、アナウル人、オモック人といった数多くの異なった集団から構成され、近縁の言語を話していたが、政治的には統一されていなかった。ロシア人との接触が始まる以前には、ユカギール人の人口は約五千人であったと推定されている（Zukova, Nikolaeva, and Dëmina 1993）。だが、ロシア人による統治が始まってから三世紀の間に、ユカギール人はシベリア北部の諸民族に関して記録された中で最も急速な衰退を経験した。一八五九年の人口調査はおよそ二千五百人のユカギール人を記録していたが、一八九七年には千五百人、一九二〇年では四百四十三人のみである。エヴェンキ人、エヴェン人、コリャーク人、チュクチ人、サハ人（牛馬飼育民）を含む、侵入する近隣のトナカイ飼養民との戦いによって、人口は大幅に減少した。[3]ヨーロッパ由来の病気が入り込んだこともまた壊滅的な影響を与え、非常に多数のユカギールが天然痘や麻疹の流行期に命を落とした（Jochelson 1926: 54-55）。

毛皮貢物税（ヤサーク）の支払いを避けるために自身の民族帰属を変更するという実践もまた、ユカギール人の人口が着実に減少することに一役買ったかもしれない（Morin and Saladin d'Anglure 1997: 168）。毛皮貢物税のための人口調査は稀であり、貢物税の量は前回の人口調査で数えられた人口に基づいて算出された。

それゆえ、ユカギール人は、急速に人口減少が進む中で、しばしば死んだ男たちの分まで貢物税を払うはめになった。彼らは、サハ人（ヤクート人）やチュクチ人といった人口が拡大している集

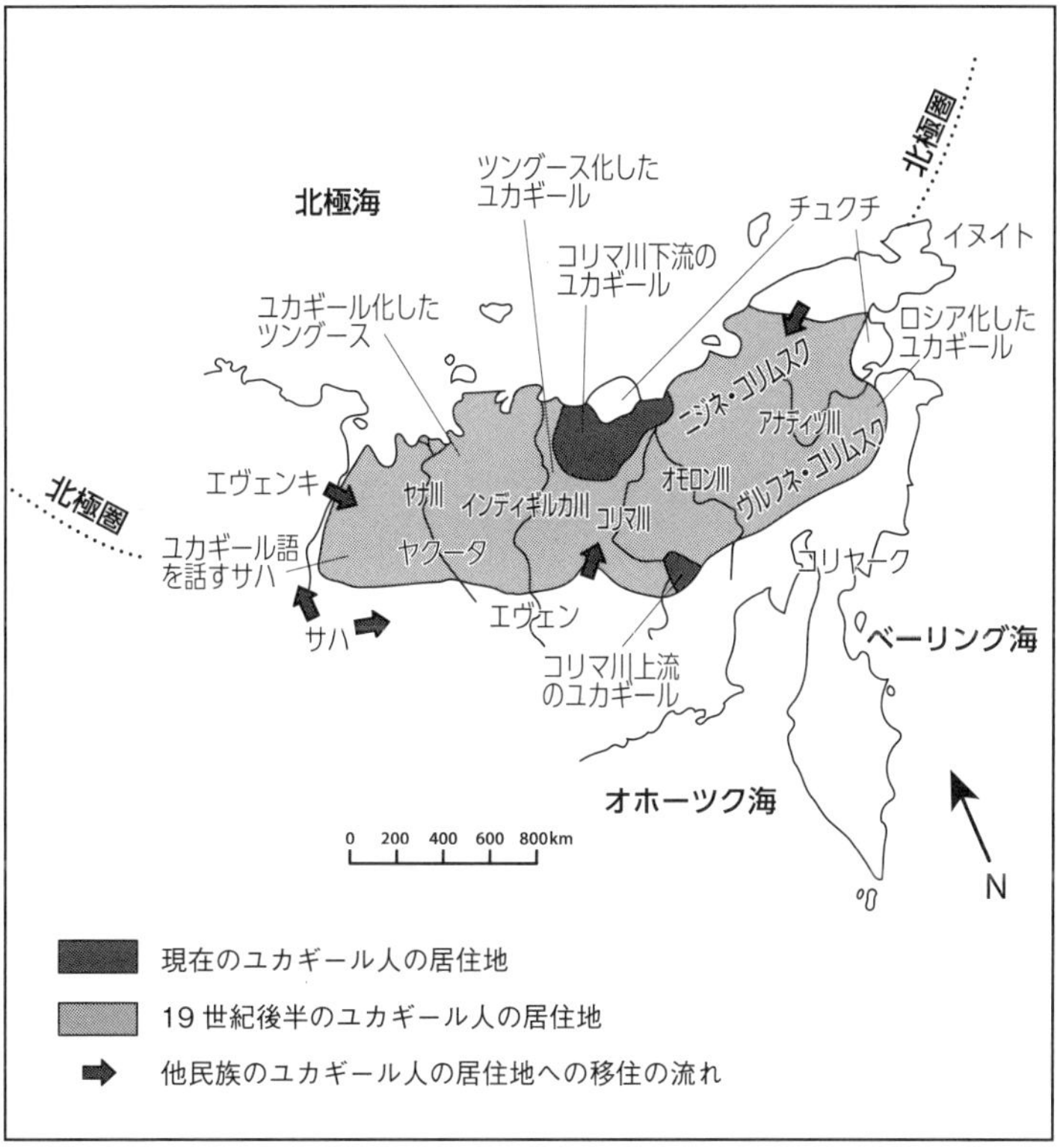


地図　ユカギール人のテリトリー。ムースガルト博物館のイェンス・キルケビー作。

団の成員として自らを登録することで税負担を軽減することができた。このような「民族の操作」は、こんにちでさえも明白である。一九八九年の人口調査によれば、合計で千百十二人のユカギール人がおり、その約半分がコリマ川上流域の集団に属している。驚くべきことに、一九七九年の人口調査は、ユカギール人が合計で五百人のみという数字を挙げている。大概の場合、この顕著な増加の理由は、ユカギール人のみを対象とした様々な福利厚生の特典――例えば、特別な狩猟や漁撈の権利――の受給資格を得るために、異なる民族的背景を持つ人々が自身をユカギール人として登録したからであった（Derlicki 2003: 123）。同様に、異民族同士の両親から生まれた子供たちの多くは、こんにちユカギール人として登録されている。現在では、ネレムノエ村の人口は三百七人を数え、そのうち百四十六人はユカギール人として登録されている。少数のエヴェン人に加えて、残りの人口の多くはサハ人もしくはロシア人として記載されている。

だが、これらの民族行政的範疇（ロシア語 *Natsional'nost'*）が地元民の実質的な所属意識に関してほぼ何も教えてくれないことに注意するのが肝要だ。例えばネレムノエ村には、自身をユカギール人と見なし、ユカギール語を話すが、若い時分にサハ人やロシア人として登録された高齢者が数多くいる。さらに、多くの地元の人々にとってユカギール人であることは、生まれつき身に帯びていたり、その中に産み落とされたりするアイデンティティであるというよりも、職業や居住地域をとおして獲得する性質なのである。それゆえ、ある老いた男は以下のように説明したのだった。彼の両親はユカギール人であったが、トナカイ牧畜民とともに働くために山に行ったとき、彼はエヴェン人として登録した。さらに、狩猟に従事するためにネレムノエ村に戻ったとき、再びユカギール人になった。同様に、ヴェルフネ・コリムスクという隣村で生まれ、ヤクート人として登録されている男は、ネレムノエ村に住んで二十年になった今では、自分はサハ人というよりもユカギール人だと私に請け合った。なぜなら、「ユカギール人のように住んで、食べて、働いているから」だという。アンダーソンは、この現象を「関係的アイデンティティ」と呼ぶ。これは、ある個人が一生のうちにひとつの民族アイデンティティから別のものへと移行したり、同時に複数のアイデンティティを有したりさえするのがごく当たり前という、シベリア北東部におけるアイデンティティ形成の場当たり的で流動的な性質を説明するひとつの方法である（Anderson 2000: 91）。実際に、これから本書全体にわたって見ていくことになるが、このようなアイデンティティの関係的な性質は、人間-非人間の領域にも拡張されている。人間は動物になり、動物は人間になる。そして、あるたぐいの精霊は、別のたぐいへと転じる。ここでは、固定されたアイデンティティというものは存在せず、あるたぐいの存在が別のものへと引き続いて、変形していくのみだ。

ユカギール語は、いわゆる古アジア諸語に属し、その中で特別な位置を占める。それは、従来は孤立言語と見なされてきたが、もしかしたらフィン・ウゴル語派とサモエード語派からなるウラル大語族に含めることができるかもしれない（Shnirelman 1999: 119）。最近まで、ネレムノエ村では多言語使用はありふれたものであり、文化間の意思疎通を図るための代替的な様式として、ユカギール語、エヴェン語、サハ語が用いられていた（Maslova and Vakhtin 1996: 999）。最も高齢の人々（六十歳以上）の間では、この点はいまだに当てはまるが、ユカギール語の長期的存続は、一九六〇年代後半から支配的な言語となったロシア語の脅威にさらされている。第7章で論じるように、これは主に、ユカギール人の子供たちを家族から引き離したソビエトの寄宿舎学校制度の結果である。こんにち、先住民言語に堪能なのは、最高齢の世代のみである。六十歳以下の者の多くにとって、ユカギール語が母語［訳注：はじめに習った言語］であるが、六十歳以下の者すべてにとってロシア語かサハ語が第一言語［訳注：最も得意な言語］なのだ（Vakhtin 1991）。

ソビエト期の一九三一年、ユカギール人は、「輝かしい生活」（*Svetlaya zhizn*）と呼ばれる集団農場（**コルホーズ**）へと組織化された。その中心はネレムノエ村にあったが、この村はもともと、ヤサチナヤ川がラソッカ川と合流する場所に位置する、ヌンゲデン・ア・ニルと呼ばれるユカギール人の古い野営地であった。「輝かしい生活」は、一九五六年から一九五八年にかけて、主にサハ人からなる「ソビエト憲法」と呼ばれる集団農場と合併し、「ユカギール」という名のコルホーズを形成した。だが、わずか二年後、この集団農場は、「ヴェルフネ・コリムスク」と呼ばれる、はるかに大規模な国営農場へと吸収された。そしてネレムノエ村は川下へと移設され、地区の中心であるジリアンカから七十キロメートルほど離れたところへと移動した(4)。

ソビエト期には、ネレムノエ村の狩猟者は、地域の公的計画制度に従属した。それは、ソフホーズに持ち込むことが必要とされたクロテンの毛皮の枚数に関して定められた目標値のことであり、狩猟者はクロテン毛皮と引き換えに現金の支払いを受けた。一九六〇年代中盤まで、生存狩猟は地元の人々にとって必要不可欠であった。だがそれ以降、村は中央集権化された消費財の配達と賃金雇用をとおしてソビエトの国家経済にますます組み込まれていき、生存狩猟は中心的な活動というよりも補足的なものとなっていった。

しかし、一九九一年の国営農場の解体とそれに続いた経済危機以降、人々はおおむね自給自足の生活様式へと戻ってきた。一九九三年以降、事実上、賃金が支払われなくなったが、生活必需品の価格は数百パーセントも上昇した。結果的に、今やネレムノエ村の人口の大多数は自らの生存を狩猟と漁撈に完全に依存しており、パン、茶、タバコを除いて、輸入された食料品は日常的に消費されていない。自給自足的なあり方へと回帰する動きは、一九九〇年代にかけて、「専業」もしくは「職業」狩猟者（ロシア語 *kadrovye okhotniki*）の登録数が着実に増加していることにも反映されている。一九九一年、ネレムノエ村には二十二名の職業狩猟者がいた（健康な男性人口の約四十四パーセント）が、現在では三十九名（約七十八パーセント）である。加えて、ソビエト期と比べると、こんにちクロテン狩猟にはほとんど時間が割かれていない。代わりに人々はもっぱら食料確保に専念している。老人、女性、子供は魚網をしかけ（ホワイトフィッシュ、マス、カマス、イシビラメ）、ベリー類（クラウドベリー、オオビルベリー、アカビルベリー）を採集し、村の近くでシロライチョウやノウサギをねらって、くくり罠を仕掛ける。その一方で、男たちは大型獣、なかでもエルクを狩るために森の奥深くに出かける。

ユカギール人の歴史や現在の状況は、少なくとも二つの興味深い疑問を投げかける。第一に、数世紀にわたって人口減少を経験し、実質的に先住民言語を失い、ソビエト化におけるあらゆる浮沈を生き抜いてきたこれらの人々は、精霊、霊魂、動物の人格についての古い信仰を今どの程度まで保持しているのだろうか。加えて、完膚なきまでの経済崩壊の時期、つまり、食料確保と生存が再び核心的な課題となったとき、これらの信念には何が起きたのだろうか。ユカギール人のシャーマ

図１　死んだエルクと狩猟者たち。著者撮影。

ニズムと霊的な知識を扱う第6章、および第7章では、これらの疑問に対するいくばくかの回答を示唆するつもりだが、今の時点で少しだけ補足説明が必要だろう。

私はユカギール人を「アニミスト」と呼ぶが、それは彼らが自らを取り巻く世界のあらゆるものに人格性をむやみやたらに付与していることを示唆するものではない。最近の人類学者が「アニミズム」という術語を捨て去るように呼びかけてきた理由のひとつは、合理的に思考する人物にとって明らかに自然界の物体であるに過ぎないモノに人格性を惜しげもなく付与する未開人の迷信的信念体系という烙印を押すために、過去にこの概念が気兼ねなく使われてきたからだ（Ingold 2000: 106）。だが、ユカギール人のアニミズムは、はっきりと言葉にされた、ドグマ的な世界認識の体系ではないし、あらゆる自然物と自然現象がいかなるときでも人格性を与えられていると言っているわけでもない。実際のところ、まったくの反対である。これから見るように、動物やモノの人格性は、狩猟の最中のような、綿密で実践的な没入が生じる特定の状況下において立ち現れるものだ。こうした特定の状況を離れたとき、ユカギール人は、私たち同様、必ずしもモノを人格として見ているわけではなく、代わりに人間の主体と非人間の客体の区別がはるかにたやすくなされるような、ありふれた客体からなる世界を生きている。

だがユカギール人のアニミズムが、世界に関する形式的に理論化され明確に言葉にされた哲学にまるで似ておらず、むしろ本質的に実践的で、地に足がついていて、ある特定の経験や活動の文脈に限定されているとしよう。ならば、それはいったい何であろうか。私の本書全体をとおした議論は、それが実践である――あるいは、少なくともある実践の痕跡を内部に含み込んでいる――ということだ。私が思うには、この実践とは、ミメーシスのことである。

## ◇ミメーシス（模倣）

通常、ミメーシスは文学理論、つまり解釈の理論と見なされている。この理論が人類学の領域に拡張されるようになったのは、ごく最近のことである（Jackson 1983: 330-39; Taussig 1993; Koester 2002; Cox 2003; Roepstorff and Bubandt 2003: 9-30; Harrison 2005; Willerslev 2004a, 2006; Santos-Granero 2007）。しかしコックスが指摘しているように、「ミメーシス概念は、プラトンやアリストテレスからアウエルバッハやアドルノまで、それが使用されてきた歴史の中であまりにも多くの変化をこうむってきたので、誰もそれを首尾一貫した理論として適切に論じることはできない」(Cox 2003: 106)。私は、世界＝内＝存在における「関わり《エンゲージメント》」と「再帰性《リフレクシヴィティ》」という二つの様式が出会う場としてのより狭い意味においてミメーシスを論じるつもりだ。また、他方で「同一性」と「差異」、「自己」と「他者」、「私」と「非＝私」のように、ミメーシスと関係が深い他の術語も議論に含めることとする。その際、タウシグ(Taussig 1993)によるミメーシスの人類学的な再解釈に依拠することになるが、タウシグの議論の根本的な着想はドイツ人の文化批評家ベンヤミンに由来する。ベンヤミンはミメーシスにひとつの理論ではなく、ひとつの「能力」を見出すのであり、それは身体のように人間の条件から切り離せないものである。この能力は、近代において、諸々のイメージとシミュラークルが横溢し、ゆえに現実的と感じるものが何もない世界をもたらした。だが、ベンヤミンが論じるには、ミメーシスの根源は、まねることによって世界や他者との間に類似性を育もうとする原始的な衝動にまでさかのぼることができる。「自然は類似性を作り出す。擬態《ミミクリー》のことを考えるだけでわかるだろう。だが、類似性を生み出すための最も高い素質は、人類のものである。類似性を見出す才能は、他の何者かになったり、そのようにふるまったりしようとする、往時の力強い衝動の痕跡に他ならない。おそらく、人間の高次の機能のうち、模倣する能力が決定的な役割を担わないものはないだろう」(Benjamin、引用は Taussig 1993: 19)

タウシグは、ベンヤミン風の分析において、模倣する能力というこの概念を取り上げて、以下のように定義している。「文化が**第二の自然**《セカンド・ネイチャー》を作り出すために使う性質《ネイチャー》、つまり他者を写し取り、まねし、そのモデルを作り、その差異を探究し、それに身を委ね、それになる能力である」(Taussig

1993: xiii、強調はウィラースレフ)。「第二の自然」を私たちはどのように理解するべきだろうか。タウシグはその答えを語らないが、本章の末尾にかけて、彼の代わりに提案してみることにしよう。しかし、まずはタウシグ自身の説明から始めさせてほしい。彼は、「写し取ること」と「感覚的な接触」をともなう、二層構造のミメーシス概念を提案している。ミメーシスは、表象の一形式であり、写し取ることをともなう表現である。だが、ミメーシスには決定的に肉体的かつ物理的で有形な側面もあり、それがその第二層、つまり感覚的な接触である(Taussig 1993: 21)。ミメーシスに関するこうした理解は、フレイザーが『金枝篇』(Frazer 1993[1922])で論じた「類感呪術」の二類型――「接触呪術」と「類似もしくは模倣呪術」――に依拠している。タウシグが論じるには、呪術的実践におけるコピーされたものに関するフレイザーの見解は、「表象が、表象されたものが有する諸特性を共有したり、獲得したりするほどに、原物」に影響を及ぼす点で力強い。彼はこの点を数多くの異なった事例から例証している。その多くは、植民地主義的な環境から採られており、その中で植民地の主体は、ヨーロッパ人の「主人」を操作し、支配するための方法として彼らをまねる。

「植民地的な擬態」に関するタウシグの描写は、シベリア先住民と以前のソビエト政府との関係にまつわる近年の人類学的著作にある程度似通った例を見出すことができる。例えば、スソーリン＝チャイコフ(Ssorin-Chaikov 2003)は、一九三〇年代のエヴェンキ人がいかに「国家そのものではないとしても、ある国家の政略を体現する」(Ssorin-Chaikov 2003: 115)ことを目論んでいたかを描写した。彼らは、ソビエト式の衣服を着ることで国家のイメージ(コピー)にあわせて衣替えしたり、メダルを身に着けたり(接触)、自己告白をともなう屈辱的な裁判において、シャーマニズムに従事したかどで彼ら自身が責めさいなまれるままにしていたことさえあった。同じく、グラント（Grant 1995）は、ニヴフ人が彼らの伝統文化を進んで汎ソビエト的な象徴や理念と取り替えていったことを描き、ブロック（Bloch 2004: 108）は、多くのエヴェンキ人女性が彼女らを近代化しようとするソビエト政府の試みに同調し、「その過程でそれへの所属意識を獲得した」事情を明らかにした。これらはすべて、シベリア先住民がソビエト政府の性質と力を手に入れるために、まねることをとおして、ソビエト政府が提供してみせる近代をわが身に取り込もうとしてきた例である。

だが、私の現地調査の期間中、こういった植民地的な擬態のたぐいを見ることはなかった。実際に、私はかつてのソビエト政府の面影がすっかりなくなっていることに感銘を受けたのだった。レーニンの像も——そのことで言えば、他のどの政治家像も——、ヘリコプターも金も見かけず、輸入食品もほとんど見ることはなかった。国家の存在と権力の広く知られた象徴がほぼすべて消え去ってしまい、これらの人々がかつてソビエト帝国の不可欠な一員であったことを想像するのはとても難しかった。さらに、広範にわたる経済危機のせいで、多くの者が自給自足的な生活スタイルに戻っており、国家政治やイデオロギーに関する問いは、総じて、彼らにとってほぼ、もしくはまったく関心を引くものではなかった。それでもなお、これから見ていくように、周囲の世界との間に類似性を見て、それとの対応関係を考案する能力は、ユカギール人の間で永続する特徴である。実際のところ、彼らの宇宙全体は実質的に鏡の回廊であり、現実の様々な次元が他者のレプリカや投影として認識される。それゆえ、死者の世界は、生者の世界の影のような鏡像として認識されており、そこには現世で見られる人々、動物、モノの霊魂が住んでいる。同様に、人間と動物は、相互的な複製のパターンに閉じ込められている。それゆえ動物とそれに関連する霊的存在は、人間の姿をして、自分の土地や家庭内では人間とよく似た生活を送ると言われている。同じく、狩猟者がエルクの身体運動をまねることで開けたところにおびき出そうとするとき、彼は互いにまねし合うという逆説的な状況に置かれることを余儀なくされる。結果として両者の身体は、それらが同じたぐいのものとなるところまで混ぜ合わされる。まとめると、ユカギール人の世界は、概して「模倣化された」世界である。あらゆるものは、限りないほど数多くある模倣者と対になる。そしてその模倣者は、あらゆる方向に拡張していきながら、絶えず互いを映し合い、こだましていく。

しかし、タウシグの植民地的な主体と同様に、この件には単にコピーするという以上のものがある。ユカギール人が親密で強力な他者を模倣するのは、それらを表象するためだけではなく、それらに対して権力を行使するためでもある。だから、問われるべきは、コピーがコピーされたものに対して働きかけるためには、どのように原物に似ている必要があるのかということだ。タウシグ自ら、コピーが完全であることはめったにないと述べている。「このような想像上の欲求充足が取る形式が、例えば、呪術の場合であれば、呪文の効き目を増すために『原物にできるかぎり似せること』であると想定するのは、論理的なことだ。……だが、否！　そうではない。代わりに、『魔法をかけるために人形や図画を利用する未開人は、総じて、彼の呪具が実物そっくりであるかどうかに極めて無関心である』」(Taussig 1993: 51)

エルクをまねていたスピリドン爺さんを覚えているだろうか。まことに彼は、人間の顔、二本の脚、銃を持った、変な「エルク」であった。彼のまねは決して完全な生き写しではなく、ある点では両者の類似性よりも目立つほどに両者の間にある差異はとても顕著であった。なぜ狩猟者は、彼がまねる動物と似ていながら、かつ、明らかにそれと異なっているといった具合に、両義的なのだろうか。ユカギール人の一見同じに見える鏡の世界において、私たちが扱っているのは、「完全な一致」ではなく、「部分的なそれ」であると私は論じたい（Pedersen 2001）。彼らがなりすまされた世界に対して力を握るのは、それとの**差異**を用いることによってである。差異がなければ、まねる者とまねられる者とは共倒れになり、ひとつになって、いかなる力の行使も不可能になってしまうだろう。それゆえ、ベンヤミンが描写したように、ミメーシスの基本的運動は類似に向かうもの（タウシグが感覚的な接触と呼ぶもの）であるが、それは常に反対のもの、つまり差異に依存している。狩猟者と獲物との模倣的遭遇に立ち戻る第5章で見ていくように、この著しく必要とされる差異を担保するのは、ミメーシスの「コピーらしさ」、いわば写実性の欠如である。なぜなら、それはまねる者が我に返ることを強いるからだ。それは、まねられる対象に向かう支配的で「自然な」方向性を、まねる主体としての彼自らの意識へ向かうように反転させ、ゆえに彼がまねられる対象との合一を果たすのを防いでいる。このように我に返ることは、私たちが再帰性として理解しているものだ。この意味で、ミメーシスに備わった「深層再帰性」のようなもの、つまり何らかの自我を引き留めること、自我を委ねないことについて論じることができる。もし実際にミメーシスが完全なものとなり、まねる者がまねられるものとの間で自分を失うのであれば、私たちはすでにミメーシスではなく、変身について語っていることになる。コピーと原物との差異が完全に消失するとき、まねすべきものは何も残されていない。だからこそミメーシスは、類似によって布置され、定義づけられるのと同じくらい、差異によってもそうされている。私がシェスナー（Schechner 1985）の言葉を借りて、「私ではなく、私ではなくは**ない**」と呼ぶ二重否定の場において、まねる者は複数のアイデンティティの間を動き回らなければならない。

これから見ていくように、ユカギール人の世界は、まさしくこのようなものだ。ここの人々はどっちつかずである。彼らの霊魂は物質であり、かつ非＝物質でもある。彼らは自らの身体であり、かつ自らの霊魂である。また自己であり、かつ転生した他者である。狩猟者は人間であり、かつ彼らが狩る獲物である。捕食者であり、かつ獲物である……等々。こうした根本的な境界的状況、つまりどっちつかずの状況には終わりがないように思われる。常に人々は、似ている《アナロジー》ことと同一《アイデンティティ》であることとの間で難しい舵取りをして、差異を超越することと自己同一性《アイデンティティ》を維持することとの間にある狭き道を歩まなければならない。彼らは、様々な人間と非人間の他者に姿を変えることができるし、そうするのだが、他者への完全な参与と混同は避けなければならない。

さて、何かがXであり、かつ同時に非Xでもありうるということの考えは、確立された西洋的二元論や二分法をめちゃくちゃにするものである。人間が彼自身であり、かつ亡き親族でもありうるという考えは——彼が様々な動物に姿を変えうるという考えは言うまでもなく——標準的な西洋的思考の中ではまったく思いもよらないことである。人類学者の反応は、西洋的二分法の至上性とそれを拒否しようとする土着の試みの虚偽性をア・プリオリに前提とするような比較の枠組みを押し付けることで、このような考え方が私たちの思考様式に対して投げかける挑戦を中和するというものであった。換言すれば、彼らの理解と私たちの理解との比較が私たちの土俵の上でおこなわれてきたので、アニミズムを間違った認識論以外のなにものでもないとするような状況が生み出されたのである（Bird-David 1999）。以下では、アニミズム研究における人類学的説明のサンプルを抜き出し、検討を加えることでこの点を例証してみたい。そうすることで、人類学におけるアニミズム論の全歴史を時系列に沿って概説しようとしているわけではない。アニミズム論は膨大であり、明らかにここでその全史を扱うことはできない。むしろ私の目標は、一般的に人類学の説明モデルに通底しているある種のデカルト的前提と私が考えているものを再検討することだ。これらの前提で最も基本的なものは、人間の精神や意識と、世界の内のモノや対象との間には乗り越えられない壁があり、認識する者は何らかの認知過程をとおして、自らの精神のうちに世界を表象することによってのみ、世界を我がものにすることができるという考え方である。だが私は、このような精神と世界の二分法の言葉遣いがアニミズム現象を真剣に受け取ることを不可能にすると論じたいだけではなく、それが人間の知覚の性質に関して、ほぼまったくと言っていいほどねじ曲げられた説明を提供していることも示すつもりだ。代わりに、根本的に異なるアプローチ、つまり知覚は人々が世界との間で今も続けている関わりの実践的文脈の中に根強く位置づけられていると見るアプローチを提案したい。このことが人格性に関するユカギール人の理解に基づいて作業に取りかかることを可能にしてくれるのであり、人格性は人間の精神によって、動物やモノに「付与される」ものではなく、むしろ、従事する活動における特定の関係的文脈に内在するものである。しかし、まずはすでに確立された人類学的アニミズム理論を根本的なやり方で形づくり、また私の議論の流れにおいてもおかしなやり方で重要な役割を担うデカルト自身に注目することから議論を始めたい。

## ◇デカルトの遺産

西洋の知的伝統に顕著な特徴は、広範にわたるが相互に関連しており、各々が二元論的対立における異なる軸に沿っているような一連の二分法を設けることで、人間と非人間を弁別したままにしておく必要性であった。それゆえ人間性と動物性の二分法は、主体と客体、人格とモノ、精神と身体、内面性と本能、そして何にもまして、文化と自然の二分法の隣に配置されてきた（Ingold 2000: 41）。階層的に秩序づけられたこれらの二元論は、三世紀ほど前のデカルト的形而上学からおおよそ生じたものであり、私たちが人間以外の動物との関係において自分たちのことをいかに考えるかにとって、力強くて息の長い影響を与えてきた。

デカルトは、彼自身の身体と世界の存在そのものを含めて、疑いうるものすべてを疑うことで知識の確実性の基礎に到達しようとした。私たちが知っているように、彼は自らがひとつの精神、つまり、思惟する事物（*res cogitas*）であると結論づけた。なぜなら、自らの思考する能力は、彼が疑いえなかった唯一のものであり、疑うことは思考の一様式であるからだ（Descartes 1996: 19）。続けて彼は、自らの身体と外的な世界が存在することを疑うことができるという主張から、それら抜きで存在することができるという結論を導き出した。「私は、その本質、もしくはその本性が思考することのみであるような実体《サブスタンス》であり、存在するためにはいかなる場所も必要としないし、いかなる物質的なモノにも依存しない。……私を私たらしめる霊魂は、身体とはまったく異なっている」

(Descartes 1988: 36)。この主張の最も重要な示唆は、精神を身体から、自己を世界から分離する過激な二元論であった。デカルトが論じるには、身体はただの容器——彼はそれを機械と呼んだ——であり、精神のみからなる自己はその内部に位置づけられる。そして、この身体から切り離された自己はまったく自己充足的であり、それが存在するためには人々やモノの現実世界による媒介を必要としていない。

それでは、この主張が、私たちが人間ではない動物について考えるやり方に何をもたらしたのだろうか。デカルトは著作の中で、率直な物言いをしている。

最初の人間たちは我々のうちに、我々がそれによって栄養をとり、生長するところの、また我々と動物とに共通なその他すべてのものをいかなる思惟をも伴わずに我々が遂行するところのかの原理を、我々がそれによって思惟するところの原理から区別はしなかったでしょうから、そのいずれをも唯一の霊魂という名称でもって称したのです。……この私はしかし、我々が栄養を摂取するための原理は、我々が思惟するための原理とは全面的に区別されることに気づいたので、霊魂という名称は、両方の意味にそれが解されているその場合は、両義的である、と言ったのです。……精神を霊魂の部分ではなくて、思惟するその霊魂全体であると、私は見なしているからです。(Descartes 1984: 246)

それゆえ、人間と動物は物理的には同一である、つまり、どちらも機械であるが、精神的にはまったく異なっている。動物は、人間をただの機械から区別するものである精神を欠いている。そして、精神と霊魂は決して切り離すことができないので、動物は霊魂も所有していない。デカルトが主張するには、動物は自動式の機械であり、時計や人工の泉、製粉機のように、関連する器官の配置にのみ依拠しながら、純粋に自らの内的原理に従って働く力を有する（Descartes 1984: 161）。

デカルト哲学において非常に中心的である、精神と物質のこのような分離や動物の理性的精神の否定は、科学界全般に流れ込んだ。第5章で描写するように、生物行動科学者の中には、動物行動に関する純粋に機械論的な考え方に挑戦し続けた者も少しはいたが、その大多数は、「自然の事実」としての「動物＝機械」というデカルトの学説を受け入れた（例えば、Skinner 1938; Kennedy 1992 を見よ）。だからこそ、デカルト的伝統の知的産物としての人類学が、非人間の人格の存在にまつわる土着の主張を、無性に興味をそそり、おもしろくはあるだろうが、現実に基礎を置かない、ある特定の文化的構築物として理解する傾向があったのは不思議ではない。

## ◇人類学的伝統

まず、この見解は社会進化論の名のもとに提案された。タイラーや彼の子分であったフレイザーのようなヴィクトリア期の学者は、アニミズム概念に知的な発育不良を読みこみ、「未開」の諸民族はその不適切に発達した科学的推論のため、「人間や獣のみならず、モノに人格性《パーソナリティ》と生命を帰する」（Tylor 1929a: 477）ことで世界を説明しようとしたと論じた。「帰する」という表現は、ひと言で非人間の諸人格に関する土着の観念を「間違い」の範疇に格下げするものであり、実際のところ、これが彼らの議論における要点であった。アニミズムは、科学的理論と似ているが、誤謬に基づいた、世界のからくりに関する「呪術的」哲学として理解された[5]。それは、タイラーが「人間の理性における基礎そのもの」に存すると考える「観念連合」に基づいている（Tylor 1929a: 116）。しかし、タイラーいわく、「未開人」は、西洋の科学のように事実から思惟へ、またモノからイメージへと移行する代わりにその流れを逆転させ、「それゆえ、理想的なつながりを現実的なつながりと見間違えている」（Tylor 1929a: 116）。換言すれば、例えばユカギール人の狩猟者が獲物を殺すための手段としてそれをまねるときのように、アナロジーが因果関係として誤解されているというわけだ。だが、実際には、ユカギール人が獲物をまねることに関する第5章の議論で見るように、このように類似性をアナロジーをとおして生み出すことにも、無視できないほどの因果関係をもたらす力がある。しかしタイラーにとって、このようなアナロジカルな思考は、「未開人」が幻想と現実、また存在における主観的な領域と客観的な領域を明確に分けることができないことを示すものとして理解された（Tylor 1929a: 445）。彼は、いかに「未開人」がこれらの間違った観念に到達したかを推測してさえいた。タイラーが主張するには、亡くなった親族や友人を夢に見ることが、「未開人」に「亡霊＝霊魂」の存在を信じさせた。その信仰は、自然界全体に対しても、因果性を説明するために拡張され、そのため世界全体に精気ある霊魂が付与される（Tylor 1929b: 356）。さて結論から言うと、霊的信仰の究極的な源泉として夢体験を扱った点に関しては、タイラーは正しかったかもしれない。実際、第8章では、タイラーのものと似ていなくはない議論を提起するつもりだ。だがタイラーとフレイザーの推理にまつわる問題は、それらが現地調査もしくは別種の実証研究に基づかず、宣教師、行政官、旅行者、および植民地行政府によって派遣されたその他の人々からもたらされた二次的説明に基づくだけの単なる推測に過ぎないということだ。果たして、二人の推測が現地人の頭の中にも見出せるのか、また現地人がアニミズム的な信念の背景にある現実的な効果として二人の推測を認めるのかは、論じるべきこととは見なされなかった。逆に、先住民は自身の信念にまつわる現実的な根拠を理解しておらず、人類学者の仕事は現地人による間違った説明を説明（あるいは訂正）し、自らの説明によってそれを置き換えることである、と論じられたのだった。およそ百三十年ほど前にフレイザーがこの点を人類学者の聴衆に向けて論じているように、「これからお話しすることになります諸習俗に関して私が与える説明の多くは、これらの習俗をおこなう人々からもたらされた説明ではないことに注意していただきたいと思います。しばしば、人々は自らの習俗に関して何らの説明も有していないこともありますし、ときには（大方の場合と言ってよいでしょう）間違った説明をしているのです」（Frazer、引用はStocking 1996: 131）。

進化理論の自然主義的および精神主義的な立場は、近年、ガスリー（Guthrie 1993, 1997）の仕事において再び復活した。ガスリーは、カエルからヒトまでのあらゆる生きものが自分たちを取り巻く世界をすみずみまで生気あふれるものにするのはなぜかという問いに答えようとして、「認知的およびゲーム理論的モデル」を利用した。つまり、アニミズム的思考は、不確実な世界に生存する上で有利であったので、自然淘汰をとおして、私たちの遺伝構成の中に事前にプログラムされていると主張するのである。「世界の性質に関する慢性的な不確実さに直面するとき、あるモノや事象が人間のようなものであったり、人間的な動機を持ったりすると推測することは、良い賭けである。それが賭けであるのは、複雑で曖昧な世界において、私たちの知識は常に不確実であるからだ。それが良い賭けであるのは、もし正しければ、正しく認識したことによって得るものが大きいし、他方で、もし間違っていたとしても、通常失うものはほとんどないからだ」(Guthrie 1997: 55-56)

だが、もしガスリーが論じるように、不確実性がアニミズム的思考を駆動させるものなのだとすれば、より定期的に、およびより深く非人間の存在と関わり合い、それらについてわからないところがより減っていくほど、擬人的な性質をそれらのうちに見出す傾向がより強くなるのはなぜだろうか。これから見ていくように、この点はユカギール人狩猟者の獲物に対する考え方に当てはまる。狩猟者がより深く、より親密に獲物とかかわるほど、獲物は次第に人間的になっていく。しかしこの点は、車、コンピューター、他の機械装置のように、私たちが定期的で一貫した没入をとおして、自分自身の考えを持つ意図的な人格として経験するようになるものにも同様に当てはまる(Gell 1998: 18-19)[6]。加えて、アニミズム的な観念と実践が、ユカギール人のような先住民の間で残存しているだけでなく、繁栄し続けていることをガスリーはどう説明するのかと問う者もいるかもしれない(ガスリーがタイラーやフレイザーと共有する課題である)。もしユカギール人が回顧的にアニミズム的解釈を誤りとして認めるのであれば、なぜ彼らはそのような誤りを自身の宇宙論の中心に位置づけたままにしているのだろうか。ガスリーに対する批判者の一人が指摘したように、ガスリーの議論の帰結は、「今や彼らはカエルができること、つまり、『事後的に誤りを』認識することさえできないので、土着的な認知能力はさらに低く見られることになる」(Bird-David 1999: 71)ということである。だが、以下で明らかになるように、誤りであるのは、世界がア・プリオリに人間と非人間に分けられており、意味のある行為の前提条件として、押し付けられた心的デザインの範囲内で概念的に「把握され」なければならないというガスリーの前提のほうである[7]。

しかし、さしあたりアニミズム研究におけるもうひとつの大伝統である象徴人類学に眼を向けよう。もちろん、**象徴人類学**という用語は、この分野における多様な書物を差異化し損ねているが、私はこの用語を、アニミズム的思考をそもそも隠喩的もしくは象徴的であり、人間社会によって生み出されたものとして理解する理論の寄せ集めを指して、ごく概略的に用いている。この伝統は一見、土着の理解に対して敬意をより多く払っているように見えるが、これから見ていくように、大方同じような結論を指し示している。その結論とは、アニミズムが本質的に誤った知的作用であるというものだ。例えばコロンビア・アマゾンのマクナ人に関する、オーレンの以下の主張を検討してみよう。「動物の共同体は、人間社会と同じ線に沿って組織されている。そして、動物と人間の関わりは、人間の生活世界に生きる異なった人間集団の間に生じる相互作用を**モデルとしている**」(Århem 1996: 190、強調はウィラースレフ)

それゆえマクナ人は、動物との関係をモデル化するために人間の社会的領域での関係の経験に頼るとされている。なぜなら動物が本当に志向性、意識、社会性という力能を持つことはできないことが前提とされているからだ。オーレンのような、アニミスト的観念を人間の社会関係の象徴的な反映や表象と見る「社会中心的」モデルは、近代的な狩猟採集民研究(例えば、Leach 1965; Tanner 1979; Bird-David 1992, 1993)の多くに理論的な枠組みを提供してきており、これはデュルケーム社会学

(Durkheim 1976［1912］)までさかのぼることができる。デュルケームは、トーテミズム(アニミズムの諸側面を包含する用語)に関する古典的な研究において、主な主張を象徴主義的な言葉で表現した。つまり、トーテミズムは「隠喩的かつ象徴的なもの」として理解されるのが最良であり、それが表現する具体的かつ生きた現実は、社会集団であるというものだ。[8] 換言すればトーテミズムは、それが称するもの、つまり非人間の諸人格、行為主体、および彼らと人間との関係ではない。デュルケームにとってトーテム的概念と信念は、人間の社会秩序の象徴的な表象を構成するものであり、それを強制するのに役立つものであった。デュルケームが主張するには、現地人自身がこの事実に気づいていないのは、社会的なるものの力に関する根本的に非合理的な感情のゆえであった。「氏族の個人意識に呼び起こす印象……が、氏族の観念より、トーテムの観念に結びつくのは当然である。というのは、**初歩的な知能の者が氏族をその具体的な統一において鮮明に表象するには氏族はあまりにも複雑な実在だからである**」(Durkheim 1976: 251-52、強調はウィラースレフ)

ここで、デュルケームの議論がタイラーのそれと一致しているのがわかるだろう。どちらの場合も、分析する者は、関連する出来事についてのアニミスト的な先住民自身の説明を彼自身の説明で置き換えることが必要だとされている。なぜなら現地人は、非人間の諸人格についての言明において字義通りの真実を述べていないことが前提とされているからだ。

こんにちの人類学者の中で、デュルケームほど露骨に述べる者はほとんどいないだろうが、人間の社会的領域が、自然環境に関するあらゆる表象が由来する根本的な現実であるという彼の主な主張は、いまだに広く受け入れられている。バード＝デイヴィッド(Bird-David 1993)が好例だ。彼女は最近の論文で、四つの弁別的なアニミズム的概念が存在し、それぞれが「コア・メタファー」によって表現されていると提唱している。環境と彼らの関係を表象する際に、ナヤカ、ムブティ、バテッは、「大人－子供」の隠喩に広く依拠し、カナダのクリーは「性的」隠喩、西オーストラリア・アボリジニは「出産」の隠喩、サン・ブッシュマンは「同名者」の隠喩に依拠する（Bird-David 1993: 112）。だが、インゴルド（Ingold 2000: 43-46）が示したように、「隠喩」もしくは「自然の社会的モデル化」という観念は、進化主義的な還元主義を回避するが、自然と文化の二元論に陥ってしまう。これは、隠喩という観念が、社会的関係が構成的で字義通りである領域（人間の社会的世界）とそれらが表象的で隠喩的である領域（動物の自然的世界）のア・プリオリな区別を前提とするからだ。その結果、バード＝デイヴィッドは、デュルケームが陥ったものとまったく同じ、人間社会と自然の二分法に陥っている。それゆえ例えばナヤカ、ムブティ、バテッに関して、彼女は以下のように主張する。人間の社会的領域から採られた「大人－子供」の隠喩は、「彼らがその隠喩を通常意識していないかもしれない」（Bird-David 1990: 190）が、環境を理解することを可能とする文化的枠組みをもたらす。換言すれば、ナヤカ、ムブティ、バテッが森は彼らにシェアする親であると言うとき、バード＝デイヴィッドは、自然が本当に人々にシェアすることはできないので、彼らは隠喩にふけっていると主張している。ナヤカ、ムブティ、バテッ自身はその逆のことを、すなわち彼らは人間と非人間に対等の資格でシェアすると強く主張しているが、これは人間の共同体内におけるシェアリングの実践が彼らの思考にあまりに深く入り込んでいるので、現実と隠喩を区別し損ねているためであるとされる（Ingold 2000: 76）。だが、バード＝デイヴィッドは自分が現実と隠喩を区別することができると主張する。そしてそのことを根拠として、狩猟採集民が誤った理解をしたと示唆しているのだ。

どうやら私たちは根本的な懐疑という方法によって、一方で真なる知識と誤った知識との間に、他方で人間と動物との間に最初の一線を引いたデカルトに戻ってきてしまったようだ。四百年近くも後になって、同じ二分法がアニミズムに関する人類学的議論の核心部にある。さて、先住民はこうした二元論を支持していないように見える。バード＝デイヴィッド自身が述べているように、狩猟採集民は、「私たちが『自然と文化』の二分法を用いてするような、自然の行為主体と彼ら自身との区別を、モノの性質に刻み込むようなことはない。彼らは世界を統合された実在として見ている」(Bird-David 1992: 29-30)。非二元論的なパースペクティヴは、これから見ていくように、「自然」という言葉にあたる単語さえ持っていないユカギール人の間にもはっきりと見られる。

## ◇現象学的な代替案

それでは、私たちは誰を信じるべきか。アニミズムは「誤った思考」もしくは「自然の象徴的構築」として理解することが最も正しく、その真の意味は土着の実践者の見えないところで作動していると主張する、理論家の人類学者たちか。それとも、他の狩猟採集民と同じく、動物と他の非人間が人間の自己や人格の性質と相似的な性質、つまり、密な相互的関わりの文脈で視野に入ってくる性質を有していると考えるユカギール人か。人類学的な説明は、人間性と動物性の間にあるデカルト的区別を自明のものとしている。いわく、「存在の状態としての人格性《パーソンフッド》は、非人間の動物のたぐいには開かれていない」(Ingold 2000: 48) のだが、代替的な構築物を介して、必然的に人間ではない動物の上に「追加され」たり「投影され」たりしなければならない。その代替的な構築物とは、タイラー、デュルケーム、バード＝デイヴィッドであれば「文化」と呼び、ガスリーであれば生得的にコード化されている精神構造として描写するものである。しかしユカギール人にとって、動物や他の非人間が人格として考えられているのは、何らかの認知処理によって人格性がそれらに授与されているからではなく、狩猟の最中のような実生活の活動の中で生じる関係的文脈のうちで、それらがそのようなものとして姿を現すからである。

問題は、(あたかもユカギール人が彼らのアニミズム的信念の本当の性質に関するこの議論に参加することを選んだかのように) 私たちが**誰を**信じるべきかということよりも、私たちが**何を**信じるべきかということである。[9] 私たちは、人々が世界の「そこに」あるものと関わり合おうとするあらゆる試みに先立って、それを精神の中で心的に表象することによって、それを知るようになると信じるべきなのだろうか。これが、人類学的説明が仮定していることだ。なぜなら、人々は世界を直接的に知ること、およびそれに直接的に働きかけることはできず、ある種の「心的デザイン」を——このデザインが文化によってもたらされたものであれ (タイラー、デュルケーム、およびバード＝デイヴィッド)、人間の脳に生得的に組み込まれたものであれ (ガスリー) ——世界に押し付けることによって間接的にのみ、そうすることができるとされているからだ。すでに見てきたように、この前提は西洋的思考に深く根ざしたデカルト的な精神と世界の二分法をその起源としている。それとも、代替案として、意味は人々と世界との直接的で知覚的な関わりの中で生じる関係的文脈に内在しており、それゆえ、心的表象もしくは認知はもとからあるものではなく、没入する活動の実践的な背景に由来するということは可能であろうか。このことが、ユカギール人が動物は人格であると主張するとき、彼らが考えているように思われるものだ。なぜなら、動物は、生業に関わる活動の最中にそのようなものとして経験されるからだ。

私は、民族誌的描写としてより正確であり、かつ知覚の本性を理解する上でより問題発見的な価値が高いものとして、二番目の見解を採用する。そうすることで、私はユカギール人だけでなく、広い意味での現象学に傾倒している西洋思想界の近年の人物たちとも歩みを共にする。まず、ハイデガーが挙げられるが、メルロ＝ポンティ、サルトル、シュッツ、ディロン、およびインゴルドのような、現象学の伝統にしっかりと根ざした他の学者たちも含んでいる。

これらの思想家は、哲学、社会学および人類学といった異なる分野に属しているが、完全に独立した現実の二領域としての、精神と世界のデカルト的断絶を乗り越えようとする衝動を共有している。それゆえ、全員が、世界の観念と人間的現実の観念とは存在論的に分離不可能であるという見解――「世界＝内＝存在」（Heidegger 1962: 107）というハイデガーのよく知られた語法によって表現されている考え方――を出発点としている。この表現によって、以下のことが示唆されている。世界を作り上げる要素は、それらと私たちとの日常的な没入が、あたかも私たちの心的構築によって意味あるものとされるのを待っているかのような、純粋に客観的で価値中立的なモノの集まりと見なすことはできないということである。むしろ、私たちが関わるモノは、私たちとのやり取りの即時性において意味を持つ。だがこのことは、「主体」対「客体」、「自己」対「世界」、「文化」対「自然」のような二分法がすべて誤り、もしくは役立たずだということではなく、むしろそれらが派生的な存在様態であることを示唆する。私たちとモノとの実践的な没入は、「そこ」にある外部世界に直面する考える我に先立ってある。没入する活動を介して明らかにされるものは、場から切り離された観照によって明らかにされる、文脈を欠いた特質よりも、存在論的により根源的である。

さて、このことは人格性についての考え方に何をもたらすのだろうか。もし人格あるいは自己が何よりもまず、人生を生きるという日常的な活動に囚われた世界＝内＝存在であるならば、この意味での**世界**は、自己が自己充足的なデカルト的「精神」として、その外側に出たり、その横に立ったりすることができない何かであるということになる。なぜなら第一に、世界＝**内**にある限り、自己は必然的に身体を持つからである。何らかの肉体的な物質性にしっかりと基礎づけられた者のみが世界の中に位置を占めることができる（Merleau-Ponty 1998[1962]: 408）。第二に、いかほど内省し、抽象的に思考しようとも、私たちはすでに世界との直接的で即時的な関係性の中にある。それゆえ私たちは、二つの分離された領域の外部的接触という観点から、自己と世界を考えることはできない。むしろ自己と世界は、常にすでに密接に絡み合っており、一方は他方を欠くことができない。ハイデガーが言うように、「自己と世界はともに単一の実在に属する。……自己と世界は、主体と客体のような二つの実在ではない。……むしろ、自己と世界は、世界＝内＝存在の統合の中にある」（Heidegger 1982[1927]: 297）。

このようなことすべての重要な帰結は、人格性が人々とモノの内在的な特質であるというよりも、それらが入り込む関係の中で、およびその関係をとおして、構成されるということだ。人格性は、いわば、世界＝内＝存在することの潜在性であり、その潜在性は、活動の関係的領域内でそれらが占める位置の結果として実現されるかもしれないし、実現されないかもしれない。ゆえに動物は、ただ単に動物であるかもしれないし、みずからの精神を有する主体＝人格であるかもしれない。それが位置づけられ、経験される関係的文脈がその存在を決定する。こう考えれば、非人間の動物に自由に人格性を付与するユカギール人のような先住民によって引き起こされた混乱がかなり減少する。なぜなら、このような考えは、動物とモノが自己充足的な人格ではなく、他者（とりわけ人間）との密接な実践的没入の編み目において、およびそれをとおしてのみ、人格性を獲得することを明らかにするからである。また、それだけではなく、タイラー以来の人類学者が気づかずにはいられなかったこと、つまり、先住民はあらゆるモノに常に人格性を与えるわけではなく、ときおり、ある特定のモノにのみ人格性を帰するということもまた説明してくれるからである。

## ◇「関わり」対「再帰性」という問題

それでは、ハイデガーの世界＝内＝存在理論をもって、土着の実践者のことを真剣に受け取るようなやり方でアニミズム問題を分析するのに適した枠組みをついに見つけたと言えるのだろうか。確かにその理論はいくつかの利点を有している。その理論は第一に、日々の実践的な生活が、いわゆる心的表象あるいは認知の「高次な」活動が着実に前提づけられるために必要不可欠の基礎であることを説得的に示すことで、人類学的な分析における存在論的な優先権を逆転させる。さらに、これら土着の実践者の実体験を真剣に受け取ることで、人類学者は、抽象的な哲学的観照よりも動物やモノとの実践的経験のほうに基づく傾向がある先住民自身の説明と適合したやり方で、アニミズム的信念を分析することが初めて可能となる。インゴルドは、以下のように書くとき、まさにこのことを指し示している。「原則として、狩猟採集民が概念的に『把握』されねばならない自然という外部世界として、環境にアプローチしている**わけではない**と私は主張したい。……実際には、彼らの思考と実践において、精神と自然の分離はあり得ない。……狩猟採集民の導きに従って、住まわれた世界における構成者との活発で実践的かつ知覚的な関わりの中に……はじめから埋め込まれたものとして人間の条件を理解するべきだと指摘したい」(Ingold 2000: 42、強調はインゴルド)

ハイデガー用語である「住まうこと」の使用に表明されている、知覚に関するインゴルドの注意深く精妙な見解は、先住民のアニミズムに関する本書のこれ以降の議論すべての基礎となるものだ。実際に、彼ほど私の思考に大きな影響を与えた学者はいない。私は、インゴルドが狩猟採集民の文献と取り組む際の深遠な思想からだけではなく、人類学のデカルト的伝統に対する理論的挑戦の明晰さからもさらなるインスピレーションを得ている。私は、狩猟採集民研究を、抽象的なデカルト的二元論から距離を置き、世界との実践的で知覚的な関わりという具体的で堅実な基礎に向かわせようとするインゴルドの試みに賛成する。だが、私は彼のアプローチが性急にそれ自体の二元論に向かってしまい、一般的には知覚にまつわる「人間の条件」、具体的にはアニミズム問題に関する私たちの理解を歪ませてしまうと考える。私がここで指摘しているのは、ハイデガー的モデルが、存在の「実践的」状態と「内省的」状態とを分けるくっきりとした二分法である。ハイデガーにとって、これら二つの様式は、相互に排他的なものであると見られている。没入する活動の世界に吸収されるか、一歩引いて世界および世界と自分との関係に関して概念的に内省する「傍観者」になるかのいずれかである。ハイデガーは、人が「世界＝没入的」であり、かつ同時に「自己＝没入的」であることはできないと考えているように思われる。ハイデガーにとって、内省的様式は存在の派生的な状態として理解されているに過ぎず、それは世界との実践的で前＝内省的なタイプの関わりの後に生じることもあれば生じないこともある。インゴルドは、以下のように力説するとき、まさしくこの考え方を伝えている。「想像［つまり、内省］することは、現実との接触の必要不可欠な**前奏曲**ではなく、むしろ、その**後奏曲**であり、任意選択的なものである。私たちは、世界の中で生きるためにそれを思考しなければならないわけではないが、世界を思考するためには、その中で生きなければならない」(Ingold 1996: 118、強調はインゴルド、Ingold 1992: 52-53 も見よ)

少なくとも、インゴルドの定義のような、きっぱりとした言葉遣いで表現されるとき、こうした対照は問題だと思う。人々がしばしば抽象的な形でその意味を解釈したり内省したりすることなく仕事をおこなうことや、大方の場合、意味は主体と世界との実践的関わりのうちで生じる関係的な特性の中にすでに内在することに私は同意する。実際のところ、これが第7章での私の論点である。そこでは、「火に食べ物を与えること」のような日常的な儀礼の際、ユカギール人は、単に即時的かつ淡々としたやり方で用いる手近な道具として精霊を認識していることを論じる。それでもなお、いかに私たちを取り巻くモノと人々に対処することが人を没頭させるものだったとしても、世界への実践的没入が、何らかの意識における自己参照的な様式をともなわないとは認めがたい。意識がまさにその本性において、活発に自身を超越すること、つまり、現象学理論では「志向性」という名で知られていることは真である。意識は常に必然的にそれ自身の外に向けられていて、内部の内容を持たない。それゆえ私たちは、デカルトがしたように外部世界の存在を疑う自己閉鎖的な主体に引きこもることはできない。なぜなら、私たちにとっては、自分自身の主体に関する意識でさえ、それを超越する世界をも意識するときにのみ可能であるからだ。経験の主体と客体は、不可分に結びつけられ、それゆえ私たちの存在は世界＝内＝存在であり、そうであらざるを得ない。

それでもなお、私たちの世界の経験には主体としての私自身の意識が起点として必要とされるというデカルトの主張にはいくらかの真実がある。ディロンが書くように、「モノを認識することは、それと重なり合うこと、つまり、それであること**ではない**。ある現象が現前するには、距離を取ること、つまり認識の**ここ**と現象の**あそこ**との間にある空間が必要となる。そして、**あそこ**が**あそこ**として現れるためには、たとえ暗黙的なものであったとしても、**ここ**にまつわる意識がなければならない」（Dillon 1988: 103、強調はウィラースレフ）。

換言すれば、私たち自身が、何らかの方法で主体としての私自身と世界に関する主観的経験を超越する世界とを区別する経験の意識的主体であるときのみ、世界の経験を持つことができる。メルロ＝ポンティもまた、まさしくこの点に注目している。「あるものについてのいかなる思惟も、同時に自己意識であり、これがなければ、思惟は対象を持つことができないであろう」（Merleau-Ponty 1998[1962]: 371）。それゆえ、ハイデガーが論じるように、モノや人々との日常的で実践的な没入における世界＝内＝存在が、「**世界に吸収される**」（Heidegger 1962: 80、強調はウィラースレフ）感覚を携えているということ、つまり「自己と世界が合流して、ゆえにどこで一方が終わり、他方が始まるのか言うことができない」（Ingold 2000: 169）状況はあり得ない。もしそうであったならば、経験されたものと経験するものは合成されてしまい、ひとつになる。したがっていかなる世界の経験も不可能となってしまう。第3章で論じるように、そのような融合もしくは自己と世界との完全なる連続性の状態は、死、もしくは自己の全体的な溶解に陥ることに似た何かである。それゆえ、世界とは異なる「我」という再帰的意識が、まさに最初から経験に組み込まれていなければならない。

　これから論じるように、この洞察は、自己と世界との絶対的な差異に関するデカルト的な原理を拒否するが、それにもかかわらず、差異を設けることを切望するアニミズムを理解するときにとびきり重要なものである。アニミズムを世界との「絶対的」ではなく「部分的な」同一化という観点から定義するピーダーセンを引用することから私の主張を始めさせてほしい。「アニミズムは人間と非人間の連続性を概念化しているため……終わりなき代替の論理、つまり、あらゆる構成要素が……別のものと交代可能であるという原理は、アニミスト的思考に内在している。ここには、根本的な非連続性はなく、《他》になる《同》、もしくはその逆における、連続した代理のみがある。それゆえ、私が提案するアニミストの基本原理は、相似的な同一化《アナロガス・アイデンティフィケーション》の原理である。私は、ここでは完全な同一化では**なく**、部分的でしかない同一化に向き合っていることを強調するために、『相似的な同一化』を用いている」（Pedersen 2001: 416、強調はウィラースレフ）

同一性《アイデンティティ》と差異は、デカルト的な二元論思考においてはいわば相関物である。あるモノは、他のモノとの完全な違いによってのみ当のモノになりえる。実際のところ、これが特別なたぐいの「内的な」対象物としてのコギトにまつわるデカルト的見解であり、コギトは統一され、同時に、完全にそれ自体に対して透明であることによって、絶え間ない変化のうちにある「外的な」対象物のすべてとは明白に区別しうるとされた。ところが、自己がそれを超越する世界に囚われていると認めた瞬間、自己性は、デカルトがそれに与えたような統一された透明性を保つことはできなくなる。世界＝内＝存在として、自己は自己自身と完全に同一化することはできない。なぜなら、すでに見たようにそれは自己充足的ではなく、その可能性の条件として世界の「他者性」を必要とするからだ。実際のところ、他者の世界という媒介なくしてそのような自己の概念は存在しないだろう。だが、自己は世界とまったく同一でもない。なぜなら、自己意識の兆し──世界から離れて立つ主体としての自己──が、まさにはじめから経験に組み込まれているからだ。それゆえ、インゴルドは「自己と世界が合流して、ゆえにどこで一方が終わり、他方が始まるのか言うことができない」(Ingold 2000: 169) と言うが、そのとき彼が示唆していたと思われるようなやり方で、世界は、統一され、均一な存在を自己に与えることは決してできない。むしろ世界の他者性、つまり世界と自己との差異は、世界が経験における最も初源的で前内省的な段階に与える意味の一部である。

似ているようで似ていないとか、自分自身や世界と同一であったり異なっていたりするとかというこの状況は、ラカン (Lacan 1989[1966]) が「想像界」に関する記述においてまとめたものである。想像界とは、主体と客体との絶対的な区別が明白でない存在の様式であり、自己は世界と同一化し、その内部にありながら、同時にそれから離れていると感じているがために、両者は閉じた回路の中で、止むことなく、互いに出入りする。第3章でユカギールの霊魂概念に関する説明の一部として、再びラカンの理論を詳細に論じるつもりだが、この時点で私が言っておきたいのは、アニミズムは、「似ていないが似ている」というこの不可解さの観点から人格性を見るのに一段と優れた例として理解することができるということだ。それゆえ、すでに見てきたように、ユカギールの世界は、ピーダーセン（Pedersen 2001: 416）の描写に極めてよく似たものである。「あらゆる構成要素が別のものと交代可能であり」、「根本的な非連続性が明白ではない」「終わりなき代替の論理」――これらすべての論点が自己と世界との間の根本的な類似という状態を指し示している。だが、より近づいて見てみれば、「私たちは、ここでは完全な同一化ではなく、部分的でしかない同一化に向き合っている」。それゆえユカギールの自己は、世界とひとつになるのではなく、どっちつかずの状態にある。ユカギールの霊魂は、物質であり、かつ非物質である。それは身体であり、かつ霊魂である。それ自身であり、かつ生まれ変わった他者である。人間であり、かつ狩られる獲物である。捕食者であり、かつ獲物である、など。この世界では、あらゆる者がそれ自体であるのみだというわけではなく、同時に常に別の何かでもあり、誰もがほぼあらゆる別のものに姿を変えることができる。このような世界にあって、多くの日常的な活動は、ただ単にルーティン的で非内省的な実践ではない。むしろここでは、日常的で実践的な生活は、自己が溶解してしまうことに対する防衛機制の一形式として「深層再帰性」といったものを要求する。自己は、他の身体、モノ、人々からなる世界との同一化があまりにも進んでしまったがために、あらゆる差異が消失したように見え、不可逆的な変身が生じる現実的な危機に直面している。それゆえ、内省（再帰性）と関わりは相互に排他的なものであるどころか、互いに互いを構成するものであり、一方を他方に優先させることはできない。したがってこれが意味するのは、アニミズムを真剣に受け取るつもりであれば、統一的で一貫した人間経験の視点の範囲内で「自己没入的」であり、かつ「世界没入的」であることを許容できる世界＝内＝存在の様式を拾い上げる必要があるということである。この存在様式がミメーシスである。これまで見てきたように、ミメーシスは、模倣する者を他の身体、モノ、人々からなる世界と接触させるが、再帰的に彼を彼自身へと向けることを強いることで彼をそれらから分け隔てる。実際のところこれが、ユカギールが力の源泉としてミメーシスにそのような途方もない重要性を与える所以《ゆえん》である。なぜなら、まねる者は、重要で強力な他者との関係に入り込み、姿を変えることができるが、その過程で必ずしも自分自身を失いはしないからである。

## ◇第二の自然

今や私たちは、ミメーシスが「**第二の自然**を作るために文化が利用する自然」（Taussig 1993: xiii、強調はウィラースレフ）であると言うとき何が意味されているかを示唆するべき立場にあるかもしれない。「第二の自然」は、自然からいくらか離れたところに立っているものとして、それ自身を再帰的に意識している自然である。だが私たちは、世界から消極的に孤立する中で内に向かう、脱身体化されたデカルト的コギトについて語っているわけではない。第二の自然は、活動の中で、それ自身に関して内省する。そして、第二の自然が他のモノや身体から離れて立っているという自己意識を獲得するのは、それらとの模倣的遭遇を介してである。第3章で見るように、このことは、自己の構成における中心的な役割をミメーシスに与える多くの生理学的研究によって担保されている。ごく幼い子供は、他者の世界から差異化されている感覚を持ち合わせていないが、模倣的に他者を自己に取り込むことによって、このことを学ばねばならず、そのとき、自己は「私」であり、「私ではない」ものとして経験されるようになる。このようにして、子供はパースペクティヴの二重性もしくは二倍化を身につける。そして、パースペクティヴの二重性によって、もう一人の者が外部の立ち位置から見るように自身を見ることが可能となる。つまり、自身を再帰的に観察できるようになる。

人間以外の動物は他者をまねることができ（例えば、葉をまねる昆虫）、ある程度、自己意識さえ有するかもしれない（Noske 1997: 131）一方で、ベンヤミンが主張するように、ミメーシスは人間において、その最高次の能力に達する。これから見るように、ユカギールのアニミズムは、この能力を最大限に生かしたものである。まねることをとおして、ユカギールの狩猟者は、獲物が持つ観点、感覚、感情を身に着けるが、他方で獲物を殺すことを意図する人間の狩猟者としての意識をいまだ保ち続ける。同様にユカギールの人は、生まれ変わりであると見なされる死んだ親戚ともつれ合っており、同じ名前、気質、知識を共有する。それでもなお、彼は自分の人格性も保ち、個人的な行為主体性と意図を有することができる。これらすべては、模倣する能力、および「同一性と差異、似ていることと他者であることを定位するような……まさしく同じものとまったく異なるものとの間を軽やかに行き来する」（Taussig 1993: 129）その力の介入を抜きにして、獲得することができなかった事象である。もしアニミズムが「相似的な同一化」、つまり、「完全な同一化」ではなく、「部分的な同一化」(Pedersen 2001: 416) によって定義されるのであれば、ミメーシスはアニミズムを行為へと呼びかけるものである。ミメーシスは、アニミズムの象徴世界における実践的側面、つまりその世界＝内＝存在の不可欠な様式である。

## ◇ 本書のあらまし

これらの考察を念頭に置きながら、本書の章立てをざっと説明させてほしい。次章では、狩猟者と彼らが殺そうとする動物との関係の民族誌を、とりわけ動物の再生に関する見解に焦点を当てて検討する。私は、輪廻に関する狩猟者の信念と、運搬され食べることができるよりも多くの動物が殺される、一見「侵略的な」生業実践につながりがあるかどうかを問う。第3章では、輪廻についての議論を継続するが、人間の生活世界の内部関係にとっての示唆に焦点を当てる。人格的な関係が終わってしまうのではなく、それが連続していることを強調する輪廻がいかに悲しみに対処するためのモデルとして重要であるかを示す。ただし、ある人と彼の前世の霊魂との関係が問題含みであることも明らかにする。死んだ先祖は、その人と共に働くかもしれないし、その人に抗して働くかもしれない。ときには助けるが、しばしば彼の身体部位の自由を奪い、彼の意図に反して動くように仕向けることによって、妨害することもある。私は、断片化された身体に関するこの考えとラカンの「鏡像段階」理論とを関連づけ、自己と身体化に関する彼らと私たちの理解の間にある、共通の特徴と差異の複雑なパターンを議論する。

第4章では、人間と動物の関係に立ち返る。種と人格性に関するユカギールの観念を描写し、その観念が、あらゆる生きもの――人間と非人間――が自身を人間として見ており、他の全員を獲物もしくは捕食者として見る「パースペクティヴ的存在論」と呼ばれてきたもの（Viveiros de Castro 1998）に帰することができることを明らかにする。第5章では、狩猟者と獲物の模倣的遭遇における、パースペクティヴィズムの起源ではないにせよ、その根拠となりうるものを示唆する。さらに、いかに人類学的モデルおよび生物学的モデルの両者に反するような動物の人格性を理解するべきかを示唆する。第6章ではシャーマニズムを論じる。ユカギールの間で見られるシャーマニズムがある特定の宗教的エリートの管理下にある「神秘主義」と見なされるべきではなく、ふつうの狩猟者がそれぞれ異なる程度に実践する、はるかに広く基礎づけられた活動として理解されるべきだと主張する。第7章では、精霊の世界に目を向ける。ユカギールは、ほとんど精霊に名前を与えず、きれいに秩序づけられた分類体系を持たない。私は、ハイデガー哲学を引き合いに出しながら、知識を言語学的表象および認識の問題とする広く普及した見方を超えて、このことをユカギールの実践的な経験の性質と関連づける議論を展開する。第8章では、狩猟者が物語を語ること、学習すること、夢を見ることに着目する。私は、知識を伝達する媒体として物語を語ることを理解する「メンタルマップ」理論への反対意見を述べる。代わりに、ユカギールが非言語的な方法を介して学び、狩猟者たちの語りが森から戻ってくるときに彼らを「人間化」する道具として役立つことを示す。さらに、認知科学における最近の発見は、概念が言語から独立して存在しうるし、実際にそうであること、また夢を見ているときは目が覚めているときの生活と基本的な認知的構造と過程を共有することを示す。それらの発見を引き合いに出しつつ、子供たちが話すことを学ぶ前に夢見の経験をとおして、精霊にまつわる原型的概念を発達させうる可能性を示唆する。結論の章では、アニミズム論争を再び取り上げ、ミメーシスが、私たちがアニミズムを真剣に受け取る上でいかに役立つかを示唆する。

# 第2章　殺すべきか、殺さざるべきか　再生・シェア・リスク

## ◇狩猟と動物の再生

コリマ川上流域のユカギールが住む亜極北環境は、一般にはタイガとして知られるほぼ無人の広大なカラマツ林の一部となっている。その気候は、大陸性の厳しいものである。長く、凍てつく雲のない冬と永久凍土がともない、冬には気温が摂氏マイナス六十三度まで下がることがある。冬は、十月前半の初降雪に始まり、五月後半まで続く。実際のところ、一年間のうち無霜日は七十〜八十日間しかない（Ivanov 1999: 153）。真冬は暗闇に支配されている。十二月後半には、太陽が地平線より上に上がっているのは一時間だけしかないが、たそがれ時は日のあたる時間を六〜七時間ほど長引かせる。寒さと暗闇にもかかわらず、人々は冬中、狩猟と氷下漁を続ける。春は、太陽が日ごとに八〜十分ずつ地平線より上に長く留まるようになるにつれて、日照周期と気温に極めて急速な変化をもたらす。四月中頃から八月中頃まで、太陽は地平線より下に下がらなくなり、完全な闇夜になることはない。夏の気温は摂氏四十三度にも達することがある。

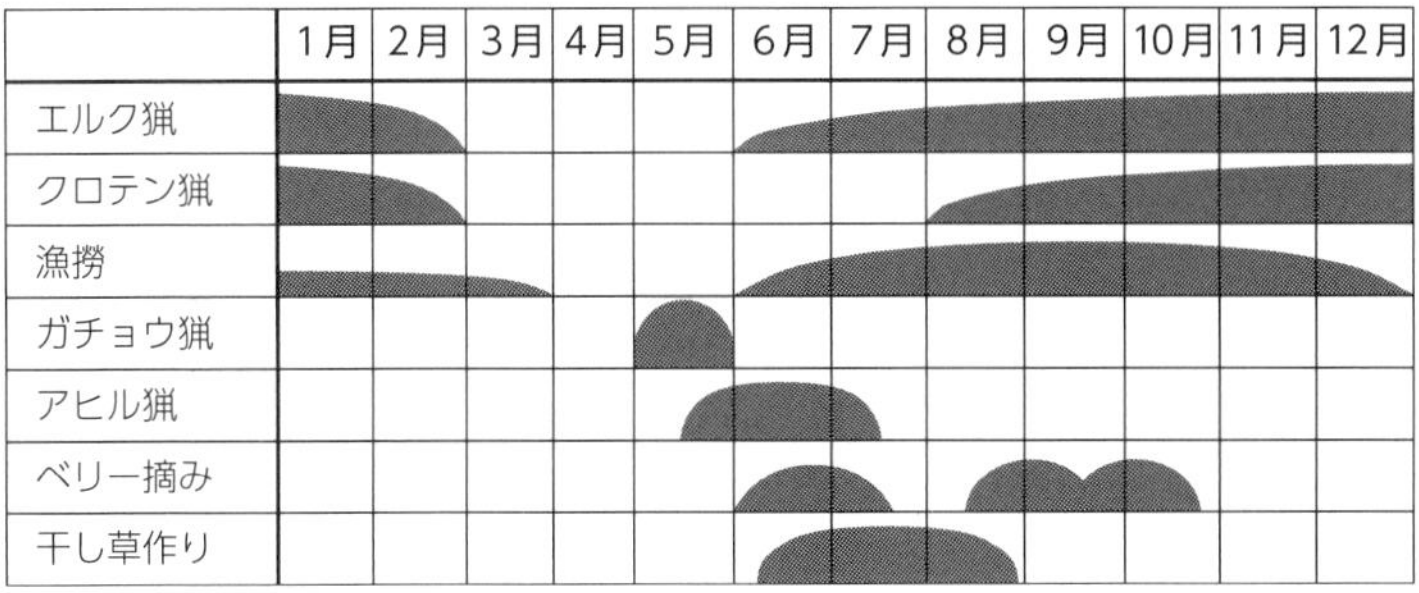


図2　生業の周年サイクル。国営農場時代には、ユカギールの中には、ヴェルフネ・コリムスク村のウシに餌をやるために、牧草を作る時期に賃金労働者として雇われた者もいた。だが、このタイプの仕事は国営農場の破綻とともにまったく絶えてしまった。ムースガルト博物館のイェンス・キルケビー作図。

エルクは、タイガのあらゆる動物の中で、現在のネレムノエの人々の経済と生活スタイルにとって群を抜いて重要である（1）。その肉は、共同体における紐帯《ちゅうたい》の重要な表現として村の家族らの間で配分され、またジリアンカという地域の中心地で燃料や他の必需品と交換される。エルクの肉は、饗宴や家庭の食事での主要な料理であり、とびきりのごちそうでもある。それは、大きく力強い動物からもたらされるので、強さの源として考えられている。狩猟者たち自身、身体の強さに頼るが、エルクの肉はそのような狩猟者にとって好まれる食事である。だが、人々がこのように一般的にエルクの肉に目がないので、暮らしのための狩猟の重要性が高まっていることとあいまって、エルクの個体群に多大な圧力がかけられた。そのため、その個体群は過去十年間に破滅的な減少を経験してきた。スピリドン爺さんの狩猟集団だけで、平均して一年間で四十〜五十頭のエルクを殺している。比較すれば、国営農場時代には、同じ集団が一年間で五〜六頭のみ殺していた。その時期には、人々は輸入された家畜の肉を買うためのお金を持っていて、エルクは多くの家族にとって、主食というよりも珍味であった。私は、今やネレムノエの人々のカロリー総摂取量の五十％もしくはそれ以上をエルクの肉が占めると見積もっている。

かつて私は、スピリドン爺さんの集団の成員たちに、狩猟過多が間違いなくエルク個体数減少の主な原因であると意見を述べたことがある。驚いたことに、狩猟者たちはエルクの個体数が減少しているとはまったく考えていないと返答した。動物たちはただ「どこか他所に行っている」のだと私に言うのだった。その後、ジリアンカから来た生物学者の一団が、地域のエルク個体数に関するヘリコプターによる調査を実施した。平均して二千頭のエルクがいた一九九〇年以来、個体数は三十％以上も減少したが、これは狩猟過多とオオカミ個体数の増加が組み合わさって生じた結果だと報告された。ある政府の官吏は、ネレムノエでの公聴会で、激減するエルク個体数を保全するために殺戮の規模を縮小するように狩猟者たちに促した。狩猟者たちは座り、政府の官吏が統計を次から次へと繰り出して、みずからの論点を立証するのを黙って聞いていた。だが、その後で私は、生物学者たちが単に誤解しているのだと狩猟者たちが仲間内で話すのを聞いた。エルクは、かつてと比べて少なくなっていない。動物たちは単にさしあたり、どこかに行っているだけですぐに戻ってくるのだと。(2) 当初私は彼らの説明を、自分たちの大規模な殺戮を正当化するための信じられないほど素朴な試みであると見なしていた。だが、彼らの論点は別のもので、生と死のサイクルに関するまったく異なった視点に根ざしたものであったと後で気づいた。ユカギールの老人ニコライ・リハチェフは、以下のように私に説明した。

世界は、下界と上界から中界を分ける二つの棚がついた、戸棚のようなものだ。ある特定の場所では、棚にヒビが割れていて、これらが界の各間にある通路にあたる。それぞれの棚には、様々な大きさをした、大量の引き出しがあって、それらは異なる生きものの国なのさ。中界にある引き出しは、生ある人間の国で、他の引き出しは、様々な動物種の国々、さらに別の引き出しは動物の支配霊の国だ。……上界の最上部には、イエスが天を治める彼の父である神とともに住んでいるんだ。その下には、ＵＦＯ（ロシア語 *letaushchaya tarelka*）に乗って飛び回る、外部宇宙から来た生きものである〈光の人々〉（ロシア語 *Lyudi Sveta*）が住んでいる。レーニンみたいに極めて頭がよく、様々な実験の対象とするために中界にいる人間をしばしば捕まえるということを除いて、そいつらについてはほとんど知られていない。狩猟者がどこにいて何をしていたか記憶がないまま、森から戻ってくることが時たま起きるのは、そのせいだ。……戸棚の底、下界の最下部には、小さな引き出しがあって、悪霊（*abasylar*）の頭目である〈尖った頭の老人〉（*Yiodeiis'ien'ulben*）の住処になっている。その上には、もうひとつはるかに大きな引き出しがあって、それは〈影の国〉（*Ayibii-lebie*）。あらゆる死んだものの住処になっているんだ。ある者がエルクや別の動物を殺すとき、その霊魂《アイビ》（*ayibii*）はここに赴くのさ。割れたカップや焼けた家も同じ。それらの**アイビ**は、〈影の国〉に行き、その姿(3)を取り戻して、中界で新しいカップや新しい家として生まれ変わるまでそこにいるんだ。同じように、人間が死んだときには、その**アイビ**は、住処としていた身体を離れ、ワタリガラスや他の鳥の身体を住まいとして〈影の国〉に旅立つのさ。この国は生者の国と似ているが、上下逆さまなんだ。人々は、通常そうするように、家族と一緒に家やテントに住み、食事をし、狩りをする。でも例えば、昼と夜、冬と夏みたいな、多くの基本的なものごとが逆転している。それに、若くして死んだ者は老いて、あらゆる者が腐った肉を食べる。……ある人の**アイビ**は、生きている家族の成員である女性が妊娠する瞬間まで下界に住まう。次に**アイビ**は、自らを輪廻させるために戻ってこようとする。でもその帰りの旅路は、難しく、障害と危険だらけさ。**アイビ**が**アバスィ**［サハ語で悪霊］に食われるということがときおり起こる。その場合には、その**アイビ**自体が**アバスィ**になって、他の**アイビ**を狩るんだ。**アイビ**は、棚の割れ目に囚われちまうこともあるかもしれない(4)。でももし、**アイビ**が生者の世界に達することに成功したならば、それは妊娠した女の性器をとおして、彼女を貫き、子供に取り憑くんだ。その後、両者はひとつになり、同じ人格になる。その子供は、死者と共通する気質を持つようになる。……子供は死んだ人の名前、もしくは少なくとも、そのあだ名を与えられるべきだよ(5)。

ニコライ・リハチェフの説明は、ユカギールの輪廻原理に関する私にとって初めての手ほどきであった。まず衝撃だったのは、彼の説明と南アジアにおける有名な輪廻概念との明白な差異である。ユカギール人にとって、人生の目標は仏教やヒンドゥー教とは違って輪廻の終わりなき周期からの解放ではない。仏教やヒンドゥー教の伝統では、インド語派の言葉で「救済」を意味する、ニルヴァーナ（*nirvana*）やモクシャ（*moksha*）に重きが置かれている（Obeyesekere 1994: xii; Wicks 2002:

72-73）。むしろユカギールは、人々が切れ目のない輪廻を経験し、前世であらわにしたのと同じ性格の特徴を取り戻すものと想定している。加えて、仏教徒とヒンドゥー教徒は、転生とは死者が生きられた人生の倫理的性質に依存するものだと理解するが、ユカギールの間では、今世での間違った行為（もしそう言いたければ、罪）が必ず来世での報いにつながるといういかなる証拠にも私は出会わなかった。他の生きものへと姿を変えたり、ある特定の場所で行き詰まり、そのために「家」に戻ってくるのを妨げられたりすることはあるが、「良い」輪廻や「悪い」輪廻といったものはない。さらに、人だけでなく、動物や無生物の対象もまた、それら自身の切れ目のない輪廻の周期に閉じ込められている。実際のところ、ゲンプル（Guemple 1994: 118）がイヌイトに関して描写し、ユカギールに関しても当てはまるように思われることには、「そのシステムは、……『閉じられた』周期であると見なされている。新しい霊的な構成要素が中に入ることはできないし、何かが失われることも決してない」。それゆえ私たちは、少なくとも原理的には、終わりなき周期の中でただ単に周り続ける、固定化された霊魂の蓄えを扱っているのだ。

生命が決して失われ得ず、また完全に破壊され得ないというこの中核となる考えは、ユカギールに特有のものでは決してないし、実際に、周極北方地域の至るところで報告されている。[6] 例えば、フレイザーによれば、ベーリング海峡のエスキモーは「死んだ海獣の霊魂がその胆嚢に付着し続けるので、胆嚢を海に返せば霊魂を新鮮な肉体に転生させることができ、狩猟者が追って殺す獲物を倍増させることができると信じている」（Frazer 1993[1922]: 610）。最近では、この信仰がカナダ亜極北のクリーの間でも描写された。「ある動物の名目上の死は、周期における一時点のことに過ぎない。

動物はブッシュに住み、狩猟者に殺され、身体が食べられた後には霊魂として存続し、誕生や自動的な再生を介して、世界に再び戻ってくる」(Brightman 1993: 288)

さらに私たちは、獲物の群れまるごとを「無益に」破壊するのにつながった「攻撃的な」生業実践の例の数々を周極地域の至るところで見出す。クルプニクが書くには、「大量屠殺は、カリブーが渡河地点で狩猟されるとき、および夏に換羽期で飛べない鳥に対して網が投げかけられるときにも生じた。しばしば、コミュニティは自分たちが使い、保存し、運び得るよりもはるかに多く獲るので、捕まえたものの多くがただ腐ってしまい、無駄になってしまった。鳥や動物が数百や数千も殺される、大規模な狩猟過多の証拠は、北シベリア、カナダの北方針葉樹林、グリーンランド沿岸、内陸アラスカの至るところにある」(Krupnik 1993: 231)。

クルプニクは、現地人の過剰殺害を、火器や商業狩猟を導入したロシア人やアングロ・アメリカ人による植民地化の結果としてのみ見ることは大間違いであるとまで論じている。なぜなら、「先史極北狩猟民だけでなく、[訳注:西洋人との]接触後に商業狩猟経済と一切つながりを持たない伝統的バンドが局地的規模で生態学的危機を引き起こした数多くの事例を私たちは今や知っている」(Krupnik 1993: 234)からである。大量屠殺を例外――極端な状況が重なり合ったことによって説明される逸脱――に還元するのもやはり正しくない(Krupnik 1993: 235)。むしろクルプニクが主張するには、狩猟過多は極北民族の生業システムに内在する構成要素、つまり、「非常に不安定な獲物資源が関係する際の合理的なリスク管理技術」(Krupnik 1993: 236)として理解されるべきである。彼は、この過剰殺害の戦略を、亜極北の北方針葉樹林に住む狩猟民の信仰体系、つまりより「生態保全主義的」

かつ一層洗練された霊的でエコロジカルな信仰体系と対比させている。亜極北では、動物資源の不足がさらに常態化しており、それゆえより予測と管理がしやすい。「『均衡』という考えは、北方針葉樹林の民族が資源や環境との間に維持してきた関係に十分に当てはまる。その関係の維持は、合理的な生態学的知識と、アニミスティックな伝統的枠組みの中に見出される、表面的には呪術的な実践や儀礼を介してなされている。……このような世界観とその構成要素は、北米インディアンの間で十分に記述されてきたが、シベリアの北方針葉樹林地帯に住む多くの先住民にも見出すことができる」(Krupnik 1993: 239-40)

だが、そのように北方狩猟民を「攻撃的な資源利用者」と「エコロジカルな聖人」とに著しく二極化させてしまうことを安易に支持することはできない。ブライトマン(Brightman 1993: 254-91)は、クリー・インディアンの狩猟に関する包括的な研究において、北方針葉樹林の民族がその霊性によって持続可能な収穫量管理を促進するような「直観的な」エコロジストであるというこのイメージをすっかりひっくり返した。彼は、一七〇〇年代のクリー狩猟者がカリブー(野生トナカイ)や他の動物を殺し過ぎたために獲物の個体数が急落し、大規模な飢餓を招いた例を数多く挙げた。加えてブライトマンは、この容赦ない狩猟実践の理由を、新しい技術や商業狩猟との遭遇の中にではなく、クリー・インディアンの伝統的な生業イデオロギーの中に見出した。「『環境倫理』と持続可能な収穫数管理の実践は、そもそも、アルゴンキン文化の構成要素ではなかった。……クリーと他の北方針葉樹林のインディアンは、毛皮交易において、『彼らの理想を犠牲にした』というよりも、むしろそれらを非常に熱心に再生産した。動物の物質的な身体に関して『無駄』という考え方はなく、選択的狩猟によって管理することが可能な地域個体群という考え方もなかった」(Brightman 1993: 283)

私たちは、ユカギール人の間で、クルプニクとブライトマンによって描写されたこのタイプの過剰殺害的な狩猟実践の例を見出す。フィールドワーク期間中の六月のある日、私はスピリドン爺さんと息子たちとともに川を下っていた。一年のこの時期には、血に飢えた蚊が草深い川岸に巨大な群れをなして現れる。エルクは、風をさえぎるものがない川に身体を浸すことによって蚊を避けようとする。しかし概してエルクは、身を隠す森がなければ狩猟者から身を守る術を持たない。そして私たちは、それぞれ体重が千ポンドかそれ以上ある四頭のエルクをわずか二、三時間のうちに殺した。驚いたことにスピリドンは、心臓、舌、鼻、腎臓、および、選り抜かれた大腿の肉切れいくらかといった最良の部位だけを取るように私たちに指示した。そして私たちは、ほぼそのままの状態をとどめる死体が川を流れ下るがままにまかせたのだった。川の旅路を続けるなかで、私たちはこのやり方でさらにエルクを殺し、またもや稀少部位のみを取るように命じられた。ようやくネレムノエに着いたときには合計で七頭のエルクを屠《ほふ》っていたが、大量の肉を腐るがままに置いてきたのだった。

自然に湧き上がる疑問は、なぜユカギールが、他の多くの北方狩猟民集団と同じように、自分たちが運搬し、食べることができるよりも多数の獲物を殺すのかということだ。加えて、狩猟過多に起因する獲物不足の主な被害者となるのは、これら狩猟民自身であるのに、なぜ彼らがその二つの過程に関係を見ない傾向があるのか不思議に思わざるを得ない。これらの問いに取り組もうと思うのであれば、私たちは、クルプニクがするように、ただ単に狭義の功利主義的および機能的な立場から狩猟者と獲物の関係に接近することはできず、狩猟者たちの観念的世界を考慮に入れなければならない。ユカギール人のパースペクティヴからは、彼らの殺しが単に破壊的であるだけでなく、再生の儀式でもあることを指摘することでこの仕事を始めよう。動物の霊魂、つまり**アイビ**が解き放たれ、後に転生できるようにするために、狩猟者は動物を屠り、消費しなければならない。狩猟者の捕食活動は、この要領で命を与える活動になる。なぜなら、殺しがなければ、動物は再生し損なうからだ。さらに、ブライトマン（Brightman 1993: 283）がクリーに関して描写したことは、ユカギール人にも当てはまるのだが、狩猟者は獲物を大量に殺し、それらの身体を余すところなく使うのではなく、むしろ、選り好みして使うことができる。なぜならそのような行動は、動物の支配霊の命令と相反していないからだ。実際のところ、動物を殺せば殺すほど、動物の支配霊が所有する群れは大きくなり、将来的にその動物種を殺す公算は大きくなる（Brightman 1993: 288）。明らかに、これは「人は**ハズィアイン**［動物の支配霊］から与えられたものを受け取る義務がある」というユカギールの諺をこだまさせており、もし狩猟者が多く与えられたのであれば、多く受け取らなければならない。入手可能なすべての動物を殺し損なうことは、みずからの未来の猟運を危機に晒《さら》すことである。

さて、このことはクルプニクの北方狩猟民イメージ、つまり闇雲に生態系を破壊する容赦ない捕食者としてのイメージにぴったりと当てはまる一方で、反対方向を指し示す、もうひとつのユカギール的思考の傾向がある。これから見ていくように、狩猟者は無分別な殺戮に対する霊的な対抗捕食への恐れも抱く。しかし、過剰殺害に対するこの説得力ある制裁が基礎付けられる主要な考え方、またできるかぎり多く殺そうとする正反対の傾向とどのようにして関係づけられるかを理解するためには、狩猟採集民の民族誌的研究において、「シェアリング」という題目で広く報告されているものに言及する必要がある。

## ◇シェアリングの原理

「単純な」狩猟採集民社会と「複雑な」それを区別するのによく用いられるモデルのひとつは、ウッドバーン（Woodburn 1980; 1982a; 1991）による「即時利得」システムと「返礼遅延」システムの区別である。前者を有する社会では、「人々は自らの労働から直接的で即時的な対価を得る。彼らは狩猟や採集に出かけ、獲得した食物をその日のうちか、続く数日間にわたって気の向くままに食べる」（Woodburn 1982a: 432）。さらに人々は、長期間にわたる約束と義務、所有物の蓄積、いくらかでも実質的な時間を生産過程に投資することを避ける（Woodburn 1980: 98）。個人の自律性、シェアリング、資源への自由なアクセス、平等主義的な社会関係に高い価値が付与されている（Woodburn 1982a: 448）。対照的に、返礼遅延システムでは、個々人は労働集約的な狩猟技術、加工貯蔵食品、他の人々（婚姻贈与のとき）といった価値ある資産への権利を確保している（Woodburn 1991: 32）。これらの価値ある資産を確保し管理するために、人々は秩序立てられ、分化され、掟で定められた一連の関係に頼っている（Woodburn 1982a: 432-33）。ウッドバーンは、ほぼすべての狩猟採集民社会を返礼遅延システムに、ナミビアのサン・ブッシュマン、タンザニアのハッツア、マレーシアのバテッといった少数の集団のみを即時利得システムに分類している（Woodburn 1991: 32-35）。

ユカギール人の社会組織は、過去と現在のどちらとも、ウッドバーンが返礼遅延システムによく見られるとする特徴を多く有している（例えば、世代を超えた権威、献身的な親族の紐帯《ちゅうたい》、制度化されたリーダーシップ）。その一方で、ヨヘルソンの記述と私自身の観察から、ユカギール社会が、例えば知識と猟場への一般化されたアクセス、人がともに生活し働きたいと思う狩猟者の集団を選ぶ自由といった、ウッドバーンが言う即時利得的な多くの特徴を示していることは明らかであるように思われる。ユカギールの男たちは、特定の集団とともに狩猟をしなければならないわけではないため、狩猟集団は極めて不安定である。人々は常にそこから出入りしている。加えて、個々の家族は、一九三〇年代の強制移住以前に居住していた川によって自らの帰属を規定し、他者からもそう規定される一方で、そこで狩猟する権利を他の者たちよりも多く有しているわけではない。誰しもが制限なく、どこでも好みの場所で生活し、狩りをし、魚を獲ってよい。それゆえある集団が有する特定のテリトリーや川とのつながりは、資源への排他的なアクセスを規定するものではなく、むしろみずからや他者の帰属を規定する方法、つまり空間的に社会関係を配置するやり方を与えてくれるように思われる。さらに、ユカギール人が土地の産物と他の品々をシェアする様式は、一般的に即時利得システムに典型的なものである。ヨヘルソンは、ソビエト以前のユカギールの狩猟者がトナカイもしくはエルクを殺したとき、彼がその肉の所有権をまったく持っていなかったことを私たちに教えてくれる。代わりに、それはクランの古老の妻に手渡され、彼女がその分配《ディストリビューション》の責任者となる（Jochelson 1926: 123）。狩猟者の家族は、クランの他の家族と同じく、家族の人数に応じた取り分を受け取る。狩猟者自身は、仕留めた動物の頭に加えて、野営地にテントを一番初めに張ることを許され、また妻が肉の配分に参加する名誉を受け取るだけである。

分配の原理は、もはやヨヘルソンがフィールドワークをおこなったときほど規則にしたがったものではないが、シェアリングの道徳的な必要性はいまだに大いに強調されている。それゆえネレムノエの人々は、近隣のロシア人やサハ人とみずからとを区別するとき、まずこれらのよそ者の個人主義的な欲深さと彼ら自身のシェアリングへの熱心さとを対照させる。ロシア人やサハ人は、ケチであり、自ら進んでシェアすることはないと言われている。シェアリングが善きことであるというこの見解に関連するのは、富の蓄積は大いに忌むべきことであるという見解である（Woodburn 1998: 54）。富む者は定義上、「悪者」（ロシア語 *plokhie lyudi*）である。ソビエト時代には、豊かな者は主にロシア人の熟練労働者であったが、彼らは良い給料と他の経済的な誘因によってネレムノエに引きつけられた。しかし、これらの移住者たちの大多数は、ソビエト連邦の崩壊にともなう経済的危機の間に出ていった。残ったいくらかの者は、おおむね、シェアリングという現地の文化的価値を受け入れた。現在では、ある一人の男だけが他の者たちより飛びぬけて豊かになった。彼は、ジリアンカの地方行政長官によってネレムノエの自治体のリーダーとしての権限を与えられた、ヴェルフネ・コリムスク出身のサハ人である。地元のユカギール女性と結婚しているが、ほとんどの人々は彼の良い給料、自動車、二台のスノーモービル、および、より広いコミュニティに彼の財を分かちあうのを渋ることのために彼を軽蔑している。妻の親戚でさえ彼を「欲深いヤクート人」とか、ロシア語で「ウクライナ人」を意味し、ケチを示唆する指小語で「クルクル」とかと呼ぶ。

財が蓄積されたり、その分配が不平等であったりすることに対するユカギール人の嫌悪は、狩猟採集民の人類学的説明がよく「平準化」もしくは「謙虚さを強制する」メカニズムと名付けるものにおいても明白である（Barnard and Woodburn 1991: 25; Myers 1991: 56; Guenther 1999: 43）。例えば、狩猟者が大量のクロテンの毛皮を持って村に帰り、自身の成功を自慢し始めれば、人々は彼を容赦なく嘲《あざけ》るであろう。「お前が手に入れたこれらの毛皮は、ネコか何かのものだろう。クロテンのわけがない。銀色の毛が一本もありゃしない。汚らわしい毛だけだ」。このような侮蔑的な発言には、ただひとつの目的がある。それは、傲慢な狩猟者を「引きずりおろし」て辱めることである。そのため、狩猟者は通常、注意深くとても控え目なやり方で自身の成功を報じる。私がともにクロテンの罠かけをおこなったサハ人の狩猟者イヴァン・ダニロフは、以下のように表現した。「ネレムノエに戻り、人々がクロテンを何匹獲ったかと訊いてきたら、がっかりした顔でこう言うんだよ。『ほとんど獲れなかったよ』。もう一度訊いてきたら、『クロテン、五匹か六匹以上では決してないよ。それにどれもとても質が悪い』と答えるんだ」

もちろん人々は、狩猟者がこのような慎重な物言いをするときには、しばしばその正反対、つまり彼が良質なクロテンを大量に捕獲したことが示唆されているのを知っている。だが、要点は狩猟者が自身の成果に対して無関心さ、もしくは否定的評価を示すことによって、「成功が彼を有頂天にさせたのではないこと、そして謙虚さを示すことで平等のエートスを維持し、自分自身を『平準化させている』もしくは『卑下している』ことを表す」（Guenther 1999: 43）ことである。

状況は、エルク、クマ、トナカイの狩猟の場合にはいささか異なっている。これらの仕事に秀でた狩猟者は、しばしばその技術を公然と賞賛される。例えば、スピリドン爺さんの長男ユラと私が道端で老人たちに会うと、ときどき彼らは歯をがちがち言わせて、「あなた方の良い猟運のおかげで、私たちの歯は噛むことができるよ［私たちはたくさん食べている］」と言って、私たちを褒めることがあった。こうした態度の違いは、おそらく、肉は大方の場合、村人たちの間で配分されるのに対して、毛皮はそうではないという事実によって説明されるであろう。集団の狩猟者の間で均等に分けられた後、クロテンや他の毛皮獣から獲られた毛皮は狩猟者個人の私有物と考えられる。それゆえ、肉は簡単には財を蓄積する源にはなりえない一方で、少なくとも理論的には毛皮はそうなりえる。ゆえに獣肉猟ではなく、むしろクロテン猟が、厳しい中傷や嘲笑のような道徳的に価値づけられた平準化メカニズムの焦点となり、そのようなメカニズムは、財の所有具合によって地位の不平等が発展するのを積極的に制限しようとしているのである。

しかし、最も成功をおさめたクロテンの狩猟者でさえも財を蓄積するのは難しい。なぜなら彼は様々な必需品を得るために毛皮を売るか、もしくは物々交換することはできるのだが、彼の親類にシェアするべきという道徳的な義務を負っているからだ。それゆえ、燃料一樽や数箱分の弾薬が、一日か二日以上もつ見込みは少ない。究極的には、終わることのない要望によって、彼は余分な持ち物を手渡さなければならない結果になるだろう。理論上ある人は親戚に「ノー」と言うことができるが、そうすれば親戚は不平を言い、彼について噂を立てるであろう。もし自分のために持ち物をとっておきたいと思うのであれば、唯一の選択肢はそれを隠すことである。私は、人々が自分の持ち物を他者から隠そうとするのを数多く実見した。例えば狩猟行の際には、人々は頻繁にタバコを分けてくれるよう誰かに頼む一方で、自分のタバコをポケットに隠しておき、森で一人のときにそれを吸う。同様に、村人たちはしばしば燃料のドラム缶をガレージに隠したり、雪の中に埋めたりする。もし、見えるところに置いておけば、次々と親類がやってきて、燃料がなくなってしまうまで分け前をねだるだろう。

私たちはしばしば、シェアリングは寛大さから生じると考える。例えば、スペンサーはアラスカのエスキモーについて以下のように書いている。「食料不足のときに、お腹を空かすのは成功した狩猟者と彼の家族である。なぜなら、寛大なことに彼は手元にあるものは何でもくれてやってしまったからだ」(Spencer 1959: 164)。ここまでで明らかなように、ユカギール人のシェアリングはたいそう異なっている。彼らは原理的な力学として、寛大さという道徳的要請を**確かに**強調するが、実のところ、ほとんどのシェアリングが直接的な要求に対する応答として生じる。それゆえ私たちは、ピーターソン(Peterson 1993)が「シェアリングを要求すること」と適切に呼んできたものを扱うことになる。人々は自分が分け前にあずかる権利があると信じており、要求をするときには遠慮しない。「全体的な傾向は、与える側の義務ともらう側の権利に置かれている。与える側は自分の品々がシェアされるか否かに関して、ほとんどもしくはまったく裁量を有していない」(Woodburn 1998: 49)

加えて、人々は返礼を期待することなく、惜しみなく与えることが期待されている。つまり、もちろん受ける側も、自身の即時的な必要性を超えて品々を得たときにはシェアしなければならないのであるが、与え返す義務は持たないことになる（Barnard and Woodburn 1991: 21）。シェアする一般的義務だけが経時的に引き継がれるが、返礼の質や量に関する具体的な主張はそうではない。それゆえ、このようなシェアリングのタイプを互酬性の一形式として扱うことは起きていることの理解を深刻に歪曲させてしまうというウッドバーンの主張に私は賛同する（Woodburn 1998: 50; Bird-David 1990: 195; Ingold 1986b: 209; Rival 2002: 104）。ユカギール人のシェアリングは、明らかに「直接的」もしくは「均衡化された」互酬性ではない。彼らの見解では、人々はいずれお返しをすることが期待される贈与としてではなく、交換条件なしに自分の持ち物をくれてやる義務がある。この意味で、シェアリングに関する彼らの見解は、サーリンズが「一般化された互酬性」と呼んできたものに部分的に当てはまる（Sahlins 1972: 193-94）。しかし、シェアリングを「互酬性」と呼ぶのは誤解を招く。なぜなら、互いに負債を抱えていることは、まさしくユカギール人のような人々の中には見当たらない事態であるからだ。ジェルが以下のように書くとき、まさしくこの点を指摘しているように思われる。「『一般化された』および『均衡化された』というのは、互酬性にまつわる二つの別の形式では**ない**。均衡化された互酬性は互酬性である。なぜなら、「均衡」は……互酬性の考えそれ自体の中に組み込まれているからだ。『一般化された』互酬性は、互酬性の欠如、つまり、**非**＝互酬性である」（Gell 1992: 152、強調はウィラースレフ）

交換条件なしのシェアリングというエートスは、ユカギール人の交換原理の全体に浸透しているが、とりわけ肉に焦点化されている。「私が食べ、お前が食べる。私は何も持たず、お前も何も持たない。私たちは皆、ひとつの鍋から分け合う」とユカギール人は言う(7)。肉のシェアリングには、いくつかの段階がある。まず、肉はともに生活を送り、働く狩猟者たちの間で、森の中でシェアされる。分け前は、集団内の狩猟者の数に応じて山積みにされ、全員が年齢や技術に関係なく平等な分け前を得る。狩猟者たちは、殺された動物を共同で所有すると言う。なぜなら、各自が何らかのやり方で労力と技術を狩りに提供したからだ。それゆえ、ここで私たちが扱っているのは、原理的には、「狩猟の労をとるために、労力、物質的もしくは知的技術を出し合うことによって」獲得される「分け前」とボーデンホーンが呼んできたものである（Bodenhorn 2000: 134）。

村に戻ると、肉は再びシェアされる。狩猟者は、全員と分け合う義務はなく、親戚にだけそうする義務がある。親族たちは通常、狩猟者が到着した当日に彼の世帯に赴き、当然のごとく、「催促がましい」やり方で単に「よこせ！」と言う。次に、狩猟者またはその妻は、彼らに肉の分け前を与える。そうすると彼らは去る。「お願いします」や「ありがとう」は、通常、シェアリングの語彙にはない。リーがサン人に関して言うように、「シェアリングが所与のものであれば、なぜ、ありがとうと言うのか？」（Lee 1991: 264）。動物のある特定の部位を特定の範疇の親族や姻戚に与えなければならないと定める規則はない。人々は、異なる肉の部位を異なった量だけ、あるときは数人の親戚へ、別のときにはその他の者たちへとおおよそ分け隔てなく与える。受け取った側は与えられたものについて、少なくともやり取りの際には、不平を言うのは不適切だと考えられている。しかし後日、人々はみずからの取り分について満足か不満足かを開けっぴろげに口にする。肉をめぐる喧嘩は、一般的には間接的なものであり、直接的な衝突というよりも、むしろわだかまりと噂をもたらす（Altman and Peterson 1991: 86）。

肉が調理されてしまうと、それは再び、その場にいる者、通常は世帯の成員にシェアされる。肉は保存もしくは貯蔵されることはほぼない。ユカギール人は、新鮮な肉を食べることを好む。ネレムノエの世帯の中で、貯蔵用の氷室を持つものは極めて少ない。さらに狩猟者たちは、肉を貯蔵するのは狩猟の悪運をもたらすと主張する。なぜなら、それは動物の精霊の気前の良さを阻害するからであり、実際に食べるための肉を必要としていることが、何にも増して動物の精霊の気前の良さを保証するのだ。この考えは、ユカギールの狩猟の支度にもよく表れている。狩猟者は森に行くとき、わざと食料を二、三日分しか持って行かない。なぜなら、ある狩猟者が言うには、「ハズィアインは食べ物をもらう必要がない者には食べ物を与えない。そして、貯蔵した食べ物がすでに利用可能な場合には、人々は食べ物を与えられる必要がない」からだ。それゆえ一般的な前提としては、保存された肉の消費は望ましくない。理想的には、人々は狩猟し、すべての肉が消費されるまで食べ、そして再び狩猟に行くべきである。実際のところ、このことは、狩猟者が持ち帰った肉は一日か二日以内に配分され、消費されることを意味する。

これまで見てきたように、狩猟者は肉がシェアされるか否かに関して、ほとんどあるいはまったく裁量を持たないが、彼は誰がそれを得るかに関しては**実際に**いくらかの影響力を有している。すでに指摘したように、ネレムノエのシェアリング関係は通常、親族の紐帯《ちゅうたい》にしたがっている。つまり、ある人は肉やその他の品々を自分の親族にはシェアしなければならないが、親族でない者はそうする義務を持たない。ユカギールの間では、親族は両系的に認識される。実際のところ、このことは、ネレムノエの一人ひとりが他の村人全員と親族もしくは準親族の紐帯を有していることを意味する。ユカギール人自身もこのことをよく心得ていて、しばしば、「何らかの仕方で、私たちは皆つながっている」と言う。だからといって、すべての親族の紐帯が活きているわけではない。血縁が示唆するシェアリングの義務を果たそうとするとき、潜在的な親族の数は、維持可能な数よりもはるかに大きい。このことが、ボーデンホーン（Bodenhorn 1997）が「選択的」および「非選択的」な親族領域と呼んできたものを生み出す。両親、兄弟姉妹、母方および父方の祖父母は後者の範疇に当てはまる。彼らの近縁性は、社会的な批判を招くことなしに否定することはできず、それゆえ彼らは常に分け前にあずかる資格がある。選択的な範疇は、事実上「彼らとあなたが親族のようにふるまうので親族であるような親族」であり、互いにシェアし合う全員を表している（Bodenhorn 1997: 115）。

人が誰を自分の親族にあたる人々と認めるかを選ぶことができるという事実は、戦略的な操作のための十分な余地を与えている。もし、ある者がその関係を不満足なものと見なすならば、血統的関係は都合よく「忘れられる」かもしれない。しかし、その反対もまた真である。もし、それが有利であると見られるならば、遠い親戚を家族の一員と見なすことを選ぶかもしれない。ネレムノエのオブシーナ（ポスト社会主義のシベリアにおける共同生産単位）初代代表のユカギール、ニコライ・シャルーギンにまつわる以下の物語は、いかに親族の紐帯が突然「発見」され、利用されうるかの一例である。

一九九一年にヴェルフネ・コリムスクのソフホーズ（国営農場）が解体され、そのテクノロジーと家畜の資産が新しく創設されたオブシーナの各団体の間で分けられた。そのとき、ニコライ・

シャルーギンは、ネレムノエのオブシーナであるテキ・オデュロクの代表に選出され、数多くのトラクター、自動車、スノーモービル、ウマを任されることになった。オブシーナ団体は、元来、狩猟者や漁師たちによる村を拠点とした共同組合として意図されており、時を経て、先住民の自治のための地域組織に発展するだろうとされていた(8)。ヤクーツクの政府は、ユカギール人や他の北方先住民族がより多くの民族自決権を与えられれば、より勤勉に働くようになり、内部経済を発展させるだろうと信じていた。だがネレムノエでは、物事は違う展開を見せた。人々はオブシーナの持ち物を集団の所有物と見なすのではなく、シャルーギンの私的な持ち物として見たのであり、ユカギールの実践に倣って、彼らはシャルーギン宅を訪れ、品々をシェアするように要求した。加えて、要求を出したのは、彼の普段の近親集団だけではなかった。実質的にはネレムノエの全員が彼と何らかの形で親戚であると言い張り、それゆえ彼が彼らと分け合う義務があると主張したのであった。その哀れな男は、そうした多くの要求を受け入れる以外に選択肢はないと思った。まず、彼はほとんどの家畜を屠《ほふ》り、ネレムノエの家族らの間で配った。例えば一九九一年にはオブシーナは百五十四頭のウマを所有していたが、一九九四年にはこの数字が五十六頭まで落ち込んだ。それにもかかわらず、人々はなおも要求し続けたので、彼は自動車、トラクター、スノーモービルを売却し、そのお金で燃料と肉を買って村の人々に配った。サハ政府の代表が一九九七年にネレムノエを視察し、村のオブシーナが利益を生む企業であるどころか、以前あったあらゆるテクノロジーと資源を完全に放出して、破綻状態であったのを見て、シャルーギンを汚職のかどで追及した。だが彼は逮捕されることはなかった。なぜなら、警察は彼がコミュニティの資産を使って個人的な財を蓄積したといういかなる証拠も見出せなかったからだ。実際のところ、シャルーギンは、多くの「シェアリング」の要求に答えるために、銃、テレビ、スノーモービルのような自身の私的な持ち物のほとんどをくれてやる義務があると考えたために、村の中で最も貧しい者の一人となった。彼はオブシーナの代表を降板しなければならなかったが、刑務所には行かなかった。

この物語は、先に論じられた多くの問題を例証していて興味深い。まず、ユカギール人の親族ネットワークは、有限かつ固定化されているというよりも、大いに操作可能であり、常に変動していること。さらに、今すぐ必要ではないように見える品々を所有する個人がそれらを手放すようにという最大限の圧力にどれほどさらされており、見返りを期待することなく、そうせねばならないかを、この物語は明らかにしている。最後にこの物語が例証するのは、ユカギールはリーダーシップを認めるが、リーダーの権威は私的な財を獲得して保持することにあるのではなく、それをくれてやることにあるという事実である。リーダーは人気を保持するためにあらゆるものをくれてやらねばならず、それゆえ、コミュニティの中で最も貧しい人々である(9)。

## ◇シェアリングのリスク

森に入るとき、ユカギールの狩猟者はしばしば、狩りをする川や場所の支配霊を「父」や「母」もしくは「祖父」や「祖母」と呼ぶ。同様に、この文脈において彼らは自身を霊の「子供」もしくは「孫」と呼ぶ。彼らは例えば「祖父よ、あなたの子供たちは空腹で貧しい。以前してくれたように、私たちに食べ物を与えてくれ」、あるいは「**ハズィアイン**よ、あなたは私たちの母であり、私たちはあなたの子供だ。だから、私たちに食べ物をくれ」と言うであろう。

他の狩猟採集民集団の文脈において、精霊の慈悲心と寛大さを賞賛する一方で、自らの飢えと不足について不平も口にすることがこのように組み合わされているのは、「与えることに基礎付けられた経済的言説における補完的慣用句」を表していると指摘されてきた（Bird-David 1992: 31）。これがユカギール人にも当てはまることに関して、私はまったく疑いを抱いていない。実際のところ、今すぐ必要である以上に資源を所有する人間の同胞がそれを手放さなければならない義務があるのと同じやり方で、動物の支配霊は養う者としての役割において獲物を数多く人間に分け与えなければならない義務があると彼らは信じている。換言すれば、狩猟者はみずからが獲物をもらう資格を持ち、精霊は適切な報酬への見返りとしてではなく、交換条件抜きに獲物を彼らに与えるべきであると考えている。思うにこの考えは、しばしば狩猟者が狩猟の前に精霊の慈悲心と寛大さを賞賛する一方で、成功した狩猟の後で彼らが精霊に感謝するのを聞いたことがまったくないという事実に反映されている。彼らの視点では、精霊が彼らに獲物をもたらすのは、すべきことをしているに過ぎない。さらに、猟運が私たちを見放したとき、それが何らかの儀礼的手続きを無視したことのせいにされるのではない場合には、スピリドンは野営地をせわしなく歩き回り、彼の補助霊である「オムレフカ川の所有者」に向かって罵声を浴びせる。「ケチなあばずれめ！　お前は私を恥じ入らせる。私のところに二度と来るな［私の夢に現れるな］。お前がお前の肉とともに腐るがままにしてやる［他のテリトリーに移動してやる］」。分け合う気のない人間の同胞が大いに苦情と噂の対象となるのと同様にして、支配霊が肉の願いを拒否したときにはいつでも、スピリドンは歯に衣着せず支配霊をケチだとなじるだろう。

動物の支配霊が動物の群れを与えなくなることは時たま起こるが、狩猟者はこれらの事象を例外的、一時的かつ偶然のことと見なしている。悪い猟運は、大体、獲物の適切な循環を保証する儀礼的な手続きを遵守し損なったときのような、人間の不適切な行動によって引き起こされると説明される。動物の支配霊の反応は、動物の獲物を与えなくなったり、もしくはそれを狩猟者から隠したりすることである。しかしそのような災難は通常、長くは続かない。狩猟者が過ちを認め、適切な行動規則に従い始めるや、寛大さの原理が再び確立され、精霊は寛大で親身な「親」としての役割に戻ると言われている。

狩猟の際に活性化されるユカギール人と精霊との関係、および村内での肉や他の品々のシェアリングにおいて活性化される人間の同胞との相似的な関係は、統合された体系、つまり包括的なシェアリングの宇宙的経済として解釈できる。実のところ、似たような議論は、狩猟採集民と耕作民がいかに自然環境と関わるかについての比較研究において、バード＝デイヴィッド（Bird-David 1990, 1992）によって提起されている。彼女は南インドのナヤカ、マレーシアのバテッ、ザイールのムブティの民族誌を引き合いに出して、これらの狩猟採集民集団のすべてが、森林環境を、見返りを期待することなく豊富な食物を与えてくれる「親」――彼女が「与える環境」と名付けるもの――と見なしていると主張する（Bird-David 1992: 28）。対照的に、近隣の耕作民集団の間では、環境は互酬的にのみ、つまり与えられた好意への見返りとしてのみ恩寵を譲渡してくれる「先祖」になぞらえられている。彼女が論じるには、宇宙論におけるこの差異は、二つの集団が資源を人間のコミュニティ内で配分するやり方に基礎付けられている。耕作民にとってこのような配分は互酬的な義務の構造内で枠づけられており、狩猟採集民にとっては交換条件なきシェアリングの原理に準拠している（Bird-David 1990: 194-95）。

狩猟採集民が自然環境をもともと備わっている善性の源泉と見なしているというバード＝デイヴィッドの説明には、確かにいくらかの真実味がある。これまで見てきたように、ユカギール人もまた動物の支配霊との関係性を、交換条件なく与えることを拠り所とした親子関係として表象する。それでもなお、「与える環境」についての彼女の見解は、二つの行為主体の間にある慈悲深いつながりから、多くの危険、ぺてん、および操作もまた生じるという事実を無視している。ユカギールは動物の支配霊に、寛大さだけでなく、性欲、嫉妬、ずるさのような、彼らが自分たち人間に見る多くの否定的特徴も認めている。それゆえ、彼らが「善」と見なす霊力でさえも、非常に相対的かつ危うい不安定な意味においてのみ善である。以下で私は、ある特定の狩猟者に対して抑えきれない恋愛感情を抱いた精霊が、彼のアイビを配偶者としてその世帯に連れ戻すために彼を殺そうとした顛末を描写していく。同様に、人間の子供が誕生することが、ときとして動物の支配霊を大いに嫉妬させることがあると言われた。その精霊の嫉妬心は、愛する狩猟者が別の女との間に子供を設けたという事実によっている。その精霊は、その子供を殺し、その**アイビ**を奪い、それを動物の身体に入れることを企図する。その子供は、人間の輪廻の環を離れ、動物として、つまり精霊自身の子供として転生する。この思考様式を例証するために、ユカギールの老女アクリナ・シャルーギンが語ってくれたある物語を引用させてほしい。

グリシア［彼女の夫グレゴリー］と私は、友人のイーゴリ・スレプソフと一緒に魚釣りに出かけた。イーゴリは、変な魚を捕まえたんだ。私はそんなもの見たことがなかった。それはちがう声色で歌っていた。地面の上で向きを変える度に、新しい声で歌ったんだ。私は恐ろしくなって、イーゴリに川の中に戻してと言うと、夫はそうした。その冬、彼はとても良い猟運に恵まれた。確か五十匹以上のクロテンと数えきれないほどのエルクを穫ったと思う。エルクはただ、彼のもとに何度も何度もやってきた。次の年も同じだったよ。動物たちはやってき続けた。でも夫は、良い猟運が続くにつれて、息子の健康状態が悪化していくのに気づかなかった。彼［息子］は一人で閉じこもり、ますます鬱状態に見えた。しまいには外に出て、首を吊ったんだ。ほどなくして、父親がどうやって森の中で狩猟しているときに死んだかを、あなたも目の当たりにしたでしょう。**ハズィアイン**はイーゴリに恋していて、彼と住みたかったんだ。だから彼のもとに過剰に獲物を送ったんだ。イーゴリは、与えられたものを受け取ることで、**ハズィアイン**の子供たち［動物の魂たち］の**アイビ**［動物の霊魂］を集めていたわけさ。それで**ハズィアイン**は彼を殺しに出かけ、彼の**アイビ**をその家まで引きずってくることができた。だから言っておくけど、もしあなたの運が良過ぎて、動物たちがどんどん来るときには、一旦狩猟をやめなさい。もしかしたら、それは、あなたの**アイビ**を欲しがる**ハズィアイン**かもしれないんだから。

ここで示されたハズィアイン像は、人間の子供を養う寛大な親のそれではない。精霊は狩猟者に獲物を与えるが、そうするのは、見返りに人間の命を取るためである。ハーマイオン（Hamayon 1990: 653-72; 1994: 79）は、獲物と捕食者がこのように揺れ動くことを、シベリア狩猟民社会における自然＝文化の互酬性の原理と関連づけている。彼女によれば、これらの社会において、動物の肉を長期間消費することは、「動物の霊魂」補償によって均衡を保たれなければならず、人間の狩猟者とその親類の死は、そのことに対する究極的な報いとして概念化されている。「動物の精霊が人間の血肉を餌とするように、人間は狩猟獣の肉を食べる。このことが、共同体全体における（生命力の喪失として経験される）病と死が過去と未来における成功した狩猟生活へのただのお返しとして理解されている理由である」（Hamayon 1994: 79）

だが私の見解では、この表現は的を射ていない。ユカギールは、他の狩猟採集民と同じく、自然の行為主体性との相互行為を、均衡化された互酬性の原理に準じてではなく、シェアリングの原理に準じてモデル化している。すでに指摘されたように、シェアリングは、返礼を確実に期待するような負債者＝債権者の関係をともなわない。まったく反対であることに、シェアリングは、シェアリングを強要することの原理をとおして、平等さが積極的に推進され、かつ不平等さが積極的に制限されることを示唆する。人々は、今すぐ必要ではない品々を持つ者はそれらを手放すべきだと強要する権利を認められており、それらの品々の所有者はそのような強要に従わなければ、社会的な非難を浴びるリスクを負う。狩猟者と精霊の関係性に関して言えば、このことは、動物の支配霊が獲物を豊富に持っている限り、狩猟者は精霊が彼に動物の資源をシェアするように願う、あるいは強要する資格があり、精霊の側は、狩猟者の要求に従う道徳的な義務があることを意味する。だが――そしてこれが要点なのだが――もし二つの行為主体の財の隔たりが何らかの形で変更されるとき、与える側と受ける側の役割が交代する場合があるのだ。だから、精霊は狩猟者が資源をシェアするように要求する資格を持つようになる。このような役割交代こそ、まさしく私たちが先に引用した物語に見るものである。精霊は狩猟者に獲物を過剰に与え、後者は「与えられた」獲物をすべて受け取る。その結果として、彼は動物の霊魂の余剰を蓄えていると見られる。今度はこのことが、精霊が狩猟者にシェアをするよう要求する権利を与える。そして精霊は、狩猟者とその息子を病と死で襲い、彼らの**アイビ**をみずからの住処へと引きずっていくことでその主張を示してみせる。精霊は長期の債権を清算するために狩猟者とその息子を殺したわけではないことに注意してほしい。ハーマイオンのように、精霊が狩猟者を債務に陥らせていると見るのは大間違いである。なぜなら、ユカギール人のような狩猟採集民の間では、贈り物を送りとどけることには、義務的な互酬、きっちりとした貸借関係の計算、補償といった概念はまったく付随していないからである。むしろその精霊は、狩猟者を豊かな与える側の位置に置くために、シェアリングの道徳的原理をわざと操作し、彼の霊魂を「要求」するのを正当化した。加えて精霊の捕食的な暴力は、経済的にというよりも、情動的に動機づけられている。それは、その所有物を再び手に入れることを欲しているからではなく、「彼を愛」し、「彼とともに生活すること」を欲するために、狩猟者をだまし、殺そうと企図する。

図３〈尖った頭の老人〉の木像（幅三センチメートル、長さ十九センチメートル）。精霊の両義的な性質は、それが十字架を抱えていることによって強調されている。この像は、かつて幼児が眠っているときにそのそばに置かれた。もし、悪霊が子供に近づいたときには、その子供を自分と同類のものだと思い、悪さをしないで放っておくと言われている。マッズ・サリカス画。

このことすべてから帰結する重要な点は、ユカギールが動物の支配霊を本来的に慈悲深いものと見なしているのではなく、むしろ、かなり両義的なものと見なしているということである。利他的なものから邪悪なものにまで移ろう精霊のペルソナが互いに溶け合うことで、一般的には善良な性質を有するにもかかわらず、嘘つきで完全には信用ならないトリックスター的な姿に結実する。ヨヘルソン（Jochelson 1926: 150）は「世界の所有者」を善良な存在の中で最高位に位置づけたが、あるユカギールの老人は、その「世界の所有者」が悪霊の頭目である〈尖った頭の老人〉と同じだと繰り返し主張した。私が思うには、ユカギールの老人がそう言うことで注意を喚起していたのは、まさしくこの精霊の両義性であった。なぜなら、私たちが扱っているのは、厳密な意味で善良な勢力と敵対的な勢力とに下位分割された精霊の万神殿《パンテオン》ではないからだ。むしろ私たちは、私が「二重のパースペクティヴ」と呼ぶものを扱っている。この言葉で示唆したいのは、動物の支配霊が飢えた子供たちに食べ物を与える義務を負う寛大な親であると見る狩猟者のパースペクティヴの中には、ある種の対抗パースペクティヴ、つまり、人間への利己的な愛を満たすために人間をだまし、殺そうとする捕食者としての精霊が入れ子になっていることである。それゆえ、狩猟者は、精霊に「親」と呼びかけ、慈悲深さと積極的なシェアリングのお願いをするが、そのようなシェアリングの関係性が大いなる危険をはらんでいるという事実を決して見失うことはない。なぜなら、バード＝デイヴィッド（Brid-David 1992: 28）が「与える環境」について論じるときに主張していることとは反対に、与える側としての自然と受ける側としての人間という役割分担は、「シェアリングの宇宙的経済」において限定的でも固定化されてもおらず、反転することもある。その場合、狩猟者は病と死に襲われるリスクに直面する。

## ◇狩猟者が獲物になるとき

人間と自然の行為主体のシェアリング関係の役割が反転するというこのような潜在性は、狩猟者たちに大きな苦悩をもたらしている。彼らの苦悩は、動物を豊富に殺すことに成功したときはいつでも、動物の支配霊が良い猟運をもたらしてくれることの意図について確信が持てなくなるという事実から生じている。精霊たちは、自分の獲物資源を彼らに分け与えるという「親」としての道徳的義務を単に遂行しているだけなのか。それとも、霊的な捕食襲撃を可能とする「与える側」の位置へと狩猟者を誘いこもうとしているのだろうか。どの狩猟者も、確かなことを知っているわけではない。ハロウェルがカナダのオジブワ・インディアンの視点から精霊について以下のように書くとき、似たような主張をしているように思われる。「私には精霊がどのようにふるまうか完全に予測できるわけではない。だが大体の場合、その行動は私の予測に従っている。精霊は友好的で、私が彼らを必要とするとき助けてくれるかもしれないが、同時に私は敵対的なふるまいにも備えておかねばならない。私は、［人間］以外の人格との関係において注意深くあらねばならない。なぜなら、外見は欺きやすいものであるからだ」（Hallowelll 1960: 43）

ユカギールの狩猟者の場合には、この不確実性に対して、自然の行為主体との交換過程をさらなるステージへと進めることによって対処する。彼らはそれをロシア語で「汚い手でだますこと」を意味する「パコスティット」（*pakostit'*）と呼んでおり、私は後に性的誘惑の過程という観点からそれを描写するつもりだ。端的に言えば、狩猟者は動物の支配霊に対してみだらな戯れの幻覚を引き起こさせようとする。結果として、精霊はそこで起きているのが計画的な殺しではなく、狩猟者との「恋愛」であると信じるようになる。狩猟者は、獲物を殺した後、暴力的な殺害を他者のせいにすることによって彼がその死の責任を負っているという事実を隠蔽する。その結果として狩猟者は、少なくとも形式的には動物の支配霊から何も受け取っていないように見え、それゆえ、両者の間でシェアリングの関係性が成立することはない。今度はこのことが精霊が狩猟者のアイビを要求する権利を無効にする。換言すれば、「パコスティット」は、狩猟者が潜在的な与える側の位置に陥るリスクを回避しながら、精霊をだしにして、効用を最大化しようとすることをともなっている。この意味で「パコスティット」は、サーリンズ（Sahlins 1972: 195）が「盗み」と呼ぶものに部分的に該当する。サーリンズはそれを「何も引き換えにせずに何かを手に入れようとすること」として特徴づけており、彼が主張するには、「様々な度合いの狡猾さ、悪知恵、こっそり動くこと、および暴力にわたる」、「最も非人格的なたぐいの交換」である。悪知恵は誘惑の駆け引きに不可欠な部分である。だが私たちは、いかなる厳密な意味においても、偽物や嘘としての悪知恵について語っているのではないし、非人格的な交換の類を論じているわけでもない。動物およびその関連する霊的存在を誘惑するためには、狩猟者はその行為主体に向かって、自他の境界が揺らぎ、両者が同じ類のものとなる地点にまで断固としてみずからを投じなければならない。

　第5章では、誘惑の問題と狩猟者のアイデンティティの感覚における示唆についての議論に戻るつもりだ。だが、今のところはクルプニクに戻り、北方狩猟民が「過剰殺害の狩猟戦略」に基づく「攻撃的な資源利用者」であるとする彼の描写を検討しよう。私がユカギール人に関して論じてきたことが他の北方狩猟民集団にも当てはまるのであれば、クルプニクの見立てがまったく正しくないことは明白であるように思われる。ユカギール人が獲物資源との間で均衡状態を不変のまま保っているわけではなく、また動物の物質的身体に関して「無駄」という概念を持ち合わせていないというのは正しい。だが、彼らの狩猟の宇宙論には無差別な殺害に従事しようとする傾向のバランスを取るような、もうひとつの側面がある。実際のところ、私たちはユカギールの生業実践に二つの極端な傾向を見出すといってもいいだろう。ひとつは、過剰な捕食に向かうものであり、それが将来の動物の頭数を増やすものだと信じられている。他方は、与える側という危険な位置にみずからを置いてしまい、支配霊から逆に捕食されるリスクを負うのを避けるために、みずからの殺しを絶対的な最小限に抑えようとする方向に向かうものである。通常、狩猟者は与えられた動物をすべて殺すが、彼の幸運が「ふつうの」猟の成果と見なされるものを超えた時点で狩猟を止めることによってこれらの両極端のバランスを取ろうとする。それゆえ、第8章でさらに詳しく描写するように、出会ったエルクを一匹残らず殺す習慣を持つスピリドン爺さんは、ある日森の中で具合が悪くなったとき、一切の狩猟をやめた。彼は自らの病を彼の補助霊である「オムレフカ川の所有者」のせいにした。彼が主張するには、その精霊は彼と「恋」に落ちており、獲物を過剰にもたらすことで彼を殺そうとしていたのだ。ネレムノエのサハと共に罠かけに出かけていたときに観察した出来事は、同じ点を例証している。私たちはクロテンを大量に穫ることに成功した。だが私のサハの友人は、幸運が手につけられなくなっていることを感じたとき、休みを取るようにと言って聞かなかった。彼が私に請け合うには、罠かけを続けるのはただ単に危険過ぎるのだ、と。私の論点は、過剰に殺すことと殺さないことが、二つの相互依存的な資源・リスク管理戦略の「表裏」を互酬的に構成するということだ。いかなる狩猟者も、意志の力で両者を反転させることができ、一時的に一方が他方よりも優勢になることはある。だが、心に留めておかねばならない点は、二つの側面が同じ民族誌的現実の両面であることである。対になったときに両者は、どちらか片方が取り出されて見られたときよりも、北方の狩猟実践に関するより正確な描写を形づくる。

# 第3章

# 身体–霊魂の弁証法

## 人間の再生信仰

前章では動物に関するユカギールの転生信仰と狩猟者＝獲物の関係への示唆を描写してきたが、ここからは、人間に関するこれらの信仰を論じていきたい。第2章のニコライ・リハチェフの語りが明らかにしたのは、生者は各々、ある特定の死んだ親戚が新しく受肉したものの類だと見られているということである。実際のところネレムノエの全員が、生者は死んだ親戚の生まれ変わり**である**と常に主張するだろう。「二人は同じひとつの者なのだ」と彼らは私に請け合った。だが、「そうは言うけど、ある者の身体は彼もしくは彼女自身でもある」と付け加えて、転生されるのが、その者そっくりそのままではなく、その者の一面、彼の**アイビ**つまり霊魂であることを説明する者もいるだろう。原則的には、ある個人の身体は彼もしくは彼女自身であるが、以下で見ていくように、ときにはアイビによって「植民地化される」。**アイビ**は、己を分裂させ、身体の各部位に入り込み、その部位を支配する。こうした身体–霊魂の弁証法は、転生に関するユカギール人自身の言い回しにも反映されている。「**ショロモ・アイビ・ケルイエル・イオニン**」。これは、「ある者の**アイビ**がこの者の身体の中に戻ってきた」という意味である。

イヌイトにとって、転生はジェンダーに拘束されておらず、子は死んだ男性の名前でも女性の名前でもどちらでも受け取ることができる（Nuttall 1994: 128; Saladin d'Anglure 1994: 82-107; Bodenhorn 1997: 119）が、再生についてのユカギールの考えは、ジェンダーに依存する傾向がある。人々はある女性がある男性の身体に転生しうること、もしくはその逆を否定はしないであろうが、私はその実例はもちろんのこと、ユカギールの神話の中でさえも、出会ったことがない。加えて、大多数の事例において、転生するのは最近亡くなった近親者の一人、つまりその子の祖父母か叔父叔母である。この点で、人間の再生についての彼らの見解は、彼らが双系的に親族を認識し、系譜の知識が世代を経るにしたがって曖昧になっていくという事実を明らかに反映している。曾祖父母の名前を知っている者はほとんどおらず、ある者の同名者が、通常、二世代以上離れていることはない。

だが、この原則には例外がある。例えばある事例では、ある若い母親は、息子が曾祖父の転生であると私に語った。曾祖父はとっくの昔に死んでしまい、彼女は彼に面識がなかった。彼女の話によれば、息子を彼の名前でイーゴリと呼んだとき、彼は「私の名はイーゴリではなく、トンプラだ」と返事をした。当時その少年はまだ三歳であり、若い母親は息子がただ単に意味不明なことを言っているのだと考えた。それでも、彼女はその出来事を年長の親戚数名に話した。彼らは、（ユカギール語で「急流の小川」を意味する）トンプラが彼女の母方の曾祖父のあだ名であったと彼女に語った。その子が母に言っていたのは、彼が実際に彼の曾曾祖父の転生であって、間違った名前を与えられていたということだと彼女は納得した。それゆえ、その少年の聖名《クリスチャン・ネーム》はイーゴリであるが、今や彼女は彼をトンプラと呼ぶ。彼女が私に請け合うには、「それ以来、息子はずっと快活で、行儀よくなったの」。

私は以下のように言われた。もし、子のアイデンティティが正しく認められず、間違った名前を与えられると、彼の**アイビ**は憤り、彼を嫌うようになる。そうすると彼の**アイビ**は、一生の間、彼を助けるというよりも、むしろ彼の邪魔をする傾向がある、と。したがって人々は彼らの子供の正しいアイデンティティを探し当てるのに強い関心を抱いている。しばしば、死にゆく者は、自分が入り込もうとする女の名前をあらかじめ明かす。別の場合には、妊娠中の女がある特定の死者についての夢を見て、それでどの親戚のアイビが自分の中に入ったかを知る。別の場合には、今述べた話のように子がその**アイビ**が誰であるかを告げることもある。

## ◇模倣する行為主と二重のパースペクティヴ

死んだ親戚の**アイビ**と名前を獲得することは、その者にある社会的アイデンティティをもたらす。その者は、彼もしくは彼女自身でありながら、戻ってきた死んだ親戚とも見なされる（Nuttall 1994: 124）。このことは、人格的関係性の連続性、つまり老女イリナ・イアコフレフナと彼女の孫パヴェルの事例のように、ときには非常に強い感情をともなう連続性を可能とする。

孫のパヴェルが生まれた冬の晩、夢を見た。オーブンの前で［死んだ］夫が裸で立っているのを見たんだ。彼は体中が震えていて、肌は寒さで青ざめていた。その晩、娘を病院に連れて行くために、ヘリコプターがジリアンカから到着した。ほら、出産の後、重度の合併症が起きたのよ。彼らが娘を運んだときには、彼女は意識を失っていたので、彼らはパヴェル［赤子］のことをすっかり忘れていた。パヴェルは、半裸でヘリコプターの中で横たわっていた。彼は凍死しかけたのよ。そのときにはもう、私は彼［夫］が［孫に転生して］戻ってきたんじゃないかと考えていた。……当時、私は幼稚園で働いていた。休みの間には、ベッドで私の横に寝たがりもする。パヴェルはいつも私のところにやってきて、いろいろと手伝いをしたがる。……彼が五歳のときに私に言ったんだ。「私たちが森で狩りに行っていたとき、君がなくしたあのブーツを覚えているか。私はそれを見つけて、食べ物と一緒に木のところに置いておいたんだ……」。彼が言ったことはすべて本当だった。私はびっくり仰天して、娘のところに行って、そんなことを彼に話したことがあったのかと尋ねた。でも、娘はないと答えた。何も言っていなかった。……彼が話すのを聞くと、私はしょっちゅう夫の声を耳にするんだ。［彼女は泣き始める。］今、彼［夫］は十二歳だ。［夫］は捕まえたノウサギや魚を全部、私に持って来るのよ。狩りをするやり方も同じ……話し方も……。彼［夫］が私を養うために家に戻ってきた。……私は、昔みたいに彼に服を着せ、彼の衣服を繕っている。……

ナタールが報告するには、伝統的なイヌイト社会では、新生児は死者の生まれ変わりと見なされ、その死者の親族集団内での位置《ポジション》を実際に受け継ぎ、死んだ親戚が普段呼ばれていたのと同じ親族名称によって呼ばれていた（Nuttall 1994: 128-29）。ユカギール人の間では、少なくとも現在は、転生信仰に関するそのような表立った傾向を見出すことはできない。例えば、私はイリナがパヴェルに直接、自分の夫として呼びかけるのを聞くことはなかったし、パヴェルの母が息子を父と呼ぶのも聞いたことがない。しかしその話は、感情的なレベルでは、死者と遺族との間にあるもともとの絆が再び力強く築かれるかもしれないことを明らかに示している。例えば、イリナは夫が彼女を「養うために家に戻ってきた」と私たちに語っている。それゆえ、彼女はパヴェルを孫と呼んでいるが、彼を戻ってきた夫としても見ている。彼女が模倣する行為主としてパヴェルに向き合っていることが示唆するのは、一人の人物《パーソン》の中に二つのパースペクティヴがこのように組み合わされていることである「訳注：原文は she acts towards Pavel as a mimetic agent となっている。この構文からすると、「模倣する行為主」は「彼女」（＝イリナ）であるように読める。しかし、これ以降の記述からすると、二重のパースペクティヴを有するのはパヴェルだと思われる。」。後に第5章では、私は、いかに狩猟者が獲物に近づくときに模倣する行為主としてふるまっているかを示す。彼はいかなる絶対的な意味合いにおいても、狩猟者でもなく、動物でもない。その代わりに人間のパースペクティヴと非人間のパースペクティヴの間のどこかを揺れ動いている。二つのパースペクティヴの狭間にあることのいくらか類似した経験は、イリナとパヴェルの関係に表れている。彼女が「昔みたいに彼に服を着せ」「彼の衣服を繕う」とき、彼女は、妻という単独の観点からパヴェルを見るのでもなければ、祖母という単独の観点から見るのでもなく、二つのパースペクティヴを同時に取っている。このことにより、彼女が孫との日常的な接触をとおして夫の存在を経験しながら、同時にその少年を夫のまったくの生き写しにしてしまわないことが可能となる。そのようにしてしまうことは、ユカギール人の観点からさえも、異常な行動であり、子供の自律性を侵していると見なされる。

実のところ私は、ある祖父と孫との、そのような悲劇的な関係性を目にした。村出身のある男（セルゲイと呼ぶこととする）は、数年間のうちに息子二人をどちらとも失った。一人は溺れ、もう一人は酔っ払っているときに若い親戚に殺された。今やセルゲイは、娘の息子（ワシーリーと呼ぶこととする）を、死んだ息子の一人が転生したものと見なしている。だが人々は、セルゲイが息子たちの死を乗り越えておらず、悲嘆が彼を狂気へと導いたと言う。彼の妻が私に言うには、「彼は分別を失ってしまった。ワシーリーを一人にしておかないんだよ。……あの子は祖父にびくびくしていて、恐れているよ」。

私は、ワシーリーとの聞き取りをセッティングして、彼のアイデンティティの感覚、および死んだ親戚にちなんで名付けられることをどう思うか尋ねようとした。しかし面談の日、彼は家を出てしまった。彼の母は、息子がいなくなったことに対して私に謝ったが、以下のように言った。「ワシーリーは、自分が私の死んだ兄弟だと信じていない。頭がおかしくなったのは、私の父だ。父は、何をしても息子が戻ってきはしないことをわかっていないのよ」

ネレムノエの人々は、セルゲイを狂人と見なす一方で、孫のことを死んだ親戚が戻ってきたのだと信じているイリナ・イアコフレフナをそう見なさない。それはいったいなぜだろうか。子は死んだ親戚が新しく肉体を与えられたものと見なされるが、彼は自らの権利において一人の人格とも見なされることはすでに指摘した。彼は死んだ親戚の一面、つまり彼のアイビを自身の内に携えているが、いかなる絶対的な意味においてもその死者ではない。これが、単に同名者のときと同じやり方でその子と関わり合うことはできず、その代わり模倣する行為主としてその子に対してふるまわなければならない所以である。セルゲイの問題は、ワシーリーがあたかも実際に死んだ息子であるかのように、その少年とかかわることである。だからセルゲイは、ワシーリーに対して祖父と父のパースペクティヴの間を揺れ動く模倣する行為主としてふるまう代わりに、いわば父という単独のパースペクティヴに身を委ねてしまった。結果として、似てはいるが同じではないとユカギール人が見なす、二人の人格のアイデンティティを同じであると彼は主張しているのであり、コミュニティーの目には彼が狂人として映るのは、まさしく、同じであることと似ていることをこのように混同するせいである。自己と他の間にある様々な境界、例えば、生者と死者、あるいは人間と動物の間にある境界が通過可能で、たやすく横断されるユカギール人の世界では、同じであることと似ていることとを混同**しない**能力は大いに重要であることを心に留めておかねばならない。このことは、おそらく、ユカギールの狩猟者と獲物に関して最も明白に示されるであろう。第5章で描かれるように、狩猟者は獲物を殺すために、そのアイデンティティを身につける必要があると考えている。だが、もし狩猟者がこの過程で彼自身の人間の自己を見失い、動物という単独のパースペクティヴに身を委ねてしまえば、彼は不可逆的な変身を経験し、まねていた動物に姿を変える。それゆえ、この場合、同じであることと似ていることを混同するのは、狂気そのものに結びつかないが、代わりに同じくらい恐ろしいもの、つまり、回復できないほど「他者化すること」に結びつく。

何にせよ、セルゲイと孫のワシーリーの悲劇的な物語が明らかにするのは、死んだ親戚が新生児に転生することに対するユカギールの考えを、深い悲しみに対処するための特定の文化的モデル、つまり人格的な関係に終わりがあるのではなく、それが連続していることを強調するモデルとして見ることができるが、それは意図された慰めの感情を必ずしももたらすわけではないことである。その子供と遺族との関係は、実のところ、内在的に相互作用的で、根本的にリスクをはらんだ偶発的な過程である。その子供と遺族との感情的な絆の発達から、深い悲しみより充足へと至る後者の感覚まで、一切は、関係者が互いの日常的な相互作用の中で、いわば「うまくやる」ことができるかどうかにかかっている。そこでは強い感情が賭けられており、多くの物事が誤った方向に向かいかねない。子供は彼の自律性が侵されていると感じ、それゆえに彼に帰せられたアイデンティティを拒否するかもしれないし、遺族の悲しみがあまりにも激しいので、その子が愛する者の死によって残されたすき間を埋めることが実際のところ可能ではないかもしれない。

しかし、しばしば個人は、自分がその人なのだと言われている死んだ親戚と自身とを強く同一視するというのが私の経験したところである。例えばこれは、私の狩猟集団の若い狩猟者で、自分は死んだ叔父の生まれ変わりであると主張するピョートル・スピリドノフの場合に当てはまる。

私は、何の疑いもなく、母の兄弟ピョートル・ワシーリーエヴィチだ。彼は木の幹に激突して、私が生まれる数年前に死んだ。四歳のとき私は、あたかも何もおかしなことが起きていないかのように遊びを続けながら、突然、事故の全容を私の両親に語って聞かせたんだ。……かつて、ピョートル・ワシーリーエヴィチの姉妹アナ・ワシーリーエヴィチがうちに来た。そのとき、私は六歳だったと思う。私は彼女に言った。「悲しそうだね、姉妹よ。何を悩んでいるんだ」。彼女は耳を疑った。……私が通りを歩くと、ときおり、戸口に腰掛けた老人たちが互いにこう口にするのが聞こえる。「彼の歩き方を見てみろ、まったくピョートル爺さんみたいだ」……二週間前、ちょっと奇妙な経験をしたんだ。それは、君とユラ［彼の兄弟］が森で狩りをしているときだった。私はフィムカ［彼の姉妹］の台所で腰掛けていて、彼女はお茶を入れてくれていた。突然、生肉の大きな山が、どこからともなくあんなふうにテーブルの上に現れたんだ。「フィムカ、見て」と私は言った。「この肉を見てみろ！」でも、彼女には見えなかったんだ。そして、それは消えてしまった。だが私には、君とユラがエルクか何かを殺したことがわかっていた。ほら、私にそれを見せたのは、彼［ピョートルのアイビ、つまり彼の母の兄弟の霊魂］だったんだ。

ピョートルの語りで興味深いのは、彼がその人であると主張する死者のパースペクティヴが、しばしば、彼自身のパースペクティヴを貫通するので、彼がいかにして同時に二重のパースペクティヴから世界を経験し始めるかを明らかにしていることだ。それゆえ、子供でありながら、突然、死者の観点から話し始めたとき、彼は彼自身であることをやめたわけではなく、あたかも何もおかしなことが起きていないかのごとく、玩具で遊び続けたのだ。同様に、肉の山が神秘的なやり方で彼の目前に現れたとき、彼は自分が置かれた環境と姉妹とを認識し続けた。彼が死んだ親戚のパースペクティヴを採用するとき、彼は自分自身であることをやめるわけではないのは明らかである。むしろ複数の自己とパースペクティヴが、未解決の弁証法的緊張のたぐいにおいて、彼の内部で共存している。より根本的なレベルでは、このことは、彼がいかなる絶対的な意味においても彼自身ではなく、また死んだ親戚でもなく、両者の間のどこかである、あるいは同時にどちらでもあるという事実に基礎づけられていることを私たちは見てきた。だが、このことの示唆は、感覚的経験だけでなく、身体化の構造そのもののもまた含んでいる。

## ◇身体的な行為主

現象学の文献によれば、私たちの身体は本質的に「不在」によって特徴づけられている（Lender 1990: 1）。つまり、自分自身の身体は経験における主題的対象となることはまずない。私たちは、私たちの身体をとおして日常性の世界を生きるばかりであり、その世界の内側では、身体は私たちの意識から消えてしまう。サルトルが書くように、「私の身体は私にとって他のいかなる物体とも似ていない。私は世界の中にある対象を把握するようなやり方で、私の身体を把握することはない。私は私の行為の基礎として私の身体の一人称的経験を有する」（Sartre 2000[1958]: 304）。メルロ＝ポンティが「私は私の身体の前にいるの**ではない**。私は私の身体の中にいる。いやむしろ私は私の身体**である**」（Merleau-Ponty 1993[1962]: 150; 強調はウィラースレフ）と論じるとき、似たような立場を採っている。それゆえ、現象学的な立場からは、身体は原初的な自己である。私たちは自身の身体と切り離されたやり方でかかわっているわけではない。私たちの身体は、私たちがモノとして所有するような何かを構成するのではなく、私たちが何者であるかを示唆する。つまり、私たちは身体として**実**

在する。

だがユカギール人からすると、人々は自分自身の身体を前客観的で完全にコントロールされている何かとして経験しているわけでは必ずしもない。狩猟者は、彼の身体の異なる部位に行為主体性を認める。それは、あるときは彼自身の意志に従うが、別のときにはそれとは区別されうるような行為主体性である。後者の場合、狩猟者は、あたかも自身の身体が自身の意志と矛盾したり、それに反して作用したりしているかのごとく、身体のコントロールを失う感覚を経験するかもしれない。このことを私がユラとともにエルクを狩猟したときに起きた出来事から説明させてほしい。ユラが手を挙げて、私に歩みを止め、静かにするように促したのは、私たちが二時間かそれ以上、足跡を追っているときであった。足跡は湿り気を帯びており、エルクは私の目前二十メートルほど先にある、背の高いヤナギの茂みの背後のどこかに立っているかもしれなかった。ユラは、狩猟者がエルクを撃つことができるように開けた場所におびき寄せるときに用いる、よたよたした歩き方でスキーに乗って進み始めた。六メートルも進まないうちに、彼はスキーでつまずき、雪の中に転倒した。私たちは、茂みの背後から動物が慌てふためいて逃げる音を聞いた。ユラは立ち上がろうとしながら、「この野郎!」と叫んだ。「いったい、何だってんだ?」と私は叫び返した。「私は何もしていないぞ」。「お前じゃない」と彼は返事をした。「お前は見なかったのか? 何だかふざけた理由で、私の足は私があのエルクを得ることを許さなかったんだ」

だが、狩猟者がはっきりとした身体意識に切り替わるのにはこのような経験を必ずしも要求しないと私は強調したい。現象学の文献では、身体的な自己客体化は、例えば、物理的な衰弱、痛み、病の際のように、私たちの意識化されない身体的な対応が不調に直面したり、脅かされたりするような極端な状況でときおり生じると理解されている（Lender 1990; Jackson 1994）。その瞬間、私たちはもはや、私たちの存在における主題化されない基盤としての身体の内に在るばかりでなく、モノのような、私たちの観照と意識の対象としてのそれに直面する。私たちの身体は、私たちにすっかり属するわけではないものとして経験され、それゆえ、私たちは疎外されたように感じる。

だが、ユカギール人にとっての「主題的な」身体の考え方は、否定的なものを強調する哲学的バイアスを含んでいるとは言えない。これから見ていくように、彼らにとって身体はまさしくその発端から、経験における自己と他者の両方としての曖昧な役割を果たしている。そして、身体的意識があらわになるのに、必ずしも不調や機能不全が必要なわけではない。むしろ、ユカギールの「主題的な」身体の考え方は、何らかの身体徴候がその者の関心を引くときにはいつでも喚起されるようなたぐいの態度である。それゆえ狩猟者たちは、彼らの身体的な行為主が来たるべき狩りにおいて運が良いか悪いかを示す、予言的な身体徴候をもたらすことによって、彼らを助けてくれるのだと私に説明した。例えば、ある老女は下唇の震えが猟運の徴候であると言った。なぜなら、それは近いうちに彼女が食事をすることを示唆するからだ。彼女が脇の下にかゆみを覚えるとき、これもまた幸運の徴候である。なぜなら、それはエルクの身体の中で弾丸が当たるであろうところを指し示すからだ。もうひとつの例としては、ある若い狩猟者は、背中が痛むと、それは彼が大きな獲物を殺すきざしだと説明した。なぜなら、「腰痛は、私が近いうちに大量の肉を運ばねばならなくなると背中が私に告げているのだ」からだ。眉毛が痙攣するのは、ある狩猟者にとって幸運の徴候であるが、別の者にとって幸運の徴候は耳がかゆくなることである。重要なのは、あらゆる狩猟者が、彼らの身体、むしろ、その各部位が来たるべき狩りの成功についての事実を伝えてくれるという信仰を共有していることだ。狩猟者にとってこの身体的情報は、意思決定における重大な要素である。それゆえ、もし誰かが不運を示す身体徴候を得たとき、彼は通常、計画を変更する。彼の身体が良運の徴候を彼に与えてくれるまで、彼は獲物を追跡するのをやめる。

## ◇アイビ

ときおりユカギールは、身体のある特定の領域に住まい、未来の狩猟の結果を告げるのは、実のところ彼らのアイビであると言うことによって、彼らの身体部位の行為主体性を説明する。**アイビ**は、ユカギール語において字義通りには、石によってできる影という意味での「影」を意味する。ヨヘルソンは彼の同時代人と同じく、それを「霊魂」と訳した（Jochelson 1926: 156; Bogoras 1904-9: 332-33; Hultkrantz 1953）。ユカギール人自身、ときおりロシア語の「ドゥシャー」つまり「霊魂」と彼ら自身の言葉である**アイビ**とを互換可能なものとして用いるが、その用語はいささか誤解を招きやすい。キリスト教的言説における霊魂の概念は、霊魂が非物質的であることを示唆する、霊魂と物質の存在論的対立の要である。霊魂の実体《サブスタンス》は、「スピリトゥス」、つまり「息」、「可視的なるものの中で最も不可視であり、物質的なるものの中で最も非物質的であるもの」（Valeri 2000: 24）である。それゆえ、私たちにとって身体と霊魂は、一方は物質的で、もう一方はまったく非物質的であるような、はっきりと区別された二つの実体である。[1] だがユカギール人の間では、霊魂はこのような非身体化された実在を有するわけではなく、物質性を多分に身にまとっている。ときどき狩猟者が、夢の中では自由に動き回る存在として彼の**アイビ**を見るが、覚醒時の生活では、彼自身や仲間たちの霊魂を動物の姿として見ることを指摘するだけでよいだろう。[2] 加えて以下で描かれるように、狩猟者の中には自らの**アイビ**の姿を木に彫る者もいる。彼らは、殺した動物の脂肪と血をそれに食べさせるが、そのことは**アイビ**が物質的な欲求を持っていると信じられていることを例証する。それは食べたり飲んだりするし、他のものによって狩られたり食われたりもするかもしれない。

ヨヘルソンは、ユカギール人に関する古典的なモノグラフにおいて、ユカギールの人々が所有すると信じられている霊魂の数、機能、および身体における位置を確定しようとした。だが彼は、矛盾し、かつ、断片的な語りに直面した。三つもしくはそれ以上の霊魂があると語る者もいれば、身体全体に広がるひとつの魂について語る者もいた。彼が書くには、「数多くの矛盾がユカギールの霊魂概念に忍び込んでしまった。論理的思考ができないがゆえ、また古代の信仰の多くがもはや現代のユカギール人の間で流通していないがゆえの矛盾である」(Jochelson 1926: 156)。だが彼の主な主張は、ユカギール人は三つの霊魂、つまり知的作用を表す「頭の霊魂」、動作を操る「心臓の霊魂」、身体全体に行きわたり、生理的作用を司る第三の霊魂によって活動しているというものだった(Jochelson 1926: 156)。ユカギール人が霊魂に関して、**アイビ**という一語しか持っていないという事実により、ヨヘルソンは三つの霊魂という彼らの考えは隣接するサハから借用されたものだと考えた。サハは、霊魂(「クット」kut)が、それぞれ特別な呼称を有する三形態、つまり、「サルギン・

クット（*salgin-kut*）」（空気の霊魂）、「イイア・クット（*iia-kut*）」（母の霊魂）、「ボヨル・クット（*boyor-kut*）」（大地の霊魂）において顕現すると理解する（Jochelson 1933: 103-7）。ヨヘルソンは、人々はひとつの霊魂を有するのみであるが、それはいくつかの「四肢の霊魂」に自らを分割することができるというコリャークとチュクチの信仰をユカギール人が共有していたとまで主張していた（Bogoras 1904-9: 332-33; Jochelson 1908: 100-104; Jochelson 1926: 158）。

ユカギールは、霊魂の数とそれらがある者の身体内のどこに住まっているかに関する私の質問に概してあまり興味を示さなかった。彼らが私の質問に答えようとする限りでは、彼らの反応はしばしば断片的で自己矛盾的であった。例えばある男は、人はただひとつの霊魂のみを有していると主張し、「各々がただひとつの影のみを持っていることは、皆知っているだろう」と言うことによってこれを説明した。続いて私は、人の霊魂に死後何が起きるかと彼に尋ねた。彼はすぐさま自分の議論をひっくり返して、ひとつの霊魂はその者と共に死に、二番目のものは〈影の国〉に旅立ち、三番目のものは天国において神と共にあると言った。他の人々は、**アイビ**が三つの形態で現れることを認めたが、このことに対してばらばらな理由を挙げた。ある者は、これは世界が三層からなるためであると言い、もう一人は、それは自らをさせる霊魂の能力ゆえであると主張した。

それでも、ヨヘルソンがしたように、ユカギール人の断片的で、しばしば大いに自己矛盾をきたしている**アイビ**についての主張を、文化的喪失や論理的思考の欠如の徴候と見なすべきでは必ずしもない。ユカギール人にとって、知ることはなすことと深くかかわっており、様々な霊的な事柄に関する人々の知識は、言説の中ではなく、むしろ、まずは彼らの活動の中にある。私が言わんとしているのは、霊的な課題は、抽象的に語られるというよりも、狩猟や夢見のような人々の日常的実践の中に深く埋め込まれているということだ。後に第7章および第8章では、知識の実践的タイプ対抽象的タイプという課題の議論に戻ることとする。私はそこで、ユカギール人狩猟者の隅から隅まで散文的な態度が、言語で伝達された情報を生きられた実践的な経験と比べて知るための方法としては劣っていると見なす、言語と知識の存在論に根源的なレベルで基礎づけられていることを示すだろう。

ユカギールの大多数が散文的であると考えうるが、ニコライ・リハチェフという老人は他の者たちといくらか異なっている。彼は村の周縁に住み、一人でいることを好む。人々は彼を恐れる傾向があり、彼らは彼をシャーマンと見なしてこそいないが、彼が黒魔術をかける能力のような様々なシャーマン的力能を有していると主張する。(3) 私は彼とかなり親密な関係を構築するのに成功したのだが、私が狩猟行で得た肉を彼のもとに届け続けたことも少なからぬ理由である。彼の父と祖父は、ユカギールの最後のシャーマンのうちの二名であり、彼自身はシャーマンになるための試練を通過できなかったのであるが、長年の修行をとおして、**アイビ**の性質のような事柄についての相当な知識は得ているということがわかった。彼の説明で興味深いのは、その語りが「四肢＝霊魂」の考え方を肯定していることだ。彼は、人々がただひとつの**アイビ**を持っていると説明した。それは人の骨格構造の中に住むが、自身を分割して、身体の異なった場所やそれが生み出すモノに移ることができる。心臓、頭、影がアイビのお気に入りの場所であり、これが人々が三つの霊魂、つまり頭の**アイビ**、心臓の**アイビ**、影について語る傾向がある理由である。だが、**アイビ**は原則的にはあらゆる身体部位と臓器のうちに住まうことができる。[4] このようなやり方で身体全体に浸透しているアイビは、異なった行為主、あるいは彼が呼ぶところの「人たち」（ロシア語 *lyudi*）に個別化される。それらは、各々が住まう身体部位もしくは臓器から、それ特有の特徴を得る。彼が言うには、「君がもし愚かなら、君の頭に住む**アイビ**は愚かなことをするだろう。君がもし勇敢なら、君の心臓に住む**アイビ**は勇敢なことをするだろう、等々」。それゆえ、これらの生気あふれる身体部位もしくは臓器は、ある種の人間の中の人格として理解されている。だが彼が強調するように、**アイビ**はもともとただひとつであり、それゆえ、自らを統一体へと集合させて、ひとつの人格としてふるまうことができる。

図４　ニコライ・リハチェフがスキーひと組を作る。著者撮影。

## ◇自身の霊魂を統御すること

**アイビ**はしばしば、知識を確保し、その所有者を利するように行動する「補助者」と見なされるが、それは代価を得てのことである。それは、働きの見返りに「食べ物を与えること」を要求する。これが、自分たちの**アイビ**を象《かたど》った小さな木偶《もくぐう》を森に携えていく狩猟者がいる理由である。そして彼らは、殺した動物の脂肪と血でその木偶の口と手を塗りたくる。もし、狩猟者がこの供犠《くぎ》をやり損ねると、彼の**アイビ**は彼に刃向うようになるかもしれない。自身の足につまずいてエルクを殺し損ねたユラの事例のように、それは日常生活で彼の不利になるように作用するかもしれない。あるいは、病や不運をもたらすことで、彼や彼の親戚を餌食にしようとするかもしれない。加えて、**アイビ**はもともと〈影の国〉からやって来たので、再び独立して故郷に帰ろうとする生来の欲望を有していると私に語る人々もいた。そのため、それは策略を用いてその所有者を死へと導こうとするかもしれない。

一例として、かつて私がニコライ・リハチェフを訪ねたとき、彼は尋常ではないほど、うわの空であった。何か問題でもあるのかと訊くと、まさしくその前の晩、夢の中で幽霊のようなものが自分に近づいてきたのだと説明した。それは顔がなくて、影のようであった。だがそれは、彼自身の声に似た声で話しかけてきたので、彼はそれが自分の**アイビ**だと考えた。それが言うには、「老人よ、お前は歩くこともままならず、誰もお前の世話をしてくれない。お前の親戚がお前のことを待っているぞ。彼らはたんまり食べ物を持っている」。ニコライ・リハチェフは怒って、以下のように返事をした。「つまり、貴様は俺に死んでほしいのだな。この悪魔め。俺は貴様の世界がどんなか知っているぞ。俺はもうそこに行ったことがあるが、見たものが気に入らなかった！」[5]。その瞬間、彼の亡き母が現れた。「彼に嘘をつくのはおよしなさい」と彼女は**アイビ**に言った。「私たちの家は寒くて、ろくに食べ物もありません。彼はここにいたほうが良いんです」。そうして、二人は歩み去っていった。

もし、この語りから学ぶべき教訓があるとすれば、それは、**アイビ**が「情け深い」行為主であると見ることもできるが、極めて相対的で、かつ危険なほど不安定な意味合いでのみ情け深いということである。スイス人の学者フルトクランツは、北米インディアン諸民族の霊魂概念の膨大な蓄積を駆け足で検討しているが、それはいくらか似た考え方を明らかにしている。

北米のドッペルゲンガー［霊魂］が、好意的な精霊とおぞましい悪魔のどちらでもありうることは確かだ。前者の場合、例えば、オジブワ人の間のように、精霊が予兆と言葉でその所有者に警告と情報を伝えるときには、それを守護霊と特徴づけるのが最善かもしれない。後者の場合、ドッペルゲンガーは、直接的な悪意を持っているか、もしくは不吉な性質を有しているので否定的な感情とともに見られる。もし、ドッペルゲンガーが今述べた特徴のものであれば、ウンガヴァ・エスキモーの間でそうであるように、その悪意はそれの所有者に対して向けられるかもしれない。彼らの間では、一人ひとりが自身をさいなむドッペルゲンガーを有しており、食べ物、水、および衣服を捧げることによってのみ鎮めることができると信じられてい

る。（Hultkrantz 1953: 357-58）

それゆえ、アメリンディアン諸民族およびユカギール人にとって、霊魂は、補助者としておよびその所有者に対する反逆者としての二重の役割を担う。これが、ユカギールがそれを統御しようとする衝動を感じる理由である。狩猟者の中には、霊魂の行為主体性を自己の中により深く取り込むとでも呼ぶべきことによってそうしようとする者もいるだろう。このことは、それに最上の敬意を示し、その存在を認め、それとの軋轢《あつれき》を避けることを必要とする。例えば、ユカギール人狩猟者ワシーリー・シャルーギンが私に言うには、彼の頭の左側が痛むのは不運の徴候であり、右側が痛むのはその反対である。それゆえ、もし動物の足跡を追っていて、頭の左側が痛み始めたら、すぐさま追跡をやめる。「なぜなら、それが**私たちの**意志であるからだ」（彼自身の意志と、彼の頭の**アイビ**のそれに言及している）。加えて彼は、「私の悪い頭が作用している」と直接彼の頭に言及することは決してないだろう。これは、彼の頭あるいは頭の霊魂を怒らせるかもしれない。代わりに「私の悪い髪の毛が作用しているので、この足跡は追わないつもりだ」と言うだろう。

　あるサハの男の例が似たような論理あるいは説明を示している。人は、彼の**クット**（サハの三霊魂）に供犠をして、狩猟の際の協力を仰がなければならない。若いサハ人狩猟者の言葉では、「君の**クット**にお願いをし過ぎないほうがよい。そうすると、**クット**は君に飽き飽きして、助けてくれなくなるからね。それかよくても君を無視するだろうし、君に害を加えさえする」。二つの例において狩猟者は、もし彼の霊魂を受け入れ、尊敬し、怒らせなければ、それをよりよく統御できると信じているように思われる。

だが、**アイビ**を統御する努力の一環として、それをある程度まで無視したり、喧嘩までしたりすることによって、自己から**アイビ**を「分離」させようとする狩猟者もいる。ある狩猟者が説明するには、「もちろん、自分の**アイビ**が言うことに耳を傾けなければならない。だけどその反面、それはただからかっているだけかもしれない。それに一切を委ねるわけにはいかない」。別の狩猟者が説明するには、「私はそれに食べ物を与えるのをやめた。何週も食べ物を与えてきたのに、ちっとも私に良くしてくれないんだ。今度はそれを飢えさせてやるつもりだ。そうすれば、もしかしたら、それは私をからかうのをやめるかもしれない」。これらの狩猟者は、自身を**アイビ**から離れたものと見ており、**アイビ**は無視されたり、降伏に追い込まれなければならない異人として理解されている。

**アイビ**に対して狩猟者が取り込もうとするか離れようとするかはともあれ、彼らの目的はひとつである。つまり、何らかの形で調和して彼らの**アイビ**と生きることである。通常、老人たちはアイビとの間で、そのような一致の感情を抱いているとされる。ユカギールが言うには、人の**アイビ**が時を経て彼のことを知るようになるにつれて、それは彼の世話をするようになる。似たようなやり方で、人もまた彼の**アイビ**をよく知るようになり、徐々にそれとひとつになっていく。「それは、君に反対するのをやめるようになる。なぜなら、それは君が近いうちに死ぬことを知っているからだよ」と、ある老女は説明した。それゆえ、**アイビ**が持つ邪悪な特徴は、時を経るにつれて、次第に中和される。人が老い、死に近づくほど、**アイビ**は情け深くなる。なぜなら、それが再び独立して、〈影の国〉にもともといたときの実在に立ち返る日が近づくからだ。

### ◇経験における自己と他者としての身体

現象学者シュッツは、日常世界において、自己はその活動の「著者」として、つまり「継続中の行為の創始者として、それゆえ、**分割されていない全体的な自己として**」経験されると論じてきた（Schutz 1962: 216、強調はウィラースレフ）。私たちは、身体をとおして世界の中でふるまう。私たちの身体は、私たちの行為の主体であり、それをとおして私たちは世界を経験し、把握し、世界に働きかける（Schutz 1962: 216）。もちろん、これは、個人とその身体のとりわけ西洋的なモデルであり、ユカギール人であれば反論するかもしれないようなものである。彼らのパースペクティヴから見れば、自己は、少なくともときには、複数のものとして、あるいはストラザーンの表現を使えば「分人《ディヴィデュアル》」として経験される（Strathern 1990: 13）。私たちは、ユカギールがいかに身体の統御をめぐって実存的な闘争を経験するかを見てきた。そしてそれは、自身の身体を「私」であり、かつ「私ではないもの」として、つまり「自己」であり「他者」であるものとして経験することを示唆する。人は、ときにその意識が、自身の意図を有する複数の身体的行為主と共存する人格であり、ときには分割されていない身体的主体として存在する人格である。

だがユカギール人は、この点で独創的であるわけではない。スミス（Smith 1981）は、マオリ人にとって、一般的に自己が経験を包みこむのではなく、むしろ経験が自己を包みこむのだと示唆した。マオリの個人は、様々な、独立した、経験の臓器からなる存在として認識されていたのであり、これらの臓器は各々、自己から独立して外部刺激に反応した。それゆえ、自己は身体的経験を完全に統御しているものとは見られておらず、個人の経験は彼の一部をなすものとは感じられていなかった。「それは、彼の**中で**生じたのであり、彼**に**生じたのではない」(Smith 1981: 152)

同様に、マッカラム(McCallum 1996: 362)は、アマゾンのカシナワ人が異なる身体部位を異なる種類の知の座として見ていることを描いた。そして、これもまた身体の精霊の概念と結びつけられている。例えば、ある人の肌の中に住まっている知/精霊は、どこで獲物を見つけられるかを彼に教えてくれると言われている。それゆえ、カシナワ人にとって、またユカギール人にとっても、人間の人格は、彼もしくは彼女自身と見なされるだけでなく、その内部に複数の行為主や人格を含んでいると信じられている。

ベッカー(Becker 1994)は、異なっているがいくらか関連しているフィジーの例を提供している。フィジーでは、身体は個人の機能ではなく、共同体の機能である。彼女は、身体形状に関する、今なお続く監視、モニタリング、批評を描いている。それらは、飢餓や食べ物を豊富に与えられていることによる変化や、女性が妊娠したときに始まる変化を含んでいる。フィジー人にとって、妊娠を明かさないことは、霊的に危険であり、破壊的な出来事を引き起こし、また他の親戚の身体的経験に現れかねない。ベッカーは、この現象がある女の上に身体的な察知の様式として十分に現れていると報告する。その女性は、家族の一員が妊娠したときにはいつでも乳房にかゆみを覚えた(Becker 1994: 110)。

自己およびそれと身体との関係にまつわる、いくつかの土着概念をこうして検討してみると、生きられた身体が経験の「主体」でありかつ「客体」、つまり「自己」であり「他者」でありうるというくぶん困惑させる事実といかにして折り合いをつけることができるかという問いが提起される。もしそれが「主体」であるならば、それは私の意志のみに応答する「私の身体」である。もしそれが「客体」であるならば、それは私の意志に背く「他者」である。自己とその身体に関する適切な説明は、生きられた経験をひとつの首尾一貫したものとして見る限り、これらの側面の両方を許容せねばならなくなるだろう。

とりわけ三人の学者、サルトル (Sartre 2000)、メルロ＝ポンティ (Merleau-Ponty 1964)、ラカン (Lacan 1989) がこの問題を相当に考えてきた。順番に彼らの仕事を議論するが、私たちが直面している問題を乗り越えることを可能にしてくれるのは、サルトルではなく、むしろメルロ＝ポンティ、そして、中でもラカンであると私は主張する。

重厚な長編論文『存在と無』において、サルトルは二つの存在論的な身体範疇を区別している。一番目は、「私＝のための＝私の身体」であり、それは主体性の領域内に属する (Sartre 2000: 330)。二番目は、「他者＝のための＝私の身体」であり、彼が主張するには、「私＝のための＝他者の身体」と同等であり、客体性の領域内に属する (Sartre 2000: 304)。サルトルが論じるには、私自身の身体は、私にとっては**モノ**ではない。それは別の者のパースペクティヴからすれば、モノであり、別の者の身体は私のパースペクティヴからすればモノである。だが私自身の身体は、世界内の客体として、つまり第三者として私が遭遇できたり、直接的に観察できたりする何かとして、私に与えられてはいない。むしろ私の身体は、私が何者であるかを示す。換言すれば、「私は私の身体である」(Sartre 2000: 351; 強調はサルトル)。

だがサルトルは、もうひとつの存在論的な、あるいは、おそらく準存在論的な身体範疇、「他者＝のための＝私の存在」を描いている。それは、他者のまなざしによって客体化された私の身体に関する私の経験を指している(Sartre 2000: 353)。彼は、鍵穴に顔を近づけて、ドアの向こう側にいる人を覗き見しようとするのを想像してみよと言う。突然、背後から足音が聞こえる。彼は別の者のまなざしの下に置かれ、恥じ入る。他者の観点を内面化し、他者の目をとおして彼自身を、つまり世界の内部の客体として自らを見る。この段階において、「私の身体は疎外されたものとして指示される」(Sartre 2000: 353)。なぜなら他者は私が経験する私自身、つまり「身体＝主体」としての私自身とは重なり合わない意味を私の身体に与えるからだ。

それゆえサルトルにとって、「主体＝としての＝私の身体」は、「客体＝としての＝私の身体」とは存在論的に区別される。私の身体が他のモノの間にあるひとつのモノとして経験されるか、あるいは、それがあることで、モノが私に示されるようなものであるかだ。だがそれは、同時に両者であることはできない。彼はこう表現する。「主体として、身体は客体ではあり得ないし、客体として、身体は主体たり得ない。……経験の主体であることは、同時に、同じ経験の対象であることをあらかじめ不可能とする」(Sartre 2000: 304)

だが、ディロン(Dillon 1988: 142-45)が指摘したように、サルトルの本質的に二元論的な身体の説明は、論理的に首尾一貫していない。第一に、「主体＝としての＝身体」が「客体＝としての＝身体」

との間で、共通の土俵や交点を有していないのが真実であるとすれば、いかに私の身体が恥の対象となりうるかを理解するのが難しくなる。「もし、私は別の者が見ることによって客体化される身体**ではなく**、また、私は彼の目をとおしてみる身体**ではない**ならば、その身体が客体化に曝されることによって私が恥を感じることは不可能だ」(Dillon 1988: 143; 強調はディロン)。なぜなら、そのとき私の身体はただ単に私にとって関わりないものであろうからだ。恥の経験は、「二重のパースペクティヴ」を必要とする。その「二重のパースペクティヴ」において私は、私に対して別の者が持つパースペクティヴをとおして、私が自身に向ける恥の対象であり、**かつ**この恥じ入らせる客体化を目の当たりにする主体でもある。換言すれば、恥の感情は私自身の身体が同時に「主体」かつ「客体」、「私」かつ「非=私」として経験される、根本的な曖昧さの様式を示唆するに違いない。このゆえに、サルトルが強く主張するように、「主体=としての=身体」は「客体=としての=身体」と存在論的に別個のものというわけではない。むしろ、**同じ**生きられた身体は、同時に**二つ**の役割においてにおいて自身を顕現させるというわけだ。

すぐ後で見るように、これはラカンの鍵となる議論でもある。だが、私はメルロ=ポンティから始めよう。メルロ=ポンティの理論的なサルトル批判は、私たちをラカンの仕事へと直接的に誘ってくれる。メルロ=ポンティは、他者のまなざしを介する疎外という問題が、とても幼い子供にとっては問題ではないと論じた。サルトルによってもたらされたような、この主体に関する伝統的な説明は、意識的な生活が、萌芽的な独我論、つまり自己中心性によって特徴づけられる「それ自身であること」の領域において始まることを前提としている。だが、メルロ=ポンティが言うには、実際のところ、幼少期の最も早い段階は、子供が自分と他者を区別する感覚を持たない、未分化の匿名的な集合性によって印《しるし》づけられている。このような原初的な混淆状態に関するメルロ゠ポンティの記述において彼が引き合いに出している現象のひとつは、赤子の間に起こる「泣くことの伝染」である（Merleau-Ponty 1964: 124）。託児所の幼児一人が泣き始めると、他の幼児にも伝わり、数秒以内には全員が泣いている。これは、幼児が自身の身体と他者のそれとを、つまり内部由来の感覚と外部由来の感覚とを区別しないからである。それゆえまなざしに関して言えば、子供は他者の視線によって、自身から疎外されることもなければ捉えられることもない。なぜなら、子供は自己差異化や他者性の感覚を持っていないからだ。したがって問うべきは、子供がいかにこの原初的な混淆状況を抜け出て、自身の自己経験と他者経験の区別を学習するかである。この問題に関する様々な書き物の中で、メルロ゠ポンティは、自己の可能性の誕生に関して異なる説明を与えている。ときには、彼はそれが私たちの身体ですでに与えられている内在的な側面だと論じる。一方の手で他方の手を触るとき（一般的には「二重の感覚」と呼ばれているもの）、私たちの身体は、ある種の自己内省を示し、私たちは曖昧な形で自身を主体かつ客体であるもの、自己でありかつ他者であるものとして経験するようになる（Merleau-Ponty 1998[1962]: 93）。しかし、この問題に関する最も持続的で詳細な検討において、彼はラカンの「鏡像段階」を、子供が自己意識の世界および疎外の世界へも送り込まれる地点として描いている（Merleau-Ponty 1964: 136）。

ラカンの説明によると、鏡像段階は自己個別化の際限なき過程における第一歩であり、ラカンが「想像の秩序」と呼ぶもの、つまりイメージ、像《リフレクション》、分身の秩序に子供が入ったことを印づけるものである。この段階は、象徴的および言語学的なアイデンティティの基礎を敷きもする。鏡像段階は、生後六ヵ月から八ヵ月で生じ、子供が映しだされた自身の身体を認識することから始まる。鏡に映った姿は子供に自己統御および身体的な統一の約束、あるいは予測をもたらすが、それは、統制された構成や内的な一貫性を示さない個々別々の部位が集まったものとしての自身の身体という、子供が実際に経験する状況と食い違っている。グロースが書くように、「[子供の]身体は、統合された全体性というよりもむしろ、調整されていない**寄せ集め**、つまり、一連の部位、区域、臓器、感覚、欲求、衝動である。各部位は、身体全体のことを顧みず、自らを充足させようとする。……感覚的もしくは知覚的な衝撃は、特定の臓器や身体部位を活性化させるかもしれないが、連続的で均質な主体性に帰することができない」(Grosz 1990: 33-34; 強調はグロース)。

子供は、「完全」になろうとする欲求のために、全体的な身体＝主体という鏡に映しだされた姿に愛着を覚える。結果として、統一された理想的自己イメージ、つまり、**イマーゴ**が形成される(Lacan 1989[1966]: 2-3)。今や子供は、混乱した認識、もしくは**誤**認識の状態に陥っている。子供は、(子供の実際の身体が反転した鏡像であるため)「正確で」あり、かつ(子供が実際には鏡に映った姿が示唆するほど統合されていないため)「欺瞞的な」自己イメージを内面化している。その結果は、いくつかの側面において自身と明白に似てもいるが顕著に異なる、組織化され統合された身体イメージと「ばらばらの身体」という実際の経験との間で、根本的に「引き裂かれた」主体である。

「鏡像段階」に関するラカンの説明は、直接的に当てはめることはできないが、身体＝霊魂の弁証法についてのユカギール人の観念と折り合いをつける上で適切な枠組みとなりうるものを与えてくれるように思われる。二つの説明の重要な類似点のいくつかに注意を向けることから始めたい。両方の事例で私たちは基本的にはその核心において軋轢を伴う対の関係性を扱っている。換言すれば、ユカギール人とラカンにとって、主体が主体であるためには、その可能性の条件として他者性を内面化しなければならない。ユカギール人にとって、主体が同一化しなければならないこの他者は、鏡の中の姿という形を取るのではなく、**アイビ**（亡くなった親戚の影）である。[6] だが、どちらの説明にも共通する要点は、**一**を作るのには**二**が必要であるということだ。主体は、別の者において、もしくは別の者として自身を「失う」瞬間にのみ、自身を認識する。主体が分離された存在として自身に対して自身を表象し始めるのは、別の者のイメージに同一化したり、それを取り込んだりすることによって、それが自己イメージになるからである。ここには、主体が自己としての自分自身の感覚を獲得するためには、自己客体化もしくは自己疎外を経験しなければならないという矛盾がある。ディロンは以下のように表現している。「私を私自身から疎外し、それゆえ、私を私自身へと引き合わせてくれるのは他者である。他者は、私自身に対する外部のパースペクティヴの座である」（Dillon 1988: 125）

ユカギール人とラカンのどちらにとっても、その結果は自分自身を自身の客体とし、自分自身と決して同一化することのない主体である。換言すれば、主体とその**イマーゴ**あるいは**アイビ**との関係は、「私でなく、私でなくも**ない**」と私が特徴づけてきた、「二重否定の領域」に住まうようになる。実際のところ、この弁証法もしくは矛盾こそが、主体がその鏡像的な片割れに対して、魅惑や戯れから拒否や攻撃までにわたる、様々な相反する態度を示すように仕向けるのである。前者の態度は、**イマーゴ**が主体に約束する、自己支配と統御の予測に基礎づけられている。後者は、そのような自己支配が幻想に過ぎないという事実から湧き出る苛立ちの結果であり、別の者を同じものと「誤って」認識したことに基づいている。グロースが書くように、「[主体は]自分自身もしくは別の者の鏡像を、そもそも、その像を内面化させる動機づけそのものであった、**自らの充足の欠如**に向けられたありったけの敵意で包みこむ。**イマーゴ**つまり内面化されたイメージは、心の中にある攻撃性の対象となる」(Grosz 1990: 41、強調はウィラースレフ)。加えて、ブースビーが言うには、「想像界の中で他者と自己を混同することで、**他者になろうとする欲求**としての**欲求**の基礎的構造が確立される」(Boothby 1991: 42; 強調はウィラースレフ)。

それゆえ人間の欲求は、そもそも自己に他者性を取り込むことによって引き起こされた、欠如の経験に由来する。主体は、その**イマーゴ**と自分自身との統合を進めようとすることによって、あるいは攻撃的にそれを拒絶することによって、この欠如を埋めようと不断の努力をする。私たちは、ユカギール人との間に明白な類似点を見出す。私が描いてきたように、彼らは自身のアイビの行為主体性を「取り込むこと」と「切り離すこと」の間を行きつ戻りつすることによって、それを統御しようとする。だが、これにまつわる悲劇的に皮肉なことは、あらゆる欲求の究極的な動因が、心の中で繰り広げられる「本当の私」と「想像された私」との闘いに終止符を打つために「自分自身を殺すこと」であるということだ。フロイト(Freud 1961: 30)は、これを「死の欲動」と呼ぶ。それは「早期の状態を反復し」、あらゆる摩擦を絶対的な「ゼロ」に減らそうとする「生命のある有機体に内在する強迫」である。「生命がある時期にそこから発って、発展のすべての迂回路を経ながら、かつて捨て去ったその状態に復帰しようと努めるような最初の状態、つまり、物事の**古い**状態［がある］に違いない。……**すべての生命体の目標は死である**と述べることができる。逆向きに考えれば、**生命のないものが生命あるもの以前に存在していた**と表現することもできる」（Freud 1961: 32、強調はフロイト）

この観点から見れば、死の欲動は、摩擦と不満から超越すること、および生ある主体がそこから発展した無機的な形態へ立ち戻ることを目的としている。私たちは、〈影の国〉にある原初的な状態に立ち返るために、その所有者をだまして、死に誘おうとする「トリックスター」としてのアイビに関するユカギールの見解に著しい対応物を見出す。どちらの事例でも、自己の鏡像的な片割れは、主体の「補助者」かつ「反逆者」としての二重の役割を演じている。それは、主体の形成を可能にするものである一方で、主体を溶解によって脅かすものでもある。

主体および主体性の構築についてのユカギール人の観念とラカン的観念には注目すべき類似点があるが、ユカギール人の事例はラカン的観念を証明しているとは言いがたい。二つの考え方は、せいぜい、互いに示唆をもたらし、啓蒙し合う言説と見なすことができるくらいであろう。ラカンの理論をユカギール人に直接的に当てはめることの困難の一部は、ラカンにとって想像界は、基本的に主体の成熟過程における一段階、つまり差異化の次の段階および最終段階である「言語の象徴的秩序」によって立ち消えになり、代替されるべきものと見られていることだ。言語へのアクセスを獲得するにあたり、子供はアイデンティティが差異の結果としてのみ生じるというソシュールの論点を把握するようになる。つまり、あるモノあるいは主体は、別の者を除外することによっての**み**、それ自体になるということだ。それゆえ実際のところ、言語の獲得によってなされるのは、子供が鏡像的な生き写しの虜《とりこ》となっているような、二者に閉ざされた状況から、子供を引き離すことである。子供のアイデンティティは、もはや、想像的な片割れとの疎外的で自己愛的な同一化に依存することなく、子供を取り巻くモノや人々との**差異**の関係によって構成される。想像の状態に留まる主体は、自分自身や他者をそれぞれの場所に位置づけられないだろうし、ルマイアーが言うように、「動物的生活のレベルへと退行する」かもしれない。「つまり彼は、あらゆる人間の『関係性』が通りすぎていく、共通の象徴的基盤を使いこなすことができないだろう。これは、精神病者に起きたことである」(Lemaire 1996: 78)

同様にグロースは以下のように書いている。「想像界は、イメージとの同一化の秩序である。それは、他者との自己愛的な二者関係、法によって制限されていないリビドー的快楽、および心内で起きているのか他者に向かうのかが弁別不可能な攻撃性の秩序である。(主体が頭の中や身体部位の中で幻聴を聞く)体感異常症《セネストパチー》という精神病では、自他の希薄な境界の消失が起きている。もし、主体が自分自身の身体内部で別の者の声を聞くのならば、それは自己と他者が混同されたままであり続けているからである」(Grosz 1990: 43)。それゆえ問うべきは、これまで見てきたように、身体部位を人の中にいる諸人格と見なすのみならず、より一般的に世界をあらゆるものがあらゆる他者を無限に映しだす鏡の間《ま》として認知しているユカギール人をいかに理解するべきかである。このことは、ユカギール人が自己と他者とを混同する同一化に支配された、想像的な同一化の秩序に囚われていることを意味するのか。そうでなければ、彼らはある種の集団的精神病の被害者なのか。私はどちらも当てはまらず、問題はまったく別のところにあると考える。

まず、ユカギール人はラカンに劣らず、個人の主体の発展と成長における言語の重要性を強調していることが指摘されなければならない。例えば彼らは、子供は話せるようになるまでは完全に「生きている」ことにならないと主張する。言語の獲得以前には、「子供はほぼその影である」。このことが意味するのは、子供は自分自身であるというよりも、その**アイビ**、つまり死んだ親戚であるということだ。換言すれば、ユカギール人は、言語がなければ主体とその鏡像的な片割れの関係は閉鎖的かつ循環的なものにならざるを得ず、「第三者」とのあらゆる関係、つまり社会関係が不可能になるという点で、ラカンに同意しているように思われる。それゆえ、彼らが事物の想像的な秩序に囚われていると見るのは難しい。

そうではあるが、ユカギールは、世界、とりわけ森の世界との直接的な相互作用に非常に重きを置く。だからと言って、言語が重要ではないと言っているわけではない。実際のところ、第8章では、ユカギール人は、まさしく言葉の音には変容する力が満ちていると理解しており、物語を語るという行為が語りの内容自体よりも重要であると見ていることを示す。それでも、物語は知識の源泉としては決して十分ではない。覚醒時の生活および夢の中で、直に得た経験的な知識が最も妥当なものであると見なされる。念のために言えば、主体自身が経験したものだけが本当の知識と見なされる。実際のところ、このことが意味するのは、ユカギール人にとっての「知ること」は多くの場合、もともと言語によって作られた自己と世界との境界を超えるという問題であるということである。彼らが子供に教えるときにはっきりとした指示をあえてしないという事実にこのことが反映されている。代わりに子供たちは、自分自身で世界の物事の意味を発見するように勧められる（第8章でこのことに触れる）。同様に、次章では狩猟者が狩猟の際に人間の言葉で話すのを控えることによって、獲物と彼らとの分離を故意に保留しようとするのを描くつもりだ。それゆえ、ユカギールが少なくともある特定の文脈において言語の象徴的秩序を超越しようとするような現実的な意味合いがある。言語の象徴的秩序における否定の原理は、あらゆるアイデンティティを分割し、差異化し、「想像界」の領域に（再び）入り込むことである。これは、ユカギールの人々が対称性に対して宇宙論的な脅迫観念を抱いていることと、鏡の反転、そっくりさん、ドッペルゲンガー、影などに関する数多くの観念があることに反映されていると見るのが妥当であろう。これらすべての観念は、自己と世界の本質的な類似性を強調している。

だがこのことは、「自然」や、自己と世界とあるあらゆる差異と分割が乗り越えられたかつての存在状況へ回帰するためのユカギール人による試みであると、ロマン主義的な表現で理解されるべきではない。実際のところ、彼らはいかなる絶対的な意味合いにおいても自分自身を彼らの周囲に投げうた**ない**ように細心の注意を払う。狩猟者の「二重のパースペクティヴ」がいかに自己の溶解に対するそのような防衛機制となっているかは、後で記述する。むしろ、私が示唆しているのは以下のことだ。ユカギール人の模倣的宇宙では、様々な現実の次元のすべてが他者の終わることなき複製あるいは反映であると考えられているが、それは実のところ、言葉と概念でできたこちら側の世界を突き破り、世界に対する直接的で知覚的なアクセスを獲得しようとするユカギール人の計画的な試みの帰結であるかもしれない。

## ◇関係的なものとしての自己

私の論点は、人格に関する二つの異なった考え方、つまり西洋のそれとユカギールのそれとを区別するべきであるということではない。人類学の文献には、西洋の人格におけるはっきり引かれた自己＝他者の境界と非西洋のそれにおける流動的な自己＝他者の境界とをぞんざいなやり方で対照させるこの手の類型論がたくさんある。[7] だが私の見解では、そのような人格性の二極的な類型は、たとえ理念型として考えられていたとしても、大幅に誇張し過ぎたものだ。私は、経験における主体と客体の両方としての人体に関する問いおよびラカンに立ち返ることでこの点を例証するつもりだ。ラカンにとって、ばらばらの身体という子供の経験は、異なる身体部位が異なる速度で成熟するという事実に由来しており、ばらばらで断片的なこの身体経験は、鏡像段階そのものと同様に、より一貫性のある身体イメージによって終止符を打たれ、それに取って代わられなければならない。それでもなお、私たちは自分自身の経験から以下のことを了解している。私たちは習慣的に自分自身の身体を「主体」として、つまり、それをとおして生きているが明示的なやり方でそれに気づくことはない何かとして経験している。だがときおり、私たちの身体が私たちを驚かせたり、落胆させたりすることがあるし、それを統御し支配しようとする私たちの試みに反抗したりすることが起きる。慢性痛に苦しんでいるが、それ以外には身体の異常がない者たちの経験から主体＝

客体問題を分析する論文において、ジャクソン（Jackson 1994）は、彼らがいかに自己と同一化しながら、「異人的な侵入者、侵略者」（Jackson 1994: 209）として経験される、自身の痛む身体から距離を置いているかを描いている。レンダーはさらにこの論点を洗練させて以下のように書いている。「痛みにおいて、身体あるいは身体の特定部位が**異人的な現前**として現れる。しつこい痛みの感覚が肉体的なるものを自己隠蔽から引きずりだし、それを主題的なものにする。これほど根本的かつ不可避な形で、自分自身の身体的現前について想起させてくれる出来事はない」（Lender 1990: 76; 強調はレンダー）。

ジャクソンは以下のように主張する。なぜ西洋哲学が無視、批判もしくは公然とした非難をとおして身体に価値を認めない傾向があったかと言うと、私たちの健康が何らかのやり方で阻害されるときに、ことさら自身の身体が主題的な注目を浴びるようになるという事実に大方のところ根ざしているからである、と（Jackson 1990: 127）。このことは真実であるかもしれないが、自身の身体がいかに自分自身からどこか異なったものとして経験されるかの例を見るには、健康状態の経験を引き合いに出すまでもないことは強調する価値がある。実のところ、身体が自己によって命じられたことを拒否する事例を見つけるのは困難ではない。ディロンは以下の例を挙げている。「ゴルフのクラブ、あるいはテニスのラケットを自分が完全に理解しているフォームに従ってスイングできないこと、スキート射撃やトラップ射撃でフリンチ［訳注：銃を撃つとき無意識に銃口を下に向けること］するのを止められないこと、かゆいところを掻けないこと」（Dillon 1974: 145）。これらの事例すべてで、私たちは、自身の身体を、私たちが起草したわけでも承認したわけでもない法則に応答しているものと見なしているかもしれない。そのようなものとして、私たちの身体は、客体化と物象化を招く。身体は、ただ単に私たちの一部としてではなく、他者としても経験される。似たような経験は、新しいスキルを学んでいる初心者にも当てはまる。第8章で見慣れぬランドスケープに初めて直面したときに道を見つけることに関して論じるように、人は道を見つけるためには自身の身体の動きにはっきりと神経を集中させなければならない。だが、やがてそれは暗黙知になるだろう。換言すれば、新しい状況には不安がともない、それが身体の客体化あるいは自己意識を呼び起こす。さらに、スミス（Smith 1981）が思い起こさせるように、日常会話で「弱い心臓」や「踊る胃」という言い方をしたり、愛や怒りのような感情に関して、距離を置くような表現をよく使ったりすることは、「分割されていない、全体的な自己」が西洋人の心理学においてもまったく至上ではないことを立証している。例えば、「私の神経が私をからかっている」と言うとき、私は、自分自身の統御の埒外にある身体的行為主体性の犠牲者になっていると感じていることを示唆しているのではなかろうか。実際のところ、私たちが臓器や身体部位に関して用いる、多くのありふれた慣用句は、ユカギール人のものとそれほど隔たっていない経験のモデルを示唆している。それゆえ、ユカギール人のような非西洋人だけが自己の境界内部に他者性を含み込んでいると感じているわけでは決してない。むしろこの状態は、身体化された人格として実在することが意味するものの際立った特徴であるように思われる。

思うに、これが指し示すのは、鏡像段階を発達段階として考えるのはおそらく間違いであることだ。すでに指摘したように、ラカンのアプローチをユカギール人に当てはめる上での主たる困難は、まさしく「段階」という彼の考え方にある。それは、「伝統的な」狩猟民と西洋の子供のライフステージとを危険なほどに同一視してしまっている。だが、いかに私たち自身の身体的な断片化が決して完全に乗り越えられないか、またいかに自己と他者との間の境界はいくらか流動的で目立たないものであり続けるのかに関する多くの実証的な例に照らして見ると、ラカンの理論が実際に描いているのは、現実の時間におけるひと時のことではなく、自己であることと身体を持つことの本性であると私には思われる。ラカンが提供しているのは関係的な枠組みであるが、その中では、内在的あるいは本質主義的なアイデンティティを維持することはできない。ラカンにとってもまたユカギール人にとっても、自己は境界づけられた、単独的な存在としては理解されえない。なぜなら自己は、他者性とのライバル関係、つまり決して実際に和解されることなく、生涯をとおして私たちを悩ませ続けるようなライバル関係において、もしくはそれをとおしてのみ、発展し、形づくられるからだ。私たちは習慣的に自分自身の身体をあらゆる所有物の中で最も私秘的《プライベート》なものとして経験するかもしれないが、実のところ、身体も身体を持った私たち各人の生き方も、それにまつわる多くの他者性を有している。その他者性は、病のときや、私たちの没入した身体的適応が災難に見舞われるときのような極限的な状況において、とりわけ強く感じられるかもしれないが、それにもかかわらず、私たちが身体を持つことにとって、偶発的なものではなく、むしろ本質的なものである。それゆえ私たちの身体は、まったく完全に私たち自身のものであるわけではなく、その本質において他者が演じる支配的な役割をすっかり振り払ってしまうことは決してできないし、私たちの目的にあわせて自身の身体を完全に支配し、服従させることも決してできない。この点を別の言い方で言えば、私たちの身体はモノ＝それ＝自体ではなく、私たちと他者との関係の結果である。

これから見ていくように、ユカギール人の社会的世界は、この特徴を有するように思われる現象、つまり彼らが入り込む関係において、およびそれをとおしてのみ見つけることができる事物に満ちている。私たちが今や取り組まなければならない考え方は、これらの関係性が、人とその霊魂のように、人間や人間に似た存在だけでなく、獲物や精霊のような非人間の存在との関係も含むということだ。私たちがこれから注意を向けるのは、これらの人間と非人間の関係である。

# 第4章　種と人格性の概念

## ◇人格のカテゴリー

すでに見たようにユカギールの世界では、人間、動物および生命なきものを含むあらゆるものがアイビ、すなわち私たちなら霊魂もしくは生の本質と呼ぶであろうものを持つと言われる。ユカギールにとって世界全体はこのように、タイラー的なアニミズムの意味での生きた霊魂によって活性化されている。あらゆるものは生きていると理解される一方で、それでもやはり人々は意識ある存在と意識のない存在を区別する。概念的なレベルでこの区分は、少なくともおおまかには、生命あるものと生命なきものという私たちのカテゴリーに対応している。年配のユカギールの狩猟者であるワシーリー・シャルーギンは、動物や樹木や河川は、動き、成長し、呼吸するゆえに「私たちと同じような人々」（ロシア語 *lyudi kak my*）[1]であると私に述べた。だが彼の主張によればそれらは、生きてはいるが動かない石やスキー、食料といった生命なきものとは区別される[2]。彼は続けて、静的なものはただひとつの霊魂、すなわち影のアイビだけしか持たないがゆえに人々ではないこと、他方で動的なものが人々であると考えられるのは、その影に加えてもう二つの霊魂を持っているからだと述べた。すなわち、それらを「動かし」また「成長させる」心の**アイビ**と、「呼吸させる」頭の**アイビ**である。[3] 狩猟者は彼らが人間であると認めた生命ある存在者たちとの社会的な共有関係にただ巻き込まれているのだとほのめかしつつ、「動くことのできるものだけが〔夢の中で〕私たちのところにやって来て贈り物をしてくれる」のだと言って彼は話を締めくくった。

だが重要なのは、「生きている」ものと、「生きている」と同時に「人間である」ものの間のシャルーギンの区別が厳密ではない点に気づくことだ。狩猟者たちによって認識される人格のカテゴリーは人間種だけに限定されるものではまったくない（それは様々な、生命ある存在たちを含む）のだが、それにもかかわらずこの人格性の連続体が途切れる特定のポイントがある（Descola 1996:324）。はじめに、人格の地位はすべての生命ある存在に等しく与えられているのではない。一般に狩猟者はこの分類を、クマやオオカミ、クズリやキツネを含む肉食の哺乳類と同様に、エルクやトナカイを含めた獲物となる主要な種に対しても割り当てているように見える。鳥類のうちある種、とりわけワタリガラスもまた人間であると見なされ得る。昆虫、魚、植物を含む他の生命ある存在は、言語と意志の能力を備えた意識ある存在として語られることはほとんどなく、概して機械的で取るに足らない生を営んでいるものと見られている。したがって、私たちが理解するような「自然」はユカギールにとっても存在するのであろう。だがそれは統合的な単一の領域として知覚されるのではなく、別のあり方で高度に人格化された世界のあちらこちらで遭遇する、偶然的に発生した裂け目の連なりなのである（Pedersen 2001:416）。

さらに、ある種の動物が人間であると考えられる一方で、人間種と動物の人格が感知されるやり方には違いがある。インゴルドが指摘したように北方狩猟民は、人間種については単一のアイデンティティを付与する固有名を用いて言及する傾向にある一方、動物は個体であるよりもその種の型《タイプ》であると見なされており、「**人格化されるのは、その顕現であるよりもむしろ型**」(1986a: 247、強調はインゴルド)なのである。ユカギールの神話にこの現れを見て取ることができる。そこでは神話的な人間種の登場人物たちが個々の名前を持つ傾向にあるのとは対照的に、動物たちは「クマ＝男」、「ノウサギ＝男」あるいは「キツネ＝女」のように、しばしば「男」や「女」という接尾辞を伴って、自らの種の名前を持つことが多い。このことは、北方狩猟民は動物それ自身ではなくより高位にある霊的な所有者たちだけを人間と見なしていることを示しているとインゴルドは指摘した(1986a: 247)。しかし、彼の議論はユカギール人には当てはまらない。一般に狩猟者はある動物とそれに結びつく霊的な存在とを区別しないにもかかわらず、私が話した狩猟者たちは常に、動物は単にその支配霊《マスター・スピリット》から人格性を得るのではなく、両者ともそれ自体において人間であると主張した。ヨヘルソンもまたユカギールの古典的な研究でこのことに気づいているように思われる。彼は次のように書いている。「ユカギールの見解では、狩りの幸運は動物の守護霊の善意に依存し、のみならず動物自身のそれにも依存する。それゆえ彼らは、『もしトナカイが狩猟者のことを好ましく思わないなら、彼はトナカイを殺すことができないだろう』(*tolo'w xanice e rietum el kude'deti*)と言う」(Jochelson 1926:146)

したがって動物の人格は単にその支配霊の人格の延長というだけではない。むしろ動物たちは、それ自身が人格なのである。次章で、このユカギールならではの動物の人格性の概念――個別の属性としてよりもその種の型としてのそれ――は、狩猟者が模倣の実践を通じて獲物とかかわる傾向にある特有のやり方に大きく由来することを示す。

人間種というカテゴリーを除いて、人格としての実体の地位が有限でもなく固定されたものでもないことを指摘するのは重要である。狩猟者の日常生活において実体は状況に応じて人格性から出たり入ったりして動いている。このことは、人間の次に典型的な生命ある存在だと認められる大型哺乳類にさえ当てはまる。かつて私が無意識のうちに無礼を働いてしまったのは、村の中でインタビューをしている間、スピリドン爺さんにエルクやクマ、トナカイは人間なのかどうかと尋ねたときであった。彼は私の質問をまったく理解できなかったかのようにしばらく考え込んだのち、ひどく侮辱されたかのように、「子よ、私を何だと思っているのか?」と応じたのである。ところが、別の機会に彼と狩猟に出かけたとき、真新しいエルクの足跡に行き当たったことがあった。私はそれを指差して、「ほら、その動物を追い詰めて仕留めるのにそう長くはかからなそうだよ」と言った。スピリドン爺さんはスキーのストックで私をしたたかに打ち、厳粛な声で「そんなことを口にしてはならん」と言った。「彼ら［エルク］は互いに会話をしている。もしどれか一頭でもお前の言ったことを聞きつけたなら、残りのものたちに伝えて、皆どこかに行ってしまうではないか」

なぜ狩猟者がある状況では動物を意識ある存在と見なし、別な場合にはそうしないのかという難問については、次章の終わりで立ち戻ることにしたい。ここでは、人間としての動物というユカギールの観念を、彼らの経済および霊的な信念にとって最も重要な種との関係に基づいて描き出し

たのち、彼らの人格性についての考えが拠って立つさらに根本的な原理を考察しようと思う。(4)

ユカギールの狩猟者はクマやトナカイ、エルクを含むいくつかの動物を道徳的価値とふるまいのルールの点で自分たちに極めてよく似たものと見なしている。(5) なかでもエルクは、高度に社会的で道徳的な生きものであると考えられている。神話はエルクを常に几帳面で、仲間同士の協力を惜しまないものとして描く。だがこうした性格の特徴は、単に神話的思考の表れとしてではなく、その動物の行動特性についての経験的知識の反映としても理解されるべきである。例えばある狩猟者が私に説明してくれたことがある。キツネやクロテンやクズリは汚くて臭い場所に惹き寄せられ、巣穴はひどいにおいがするが、それらとは違って、エルクはそのような場所では生きることができないとわかっていると。もし、捨てられた油樽のせいで水が汚れていたり、悪臭がしたりすれば、エルクはその場から逃げ去るだろう。彼はまた、あるエルクが捕食者に追いかけられて疲れ果てたときにはしばしば仲間のエルクの大きな群れへと駆け込み、その群れは四方八方へと散り散りになることでそのエルクが逃げるのを手助けするだろうと言った。そうすると捕食者は、疲れきったエルクの足跡がどれなのかを見抜くことが難しくなるのである。同様に、雪が深く積もったときにはエルクは交代で道を作り、弱いものたちが遅れないようにするだろう。そして彼は、それぞれのエルクには固有の性格があるのだと言って話を終えた。「馬鹿なのや賢いのがおり、神経質なのや自信に満ちたのもいる。だがそれらは、いつでもお互い同士、大いに気遣い合っているように見える」。こうした理想的な姿はジェンダーの観点から観念化される。そのため概してエルクは、男性の狩猟者に対する性的欲望によって「自らを捧げる」女性として知覚される。後で見るように、狩猟者たちの言葉はエルク猟と性的誘惑との象徴的な類似に満ちている。

イヌは他の非人間的な人格からはっきりと区別される。[6] それはユカギールで唯一の飼い慣らされた動物であり、そのために人間と非人間の領域の間で奇妙な位置を占めている。ある点でイヌは他の非人間的な生きものよりも人間存在に近いと考えられている。そのために狩猟者はしばしば彼らのイヌを「子供たち」と呼ぶ。危険な状況下でイヌたちは、主人である人間たちに警告を発し、彼らを護る。例えば春にクマが食べ物を探してキャンプに接近すると、イヌたちは吠え立てて人々に注意を促す。さらに狩猟者は、狩猟だけでなく輸送についてもイヌたちに経済的に依存している。今日ではスノーモービルが飛びぬけて重要な輸送手段であるものの、そり用のイヌの群れは今でも使われている。実際のところ、スノーモービルの購入と維持、燃料補給に伴うコストの高さが、ソビエト連邦崩壊後に狩猟者たちが軒並み現金不足に陥ったことと相俟って、この十年間にイヌの群れの復活を促したのである。イヌはその忠実な働きと危険な状況下での有用性によって評価されるものの、そのイヌもまた「汚い」（ロシア語 *griaznyi*）と見なされている。イヌがいると、より清い獲物の動物たちをすぐに汚してしまう。またイヌにエルクやトナカイ、クマの重要な臓器（心臓と腸）を餌として与えるのはタブーだと考えられている。狩猟者たちはイヌの不浄さを、性的乱交を楽しむこと、排泄物を食べるという嗜好、そして不快で強烈な体臭に起因するものとし、それらをエルクの立派なふるまいや、心地よい穏やかな体のにおいと対比する。

オオカミ、クロテン、キツネ、クズリなど捕食性の動物も「汚い」と見なされるが、それには別の理由がある。狩猟者はこれらの動物の不浄さを、それらが持つ抑制されない殺しの喜びと殺害された獲物に対する冒瀆的なふるまいに帰する。ある狩猟者がオオカミについて言うように、「そいつらがエルクを殺して体を処理するやり方は恥知らずだ。肉を分け合うときはとにかく、最も強いものが最初に食べ、最上の部分をすべて自分で取る」。しかし、反社会的なものの権化と見なされるのはクズリである。クズリは、すべての非人間的人格のうちで最も貪欲かつケチであり、他者から盗んだ獲物を食べて生きている。死んだ動物を見つけると、死体にまんべんなく尿をかけて他の捕食者が触われないようにする。私がクズリに出くわしたら、必ず殺すようにと教えられた。「なぜなら、クズリはアナーキストで自分の幸福しか考えていないからだ」とある狩猟者は言った。

だがユカギールにとって重要なのは階層の思考ではなく差異の思考であり、また地位的な階層といったものは存在しない。このことに気づいたのは、クズリが私の仕留めたエルクの死体を引きずり去ったときだった。肉を持ち帰るために私がスピリドンとともに殺害の場所に到着したとき、動物の死骸はほとんど何も残っていなかった。代わりに私たちが出くわしたのは、まごうことなきクズリの尿の悪臭であった。「なんというクソったれの泥棒め」と私は悪態をついた。スピリドンが答えた。「うむ、そんなふうにクズリは見てないぞ。私たちの食べる肉が贈り物であるのとほとんど同じように、クズリは見つけた肉を**ハズィアイン**［霊的な主］からの贈り物と見るのだ。誰もが食べなくちゃならんし、**ハズィアイン**はすべての子供たちと同じようにクズリにも食物を与える。だからクズリは自分たちがすることを盗みだとは思っていない。それどころかクズリの心の中では、盗みを理由にクズリを殺そうとする私たちこそが間違いを犯しているのだ」

スピリドンが指摘したのは、ユカギールの世界では「良い」ふるまいと「悪い」ふるまいは絶対的なものではなく、採用するパースペクティヴに依存するという事実である。私は後に「パースペクティヴィズム」(Viveiros de Castro 1998) と呼ばれる観点からこの観念について論じたい。今の段階で理解すべき重要なことは、狩猟者は一般にクズリを敵と見て、ことあるごとに殺そうとする一方で、クズリが本質的に「良い」他の種と対照される「邪悪」な種を代表するわけではないということである。むしろすべての種は、それぞれに固有な独自の社会的および道徳的なコードに従ってふるまうのだと考えられている。それゆえに、クズリは自らの種の習慣に従っているだけであって、狩猟者から盗む際に必ずしも邪悪な意志を持っているわけではない。

人間のカテゴリーは「自然の」生きものだけではなく、動物の指導霊《スピリット・ガイド》、人間の魂を食う食人霊《カニバル・スピリット》(ユカギール語では *ku'kul* だが、人々はサハ語から借用した**アバスィラル**という語を用いることが多い)および他の多くの精霊たちといった、私たちなら「超自然的」と名付けるであろう存在を含む。これらの存在はふつう目覚めているときの眼では知覚されないが、におい、音あるいは感覚としてのみ現れ得る。したがってユカギールは超自然なるものを、自然から分離した現実性のレベルだとは考えていない。彼らの観点からすれば神秘的存在は、人間や動物と同じ物理世界の住人であり、それらは少なくともある状況下では、まさに現実として存在する者として経験されるのである。

## ◇動物を殺して食べることについての道徳的不安

獲物を殺してその肉を食べることは、ユカギールにとってまさに生の本質である。一九三〇年代には小規模な温室栽培が導入されたものの、短い夏の間にイモやトマト、キュウリを育てるのは、ほとんどがネレムノエのロシア人である。多くのユカギールたち、特に古い世代の人々は、野菜を食べることを頑なに拒絶し、「木」のような味がすると言い張る。その代わりに彼らの情熱は肉へと向けられる。とりわけ赤くて脂肪の多い肉は他の食物の何にもまして重要視され、そうした肉のない食事はまったく正しい食事ではないとほとんどの人が考えている。肉は最も熱のこもった交換の対象ともなる。すでに説明したように、家族は親族関係の絆の重要な表現として肉をシェアする。また男たちは肉を、恋人からの性的な奉仕を確実にするための贈り物として用い、あるいは地方の中心地ジリアンカで燃料と交換する。

だが肉が極めて重要である一方、動物を殺すことと食べることは本質的に問題含みである。このことは、食料として最も好ましい動物であるエルク、トナカイ、クマが道徳的価値とふるまいのルールの面で人間に一番よく似ていると理解されている事実に大きく起因する。ある若い狩猟者が述べたように、「エルクやクマを殺すと、誰か人間を殺したように感じることがある。でもそんな考えは追い払わねばならないし、さもないと恥ずかしさでおかしくなってしまう」。動物たちを殺すことに由来するこれらの道徳的ジレンマはまた、狩猟過程のあらゆる局面において見出すことができる。のちほど、狩猟者がいかにして獲物に対する危険な愛の感情を発展させ、そのために獲物を殺し損ねてしまうのかを示そう。さらに殺害に続く儀礼では、狩猟者自らがその動物の死の原因であるという事実を覆い隠そうとするだろう。そして肉が村の中でシェアされるとき、シャーマンの呪術が用いられるといった道徳的に不適切なやり方で動物が殺されたと感じるなら、人々は自らの分け前の受け取りを拒否するだろう。実際に私は、クマが人間とあまりによく似ているという理由から、クマを食べることをきっぱりと拒絶する人々に出会ったこともある。それゆえクマを食べることは、ある種の食人に関与することである。

アマゾンに住む一部の民族集団では、シャーマンが呪術によって本来は問題のある肉をさほど問題のない食物へと変えることができる（Hugh-Jones 1996; Descola 1996: 91-92; Fausto 出版予定を参照）［訳注：当該文献は、Fausto, C. 2007 "Feasting on pelple : Eating Animals and Humans in Amazonia". *Current Anthropology* 48:491-530. として既出版］。だがユカギール人はそれとは違って、獲物を殺して食べることによって引き起こされる道徳的ジレンマを完全に解決する手段を見出ださなかった。むしろ彼らの観点では、動物を食べられるものとするのは、動物がちょうど人間のように独自の心や思考を持つものと見なされると同時に、「他者」としても想定されるという事実である。加えて、殺された動物の霊魂が繰り返し生まれ変わるというユカギールの思考も罪の感情を和らげる一助となるだろう。それでも狩猟者が獲物を殺す際にはときおり、現実的な道徳的不安を覚えるという事実を見落としてはならない。そのうえ、ユカギールはふつう肉を食べるのを楽しみ、肉を食べるときに罪や葛藤を経験するという明らかな徴候はないものの、にもかかわらず食人の問題は彼らの狩猟の宇宙論のまさに中心に位置する道徳的パラドックスである。したがってこれから見ていくように、人間の観点からするとアバスィラルが食人者であるのとほとんど同様に、獲物の観点か

らすれば人間は食人者なのだとユカギールは言うのである。(7)

### ◇身体とにおい

ユカギールにとって、人格性とは精神的な特性だけでなく生理的な特性も含むものだ。身体とにおいはユカギールにとって人格性の観念の一部であり、今彼らがどのたぐいの種とやり取りしているのかを確定する上で重要である。においに関して最も大切な区分は**イレイェ**（*ile'ye*）と**ペイエル**（*pe'yel*）である。腐敗や病気、死を意味する後者は、様々な悪いものの属性である。例えば、ある種の病気の霊はいつも目に見えるとは限らないものの、そこにいることはその不快なにおいによってわかるのだと言われる。「**アバスィラル**が獲物を探しているときは、いつもにおうんだ」と、ある老女は説明した。「そいつらは間違えようのない悪臭を放つのさ」。人が死ぬときには、その遺体は**ペイエル**でもって近しい親族を汚染すると信じられている。これは親族の男性にとって、一年が過ぎるまでは首尾よく動物を仕留める見込みがないことを意味する。なぜなら彼らは死のにおいをまとうとされ、それが獲物の動物を怖がらせるからである。対照的に**イレイェ**は甘さ、楽しさ、喜ばしさを意味し、とりわけ美味しい食べ物のにおいと、小さな子供や女性のにおいを描写するために用いられる。一般に女性や子供に対する愛情は口づけよりもにおいを嗅ぐことによって表現される。とても良いにおいだと言いながら、人々はうなじやあごの下のにおいを嗅ぐ。実際に狩猟者たちは、女性の性的魅力は見た目というよりもにおいの問題であり、「ベリーの花」か「山草」のにおいがするものだとよく私に言っていた。

かつてにおいは、ある人物がどの民族に帰属するのかを示す重要な印とされていた。ヨヘルソンは、ユカギールがエヴェン人を彼らの発するリスと腐ったトナカイ肉のにおいによって識別し、またサハ人を彼らの発する腐った魚の肝と牛の糞のにおいで識別することを説明している（Jochelson 1926: 23）。「だけど今では」と、ある年配の女性は言った。「誰からも多かれ少なかれ同じにおいがする。だって人々は互いに結婚し、同じようなものを食べているからね」。それでも私は人々、特にサハ人が、ロシア人のにおいに対して示す強い嫌悪感にしばしば驚かされた。例えば、あるとき息子がロシア娘と結婚したネレムノエ生まれのサハ女性と夕食のテーブルを囲んでいた。息子が彼の小さな子供を母親に抱かせようとすると、「ロシア人のにおいがする」という理由で彼女はその子を抱くことを拒んだ。

非人間の人格が発するにおいは、ユカギール語では別な言葉、「鼻にかかわる」という意味を持つヨロラ（*yo'rola*）によって指示される。この語は強い香りを放つ哺乳動物に対して特に用いられる。すなわち、キツネ、クズリ、エルク、（特に交尾期の）雄トナカイおよびヨーロッパケナガイタチであり、最後のものはこの中でも特に強いにおいを持つ。私は狩猟者たちが鬱蒼としたタイガの森に潜むエルクやクマをにおいだけで見つけ出す場面を一度ならず目撃した。同じように動物の糞は、獲物の居場所を示すものとして嗅ぎ取られるだろう。多くの狩猟者がこれに熟練しており、糞の硬さやにおいに基づいてその動物の性別、年齢、健康状態を正確に判定できることを観察した。また狩猟者が言うには、それぞれの場所の霊的な支配者はその領域をにおいの痕跡で示すのだが、それは動物が臭跡とにおい付けのポイントを確立してなわばりを示すのとほとんど同じやり方である。実際に狩猟者の一人は、ある精霊の領域を通過して他の精霊の領域へと入ったことが、においだけでわかると私に語った。

しかし強調すべきなのは、ユカギールの狩猟者たちは嗅覚を重要視するが、だからといって視覚が重要でないわけではないということである。狩猟者がエルクのにおいを体につけ、その所作を模倣してエルクをまねるとき、彼らの目的はその動物を目視可能にし、撃つことができるよう開かれた空間へとおびき出すことにある。ニューギニアの森のウメダ（Gell 1996: 233-54）やアマゾンのスヤ（Classen 1993: 8-9）のような視覚を軽視し抑圧すると報告されている文化でさえ、彼らの生業活動の中では、特に獲物を撃つときには、明らかに視力を頼みとするに違いない。実のところ私は、無文字社会を「反視覚的」と定型化する傾向はいささか疑わしいと感じている。ユカギールでの私自身の経験は、スミスの経験と響き合う（Smith 1998: 412）。彼は、チペワイアンの狩猟者たち（デネの人々）について書いている。「森の感性が強調するのは、できるだけ多くの感覚に対して注意を払うこと。そして、さらにはいっそう力強く、それらの感覚が相互作用して独自の意識レベルを生み出すように、そのすべての感覚へと注意を傾けることだ」。この言明がはっきり示しているのは、以下の事実である。すなわち、諸々の感覚を完全に分離されたものと見なすこと、また感覚の明確に定められた階層構造を構築することに抗することによって、狩猟民は生き残ることができる。狩猟に出ているときには人の全感覚が働いていなければならず、知覚の全体的な構成の中で各々の感覚が協働して投入され、ほとんど切り分け不可能なまでに入り混じっている。

一例を挙げるなら、狩猟者の頭とは彼の視覚、聴覚および嗅覚にとって共通の場である。獲物の音を聞くために頭の向きを変えれば、必然的に目と鼻を同じ方向へと向けることにもなり、それらのふるまいは同一の情報源に対して方向づけられていく。したがって、分離された知覚の回路を通じて獲物を感知する――目で見、耳で聞き、鼻で嗅ぐ――というよりも、これらの異なった感覚は機能に際してその重ね合わせを現示するのであり、身体的な方向づけという全体システムのもとに組み込まれるのである（Merleau-Ponty 1998: 317-18; Ingold 2000: 262）。ランガー（Langer 1989:49）が提示するのも同様の事例である。「例えば、もし私のまなざしが机の上の花瓶に引きつけられるのであれば、私の目がそれを調べて動くやり方は、私の指がそれをまさぐるであろうやり方をあらかじめ指示している」。彼女が指摘するのは、私たちは必ずしも対象を感じる以上に対象を見ているわけではないという事実である。言うなれば私たちは、目で対象を感じ、手で対象を見る。かくして私たちの実際の経験においては、異なる感覚の現示はひとつのものとして、感知する身体そのものである相乗作用システムの中に持ち込まれる。それゆえ、それらの感覚を知的に区分しようとする試みは、ほとんど意味のない作業となる。

ユカギールの言葉には、「身体」に対立するものとしての「精神」にあたるような語はないものの、人々が「考える」という点について狩猟者たちははっきりしている。人々に理性的能力を与えるものは何かとワシーリー・シャルーギンに尋ねたとき、考えることは人の頭の**アイビ**の働きであると答え、そして人間の人格と非人間の人格のどちらもこの能力を持つと明言した。だが彼はまた、異なるたぐいの人格は異なるやり方で考えるとも主張した。「もちろん、人間とエルク、クマは異なった考えをする。それらは別々な種類の人々なのだ」と、彼は論じた。このように**アイビ**と考える能力の間には明白なつながりがあり、それは人間の人格にとっても非人間の人格にとっても形の上では同じだが、にもかかわらず異なる種は別様に考えると言われる。この差異の源は、私には身体の特異性であるように思われる。**アイビ**が理性の能力をもたらすのに対して、身体は思考と世界とを結ぶ基本的な媒介点となる。換言すれば、非人間の人格が人間や他の非人間の人格と異なって考えるのは、**アイビ**あるいは霊魂のためではない。**アイビ**は同じ理性的能力を人間と非人間に付与するのであって、それらの人格が別様に考えるのは、それぞれの種が特定の身体的存在であり、世界に対する志向性をもたらす独自の肉体的自然――メルロ・ポンティの言葉を使うならば、特定の「身体意識」(1998: 317-8)――を持つためである。

さらに特有の身体を持つことの帰結として、それぞれの種は世界を独自のやり方で知覚すると言われる。しかし、そのやり方は人間とまったく異なっているというわけではない。ワシーリー・シャルーギンは、人間の捕食行動と**アバスィラル**のそれを比較することによってこの点を説明してくれた。「私たちの狩猟者はエルク狩りに出かけ、**アバスィラル**もそうする。だが**アバスィラル**たちにとっては、私たちの**アイビ**がエルクなのだ。女の**アイビ**を見るとき、それらには雌エルクが見える。男の**アイビ**を見るとき、それらには雄エルクが見える。そして子供の**アイビ**を見るとき、まったくのところ小さなエルクが見えているわけだ。同じことは、太った人々、痩せこけた人々、年老いた人々、あるいは若い人々についても言える。**アバスィラル**にはそれらが異なった大きさや年齢のエルクに見えるだろう。つまり**アバスィラル**はまさに私たちと同様の狩猟者だが、何がエルクに見えるかが違っているんだ」

**アバスィ**（*abasy*）が人間種の**アイビ**を殺して食べるのに成功すると、当の人間は病気にかかって死ぬ。それにもかかわらず、シャルーギンは私に、**アバスィラル**は自分たちの共同体のうちでは本当に善良な人々なのだと苦労しながら説明してくれた。それらは人間に極めて近いやり方で暮らしている。キャンプを持っており、犬橇《いぬぞり》で旅をし、結婚をし、子供もいる。**アバスィラル**はそれ自体で邪悪な生きものというわけではなく、ただ人間存在の観点から見る限りで、人間の**アイビ**を殺して食べることは悪いふるまいになる。人間もまた、獲物となる動物の目からは**アバスィラル**である。私がこのことに気づいたのは、獲物の動物は人間の狩猟者を恐れるだろうかとニコライ・リハチェフに尋ねたときだった。「もちろん恐れているさ」と彼は答えた。「私たちはその身体を食べる。だから動物にとって私たちは悪魔だ」。そして彼は、「だから動物は私たちに病気やその他の災いを送ってくる。殺して食べる私たちを罰するためだ」と付け加えた。

この後で捕食者と獲物との関係性の動態に関するより詳細な議論へと立ち戻ることにしよう。今の段階で確認すべき重要な点は、ユカギールにとって**アイビ**は多様な存在を結びつけ、それらを潜在的な人格として語ることを可能にするということ、その一方でこうした存在の**他のたぐいの人格**としての独自性は、それぞれが持つ身体の特異性に基づくということである。すなわち、特定の形状や動き、においを備えた身体の肉体的特質とは、まさしく種ごとの異なったアイデンティティが創発する場である。狩猟者が自己を、人間種の社会的・道徳的な尺度に従って思考する人間の人格であると認め、他者からもそう認識されるのは、彼の身体が人間存在の身体であって、トナカイや

**アバスィ**もしくはその他の非人間的な人格の身体ではないからにほかならない。したがって人間種の共同体の内部では、狩猟者に特定の社会的アイデンティティを授けるのはその者の身体ではなく**アイビ**である。他方で種間にまたがる関係ということになれば、それは逆転する。そこでは、どのようなたぐいの人格であるかを決定するのは身体である。ある人格の種としてのアイデンティティは身体に帰属し、あるいは身体に接合されていると言ってもいいだろう。あなたが誰であるか、またどのように世界を知覚し、構築するかは、あなたが持つ身体の種類によるのだ。

## ◇ 状況としての人間性

人間の人格と非人間の人格との間の基本的な関係性を解明するような包括的かつ一般に受け入れられた創造神話は、ヨヘルソンも私も発見することができなかった。キリスト教の影響にもかかわらず、ユカギール人が聖書の創造譚を取り入れなかったのは明らかだ。まるで彼らは人間の出現に関心を持っていないかのようである。だが、どうやって人間が現れたのかとしつこく尋ねる私に答えて、年配の女性アクリナ・シャルギナは短い神話を語ってくれた。

はるか昔、とても小さな人たちが住んでいて世界はひどく暑かった。彼らには名前がなかったけれど、私たちは彼らのことを「とても小さいのでリスの毛皮が一人分の服になる」(*irkinyodutyual mril nasy sarno*) と呼ぶ。彼らは裸で、生肉を食べ、火の熾《おこ》し方を知らなかった。世界が寒くなり始めると、小さな人々はリスを殺してその毛皮を着た。だがそれでも恐ろしく寒かった。そのときイエス・キリストが空からたいまつを持って飛んできた。イエスはそれを小さな人々に与えたので、彼らは火を使うようになった。(8) 火の煙が人々を大きく成長させ、彼らは人間になったのである。

火が自然の物質を文化的用途へと転換させる原型的な手段であるというのは、ひとつの紋切り型であるように思われる。料理とはその最も明白な事例である。だがユカギール人にとって、火はまた人々を変容させもする。人々はキャンプファイヤーの煙に晒《さら》されることで、ある人格の種から別の人格の種へと変化することができる。このことについて説明しよう。ユカギール人にとって、良き狩猟者は自らの人間のにおいを抑えるわざに熟達していなければならない。ここで言っているのは、狩猟は熟練した「脱人間化」に固く結びついているという彼らの一般理論だ。つまりある人が持つ人間身体の性質を、獲物の身体のそれへと形成し直すことである。そのため狩猟者は、森に出かける前日の夜にはバーニャ（*banya* サウナ）へ行くだろう。彼らは石鹸を使う代わりに、乾燥したカバノキの枝束で体をこする。エルクはカバノキの葉の芳香に気づくと、逃げるのではなく狩猟者のほうへ近づいてくるのだと彼らは言う。さらに、とりわけ強い人間のにおいを持つとされる小さな子供は、狩猟者たちから遠ざけておかねばならない。すでに説明したように家の中では、子供たちへの愛情はにおいを嗅ぐことで表現される。両親は子供たちのうなじに鼻を当ててにおいを吸い込むのだ。だが狩猟者が森へと出発するときには、子供のにおいによって汚染されてしまうのを避けるため、子や孫を抱くことはめったにない。狩猟を成功させるために重要なもうひとつの前提条件は、性的な節制である。少なくとも狩猟に出かける前日は、狩猟者は性交を控えねばならない。これから見ていくように、その理由の一部は彼の性的な関心が獲物の動物およびそれと結びつく霊的存在に向けられるべきだからである。だがそれはまた、性的接触が彼の身体に明々白々たる人間の悪臭を残すからでもある。狩猟者たちは私に、獲物を魅了できるのは人間の体液のにおいがしない者だけだと断言した。

したがってユカギールは狩猟のとき、森の世界や狩られる動物たちにとって異質な外部者の身体であることを停止する。彼らにとって狩猟の本質的なところで求められるのは、獲物の身体の動きとにおいを模倣することによって獲物と同一化し、その知覚と行動のモードを突き止める試みである。対照的にキャンプ地は人間のにおい、とりわけ木煙のにおいによって特徴づけられている。実際に狩猟者たちは、タバコであれキャンプファイヤーであれ、煙こそが動物のにおいを中和しうる唯一の手段だと主張する。さらに、森とキャンプの境界は何らかの物理的な目印によって確定されるのではなく、キャンプファイヤーの煙が届くことがない位置が境界となる。したがって木煙は人間がいることを示すものであり、それが狩猟から戻るときに自己から他者性を追い出して狩猟者を人間化するという現実的な感覚がある。ユカギールにとって木煙と人間性は同じ概念なのである。

だが興味深いことには、人間性という状態は人間存在だけに帰属するのではなく、あらゆる人格の種に宿るのだ。動物や他の非人間は、人間の生と類似した生を営むと言われる。それらが森をうろつくとき、あるいは川で泳ぐとき、それらは魚や獲物、または目に見えない精霊として現れる。

だが森のどこか、あるいは川や湖の奥深くに位置する自らの土地に入るとき、それらは人間の姿を取り、人間と同じような家で暮らすと言われている。非人間の家には、人間の家とまったく同様にその中心に暖炉があり、その煙が森から戻って来たそれらを「人間化」する。ただし、その変容は決して完全ではない。変容した状態にあっても、動物や他の非人間は変容前の身体的、精神的、社会的な特徴をいくぶんか保持すると言われ、こうした特徴によってそれらは人間的なやり方で行動している特別なクラスの存在として同定される。次章で言及する物語の中では、ある狩猟者が「トナカイ人間」と出会う。彼らは人間の姿をしてテントに暮らすが、人間の言語を使う代わりにうなり声を発し、肉の代わりにコケを食べる。同じように、「キツネ人間」は強烈なにおいやずるがしこい性格を持っており、汚い家に住むのだと言われる。「エルク人間」は一般に友好的かつ思いやりがあり、家をきれいにしている。

人間の姿になったりそれをやめたりするこうした動きは、次のような結果を招くことに気づくだろう。つまり動物は人間種の狩猟者に出会うことなく、自身の土地にいるときにのみ人間としての自らをあらわにするということである。森の中では、それらは動物の姿となって文化的な属性を失うのであり、この過程によってカニバリズムを犯す恐れなしに淡々としたやり方で動物を殺して消費することができる。実際のところ、これはクリーについてタンナー（Tanner 1979）が提示した解釈である。獲物である動物が動物の見た目を取るか人間の外見になるかは、森をうろついているのか自らの家にいるのかに応じて変わるという考え方をクリーはユカギールと共有している。クリーにとって「獲物の動物は、二つのレベルの現実へと同時に参与している。ひとつは自然的レベルであり、もうひとつは文化的レベルである」（Tanner 1979: 137）とタンナーは主張する。自然的レベルにおいて出会うそれらは、殺されて消費されるただの物質的存在に過ぎない。対照的に文化的レベルでは、「社会的・文化的組織についての伝統的なクリーの様式をモデルとする」（1979: 137）領域へと参与する擬人的な存在として再＝解釈される。

しかし、すでにインゴルド（Ingold 2000: 48-52）やブライトマン（Brightman 1993:176-77）といった論者が指摘しているように、一方が「霊的／文化的」、他方が「技術的／自然的」である動物の二つの現れとこれを考えるのは大きな問題がある。第一に、ユカギールにおいて人格としての獲物の地位は、実際の狩りの前後になされる物語といった、人類学者が象徴的活動と呼ぶであろうものの中でのみ表明されるものではない。狩猟者が森にいる間、実質的にすべての行動において獲物の地位は人格として言及される。狩られた動物の人格は、単に語りの中で「付け加えられる」のではなく、狩りそれ自体という実践的な行為に浸透している。ユカギールが狩猟の成功を、しばしば狩猟者に対する動物の愛に帰するという事実はこの点を裏付ける。なぜなら、そのような考え方は「相互に応答する『他者』を前提とする」（Brightman 1993: 177）のであり、生きものが単純に「機械的に組み込まれた」行動プログラムに従って行動するのではないからだ。かくして、狩られる動物は単なるモノに還元されるのではなく、狩猟者はそれらを心のない肉以上のものとして見ている。

さらにユカギールは動物を彼ら自身のイメージとして概念化するだけではなく、狩猟時には自身を獲物のイメージとして概念化する。すでに言及したように、これは狩られた動物の動きとにおいを模倣することを含む。同様に、そこには人間の会話を控えることも含まれる。一連の罠を点検するとき、狩猟者はよく単独で出かける。だが、例えばエルクやクマを狩るために集団で移動しているときも、まず言葉を発することはない。音が出されるとすれば、彼らが惹きつけようとしている動物を模倣する音である。しかし狩猟者たちは、動物の声や身体的な姿を模倣することが、「文化的」なものに対置された「自然的」なものになることだと見なしてはいない。ユカギール語には私たちの「自然」に対応する語はないし、人間固有の属性としての「文化」に相当するも語もない。

図5　動物の音をまねる（imitate）ことで他の狩猟者と交信するスピリドン爺さん。著者撮影。

次章で見るように、狩猟者が獲物の似像に自らを変えるとき、その動物の気分や感覚、および感受性と何らかの形で共鳴するパフォーマンスを生み出すことによって、動物を誘惑して「自らを捧げ」させようと試みる。したがって動物のアイデンティティを身につけることは、「脱主体化」のプロセスとしてではなく、むしろ「他者化」のプロセスと考えられている。狩猟者は動物の経験を自らのものとして理解するために、自らの身体的経験、あるいはネーゲルが「経験の主観的性格」（Nagel 1997: 166）と呼んだものを用いるのである。

すでに見たように、ユカギールにとって人格性《パーソンフッド》は人間種の証拠となる様式ではなく、むしろ人間とは人格の多くの外見のひとつなのである。したがって、エルクやトナカイが自らの家に戻るときには人間の外見になるとユカギールが主張する際、「二つの根本的に区分された領域［文化と自然］を横断して比喩的な類似を引き出すのとはまったく異なり、むしろ［人間と非人間の］差異化の前提となる真の単一性を指し示しているのである」（Ingold 2000: 50）。私はこの単一性を、「状況としての人間性」（Descola 1986: 120）として提示したい。動物や他の非人間の人格は、人間にとってどのように見えようとも、ユカギール人のふるまいと類似した、あるいはまったく同一の行動様式に参与しているものとして**自身**を経験するのだと信じられている。これはヴィヴェイロス・デ・カストロ（Viveiros de Castro 1998）が、極めて革新的な論文の中で「パースペクティヴィズム」と呼ぶものである。すなわちその考えによれば「世界は人間と非人間からなる様々なたぐいの人格たちが住まい、それぞれは異なった観点から現実を知覚する」（Vireiros de Castro1998 : 469）のである。これらは同一の世界に対する別な観点ではなく、同一の観点を別な現実へと持ち込むことの結果である。したがってすべてのたぐいの種はそれぞれ独自の領域におり、世界を人間と同じやり方で知覚するだろう。だが、それぞれが**何を**見るかは、その身体の種類に応じて異なるだろう。「人間種は人間を人間として、動物を動物として、また精霊を（もし見えるなら）精霊として見る。ところが、（捕食）動物と精霊は人間を動物（獲物）として見る。同じようにして、（獲物としての）動物は人間を精霊として、もしくは（捕食）動物として見る。同様に動物や精霊は自身を人間として見る。それらは自らの家や村にいるときには自らを擬人的な存在として（あるいは擬人的存在になると）知覚し、自らの習慣や特徴を文化の形式において経験する」（Viveiros de Castro 1998: 470）

ヴィヴェイロス・デ・カストロによるパースペクティヴィズムの大略は、ユカギールの考えと共鳴するものだと私は信じている。私たちは、どのようにして二つの異なる種の存在者が、同一の対象についてまったく異なる知覚経験をするかの事例を見た。**アバスィラル**が人間の**アイビ**をエルクとして見る一方、人間存在はそれを霊魂あるいは生命の本質と見る。人間に関して言えばエルクを獲物として見る一方で、エルクは人間を**アバスィラル**と見る。したがって精霊と人間の両者は獲物を見て、双方ともそれを狩りに出かけるのだが、何を獲物として知覚するかは異なっている。さらに誰を悪霊と考えるのかは、どの身体のパースペクティヴを採るのかによる。

それに加えて、特定の種が他の種に対して持つパースペクティヴは、それが自身の様式や実践を知覚するやり方とは根本的に異なっている。狩猟者はクズリを貪欲で欲張りで不道徳だと見るが、クズリのパースペクティヴからすると逆なのである。スピリドンが指摘したように、クズリは自らを道徳的な存在と見なす一方、人間の狩猟者がクズリを殺そうと目論むときには、不道徳なふるまいのルールを是認するものとしてクズリを見る。そのうえ様々な人格の種それぞれは、ウマを飼い、火を所有し、発話能力を活用し、道徳規範に向き合って暮らしを定める人間主体として、多かれ少なかれ同一の条件のもとで自らを知覚している。

これらの観察に照らせば、ユカギールに人間性の由来を説明する包括的な起源神話が見当たらないことは、おそらくそれほど奇妙ではない。結局のところ、人間性とはすべての種の人格がそれぞれ固有の自然を経験する形式なのである（Viveiros de Castro 1998: 477）。様々なたぐいの種の人格の差異は主として、個別のパースペクティヴの座である特有の外的特徴あるいは身体に存する。したがって動物の起源にまつわるユカギールの無数の神話がまさにこの点——異なるたぐいの動物たちがいかにそれぞれの身体的な外見を手に入れたのか——にかかわっているのは偶然ではない（Jochelson 1926: 241-98: 1900; Zokova, Nikolaeva, and Demila 1989; Spindonov 1996（1930）: 46-57）。

だがいささか不可解なのは、動物は自らの土地にいるときでさえ人間と完全に同じではなく、以前の動物としての特徴をいくぶんか保っていると言われる事実である。もし実際に、あらゆる種の人格が解剖学的にも文化的にも人間が自分を見るように自分を見ているのだとすれば、動物たちが自らの「隠れた人間《インフラヒューマン》」の観点から見ているにもかかわらず、自身を動物の物理的かつ行動的な特質をも備えるものとして見るというパラドックスは、一体どう説明できるのだろうか。この難題に取り組むためには、身体の問題、そして同一性と他者性の動態に対して身体が取り結ぶ関係という問題へと立ち戻る必要がある。

# 第5章　人格としての動物

## ◇人間＝動物の変容

ユカギールは、どの身体がどの人格に属しているのかを、心の中ではっきりとわかっている。そうなのだけれども、ユカギールは、誰かが別種の存在を身にまとうなら、身体にその種の人格が付くのだとも考えている。原則としてユカギールは、ある自然存在の身体を身にまとうことができる。その自然存在には、人格の地位があるとされる。年配の男は私に、ある人格が天然痘の霊から隠れるためにカラマツの木に変身したことを見たことがあると語った。しかし概して人間は、クマやオオカミなど大型の捕食者か、エルクやトナカイなどの主な獲物に姿を変えることが多い。ここで言う身体変容のプロセスとは、人格の変化のことである。そして、その人格の変化に必要なのは、まったく馴染みの薄い言語的、社会的、道徳的なコードからなる、完全に異質なパースペクティヴの想定である。別の種を身にまとうのは、ほんの短い間である。それは危険な事柄で、異種の身体に一時的に住まうことで、それ自身のもともとの種のアイデンティティを失ってしまう危険が生じるのである。もともとの種のアイデンティティが失われるときに、真の変身が起きる。姿形を変えた個は「他者」となり、過去の経験が失われる。ニコライ・リハチェフが生き生きと語ってくれたのは、彼が次第に人間ではなくなっていった事例である(1)。

戦時中のことさ。その頃よくトナカイを狩猟した。ほとんどエルクがいなかったからな。長いこと、六時間くらい、百頭かそこらのトナカイの群れを追っていたんだと思う。私はポポヴァ川にいた。その夜、火を熾《おこ》してお茶を飲んだが、眠れなかった。何も食べ物がなく、腹ペコで寒かったよ。夜明けにスキーをつけて、その群れの追跡を続けた。道を調べていたとき、何ものかに見られているという奇妙な感じがした。見上げると、二十メートルほど先に一人の年寄りがいたんだ。古風ななりをして、ほほ笑みかけてきた。誰だと尋ねても、答えなかった。その代わりに、ついて来るように手招きした。近くに小屋と食べ物を持っていると思ったので、私はついて行った。本当に腹ペコだったのさ。彼はずっと無言だった。私は、彼の足跡がトナカイのものなのに気がついた。「変だなあ」と思った。というのは、その男がカムス［毛皮で覆われたスキー］を付けていたからな。でも疲れていて空腹だったから、幻覚でも見ているのかと思ったんだよ。私たちは歩いて丘の上に登り、丘の背後には、三十かそれ以上のテントからなる大きなキャンプがあった。私たちはそのキャンプに入っていった。あらゆる世代の人たちがいて、子供たちは遊び、老人たちは座ってタバコを吸い、女たちは料理をしていた。老人は私をテントに連れて行った。彼は、トナカイが音を立てているように妻に話しかけ、彼女も音を立てて返したんだ。私は理解できなかった。「この人たちは誰なんだ？」と思った。女は私に食べ物をくれたが、肉ではなくコケだった。とても空腹だったので食べたが、そんなに悪くはなかったよ。時が経って、テントの中で座っていると、私はいろんなことを思い出せなくなっていた。私の帰りを待っている妻のことを考えてみたが、名前が思い出せないことに気がついた。その後、私たちは眠った。トナカイに囲まれている夢を見た。誰かが言った。「ここはお前のいる場所ではない、帰れ」と。誰が話しているのかわからなかった。目が覚めると、立ち去らなければと考えた。テントからこっそりと抜け出して、家まで歩いて帰ったのさ。村の人たちが私を見て、とても驚いていた。私が死んだものと思っていたと言うんだ。「たった一週間いなかっただけなのに、どういうことなの？」と訊くと、「いいや」「一ヵ月以上もお前を見なかったのだよ」と、彼らは言った……。私が出会った人々はトナカイだったように思えるし、私はその人たちを殺すべきだったのかもしれないが、そのときはそのことがわからなかった。たぶん、それはすべて夢だったのかもしれない。でも、だとしたらそんなに長い間どうして私はいなくなっていたのだろう？

ここからわかるのは、狩猟者がいかに獲物、この場合トナカイを人間として経験したのかである。ここでは、トナカイや他の非人間の人格が、いかに自らのことを見ているのかが語られている。それと同様に、トナカイは、狩猟者を捕食者あるいは食人霊《カニバル・スピリット》としてではなく、自分たちと同じような存在として見ている。「ふつうの状況で、［ユカギールは］動物を人間、あるいは人間を動物であると見ることはない。なぜなら、それぞれの身体［およびそれらが認めているパースペクティヴ」が異なっているからである」(Viveiros de Castro 1998: 478)。おそらく、この物語の背後にあるのは、狩猟者がトナカイやエルクに接近するとき、その身体的な見かけ、動きやにおいを身にまとうことで、動物をだまそうとするという事実である。ところが、上の話では逆に、狩猟者自身がたぶらかされて、彼が獲物のパースペクティヴから世界を見始めた。その結果彼は、本当の変身を経験してしまう瀬戸際にいたことになる。

私は、イヴァン・ダニロフという名のネレムノエ出身のサハ人の男とともにクロテンの猟をしているときに、それとは違う変容の経験を記録したことがある。私たちは二人だけで、おおよそ二ヵ月の間、森の中で暮らした。そのときは、スピリドンと狩猟仲間が私たちに合流するのを待っていた。私たちは、どちらも経験豊かな狩猟者ではなかった。イヴァンは村で電気技師の仕事をしていたが、私がネレムノエに着く頃から、狩猟を始めていた。もう何年も給料をもらっていなかったからである。私たちは懸命に罠を仕掛け、驚くほど幸運なことに、クロテンを捕まえることができた。そのうちに、私たちはクロテンの毛皮を集めることに、ますます取り憑かれていった。休んだり、食事をしたり、薪を集めたりする時間はほとんどなかった。夜明け前に一部屋の小屋を出て罠を仕掛け、夕暮れまで戻ることはなかった。いつも冷たい小屋で眠り、疲れていて空腹だった。ある夕方、板のベッドで隣り合わせに横になっているときに、イヴァンが言った。「感じないかい?」「何を感じるというんだい?」と私は尋ねた。「まるでオオカミみたいな血に飢えた捕食者になっちまうってどういうことかな。もっともっと殺そうとする必要に迫られるようになる。二百匹のクロテンを捕まえたって、それだけじゃ決して満足できないんじゃないか? まったく悪魔のようだな」。彼は一呼吸置いて、言い足した。「少し落ち着いてみて（ロシア語 *uspokit'sia*）、一週間くらい猟を止めてみないか」と。

獲物のように移動したり、嗅いだり、音を出したりと、獲物のまねをして行うエルクとトナカイ猟とは違って、罠猟には身体変容は必要ではない。「技量のある罠狩猟者（ロシア語 *soboliatniki*）」は、その代わりに、「クロテンのように考える」必要があると語る。狩猟者タイシン・アルカディが私に説明してくれたように、「罠狩猟者になるには、罠道を手探りでたどっているだけではだめだ。クロテンのように好奇心を持たねばならないんだ。そいつが何かだとわかったなら、そこに行って確認しなければならない――残されたものに触れたりして、そいつが何を食っていたのかを見るんだ。クロテンの性格は好奇心、純粋な好奇心を持っているということ。罠をうまく仕掛けるには、クロテンのように好奇心を持たなければならないんだ。こんなふうに考える必要があるんだ。『クロテンとしての私の好奇心を惹きつけるのはいったい何か？』

図６　私のサハの友人イヴァン。罠にかかったクロテンとともに。著者撮影。

と。こうやって考える必要があるんだ」。

換言すれば、罠を仕掛けることは、狩猟者が想像の上で自らを獲物の性格の内側に置き、その動物が持つユニークなものに合わせることによる、ある種の心的投影を含んでいる。もし、そうすることができれば、獲物のふるまい、感覚および感性に共鳴するやり方で罠を作って置けることになり、彼は狩猟に成功するだろう。(2) しかし、罠を仕掛けることに含まれるのは、想像の上で獲物の見方を内面化する能力だけではない。その過程にはまた、人間の人格の感覚の喪失を避けるような、同じくらい重要な能力も含まれる。クロテンやオオカミ、クズリやキツネのような捕食者は、飽くことなく血に飢えた、血を欲する動物であると狩猟者は主張する。チャンスがあれば、それらの動物は、生まれ変わりを促す儀礼的手続きに従うことなく、出会った獲物が何であろうと殺してしまうだろう。そのため狩猟者は、これらの捕食者を「汚い」あるいは「罪深い」という意味のグリアズニィ（*gryzny*）と呼んでいる。さらに、捕食者は「悪魔の子供たち」（*cherteuy deti*）であると言う。同じように、容赦なく殺害に及び、獲物の適切な循環を確実なものにすることを意図しておこなわれる儀礼を無視した人間の人格は、「悪魔の息子」（*chertou syn*）と呼ばれる。悪魔には思いやりがないと言われる。悪魔は、過去と未来どちらの感覚もなく、現在の瞬間だけに生きていて、そのため自分の行動に対する責任の感覚がない。(3) このことが、イヴァンが不安に打ち勝ったときに言わんとしていたことだった。私たちは悪魔になろうとしているところだったのであり、再び猟に出かける前にしばらく小屋でゆっくりとすべきだと主張したのである。

その他の直接的な変容の経験に私は出くわしたことはないが、異なった種が互いの見かけとパースペクティヴを身にまとうという考えは、ユカギールの神話の中に多々ある。巨大な食人族クゥリエ（*Cou'liye*〈神話上の老人たち〉）が、見目麗しい若者になって、女性を誘惑して食べてしまう一連の物語がある。[4] こうした食人的な非人間たちは、標的とする人間の犠牲者を「エルク」あるいは「トナカイ」と呼ぶ（Jochelson 1900: 31; 1926: 302-3; Spindonov 1996[1930]）。また、人間の狩猟者が獲物に対してするように、人間を獲物のように呼び、経験する。それに対して、巨大な食人族が、自分たち自身の共同体を捨てて、新しいホストとなった種に混じって暮らす物語もある。ヨヘルソン（Jochelson 1926）はそのような物語を記録している。その話の中では、巨大な食人族の少年がユカギールの少女と結婚し、人間である彼女の親族と暮らすようになる。ところが変容した食人族は、人肉に対する欲望を捨てることができない。妻とベッドで寝ているときに、彼女の胸に触れて、「死んだ父親が、こんなものを食べさせてくれたことがある」（Jochelson 1926: 304）と言ったのである。妻は心配になって、このことをキャンプの人たちに話した。人々は、かつての食人がすっかり変容してしまったわけではないと考えて、男を殺した。しかし実際には、自分たち自身の一人、すなわち親類を殺してしまったがゆえに、計り知れない罪を犯してしまったのである。その結果、太陽の神は火を遠ざけることで人々を罰した。人々は皆、凍え死んでしまった。[5]

変容の意味は、ヨヘルソンによって記録されたもうひとつの物語（Jochelson 1900: 24-25）でも顕著に示されている。それは、両親を殺害したロアー・ジョーと呼ばれる年寄りに復讐しようとした二人の少女に関するものである。オオカミのように手と膝だけで動き回ることで、少女たちは捕食動物になった。彼女たちは、年寄りとその息子を殺した後に、犠牲者の肉を食べた。食人は、神あるいは太陽神のどちらかの罰に触れる恐るべき罪だと、一般にユカギールは考えている（Jochelson 1926: 304）。しかしこの場合には、罪は明らかに許されるべきものであった。というのは、少女たちは変容した存在の状態で、人間の道徳コードではなくオオカミの道徳コードを用いたからである。少女たちが人間の姿を身にまとって、再びふつうの人間の暮らしをするところで物語は終わる。

人間が完璧な変身を経験し、決してふつうの人間の姿に戻らなかった物語もある。ユカギールの女性アクリナ・シャルギナがそのような物語を語ってくれたことがある。母親には、二人のいたずらなわが子を育てるのが難しく感じられた。彼女は、ガチョウなら子供たちを素直にしてくれるだろうと考えた。二人の子にガチョウの羽毛の服を着せ、雌のガチョウのもとに連れて行ったのである。しばらくして母親が迎えに行くと、子供たちは恐がる様子を見せた。子供たちは彼女を人間の捕食者と見なして、逃げたのである。秋が来て、子供たちは仲間のガチョウとともに北に向かい、次の春になるとようやく戻ってきた。アクリナは、その可哀想な母親は子供たちに除け者にされたまま、遠くから彼らを見守っていただけだったと言って、その話を締めくくった。

## ◇「動物でもなく、動物でなくもなく」

このような物語や類似した物語が、いわゆる「パースペクティヴ的な」概念がユカギールのアニミズムの本質的な部分を形成する仕方について私が先に挙げた論点を支持する。以下ではそのことを指摘したい。アメリンディアンのパースペクティヴィズムに関する論文の中で、「単一の自然主義」と「多数の文化主義」という西洋の考え方を、「単一の文化主義」と「多数の自然主義」という非西洋の考え方に変換するのが存在論であると、ヴィヴェイロス・デ・カストロは主張する。西洋の存在論が「自然の単一性と文化の複数性」に対する信念の上に築かれている一方で、パースペクティヴィズムは「精神の単一性と身体の多様性」の上に築かれている。「観点を採る能力は疑いなく精神の力である……が、観点の違いは……身体の特殊性の中に与えられている。……動物たちが、私たちが**異なった**ものを見るのと**同じ**やり方で見るのは、彼らの身体が私たちのものと異なるからである」(Viveiros de Castro 1998: 478、強調はヴィヴェイロス・デ・カストロ)。そのように、人間であれ非人間であれ、種の人格は、身体から身体へと移っていくが、本質的には同じものであると、彼は主張する。このことは正確に言うと、それぞれが採る「観点」はそれぞれが場所を占めている特定の身体の機能だからである。観点とは特定の生命あるいは霊魂の本質ではない。そしてそのことは、人間と非人間の人格にとって同じようなものとして理解される。

ヴィヴェイロス・デ・カストロは、世界=内=存在の存在論的方法の特定のタイプとして、パースペクティヴィズムを概念的に同定するのに成功した。ところが、それは生活世界の人々の実際の経験から切り離された抽象的なモデルに留まっている[6]。このことで、人々が抽象的に考えることを否定しようとするのではなく、最も抽象的な領域、すなわち私たちの想像力でさえ、その基礎は私たちの身体的な世界=内=存在のうちにあるということなのだ。つまり私たちの経験と世界が取る形式を説明するために私たちが世界について理論化するより前に、私たちが存在し、行動する世界である。換言すれば、私が主張するのは、抽象的な表象に関する人類学的な選り好みを超えて、日常の知覚経験の具体性の根のほうへと踏み込む必要があるということである。このことは少なくともユカギールの狩猟者に関しては間違いなく正しい。彼らに関しては、第8章で描き出す。世界についての理解は、抽象的な観想の中にあるのでは**ない**。それは、実践的に関わることの具体的な文脈から立ち現れる。彼らは、抽象的かつ理論的なもの（言い回し）よりも、具体的および経験的なもの（行動）に対して明らかな選り好みをする。彼らのパースペクティヴィズム的な表象は、私たちが神話や他の型の言説の中に見出すように、知的な構築物なのではなく、彼らが行っている狩猟行動と不可分に結びついた、重要な意味合いにおいて**実用的な**ものである。それゆえ挑むべきは、パースペクティヴィズムを「実用化」することであり、狩猟者の獲物との実際の知覚的な関係構築という初源的な文脈の中に位置づけることだと思われる。この関係構築の状態を出発点として、経験の生きられた世界における人間＝動物の変容のような問題についてのユカギールの考えを位置づける道を探し出すことができると、私は考えている。ユカギールの考えを、単に全体的な宇宙論的モデルに帰するのではなく。

このトピックの調査を始めるのに相応《ふさわ》しいポイントとは、自身の身体と異なる身体との間を行き来する際に含まれる危険という重要な要素である。変容は、容易におこなわれるものではない。それは、自らを異なるものにすることについての深い不安の経験、あるいは先に私が人間の人格を喪失する感覚と呼んだものを含んでいる。そのため、自己意識あるいは自己省察の要素は決定的である。異化された身体によって拉《らっ》し去られないために、自己を保護するからである。上の物語では、トナカイ＝人間がいかに人間の姿のままで、トナカイのように跳躍しながら歩いたのかを見た。同じように、キツネ＝女性は、強いにおいを放ち続けると言われるし、クマ＝男は、揺れながら早足で歩くという動き方によって知られる（Riordan 1989: 196-201; Bogoras 1904-9: 284を参照）。そのように、人間と動物にとって、身体を変えるときには、かつての身体的な性質のいくつかを保持するべきだとされる。そのことによって、それらを（変身した）ホストの種に似ているやり方でふるまうが、まったくそのものではないという、ある特殊なクラスの存在であると認められることになる。それゆえ自身のものとは異なる種の身体をまとった人々は、単にホストの種のコピーとなるのではない。少なくともそれらは、いわゆる忠実なコピーではない。このことから、ユカギールが懸命に努力するのは、絶対的な意味で人間ではない人格の観点を採ろうとするためではないということがわかる。なぜなら、そうすることは実際に動物になることを意味するし、またすでに見たように、動物になってしまうことはなんとしても避けられるべきだからである。ユカギールは、むしろ意図的に不完全なコピーとして行動することによって、動物の観点を想定しようと試みる。異なるたぐいの身体におけるすべてのふるまいは、それゆえに、二重否定を含む。その人格は、彼がまねている種ではないが、その種では**ない**ものでもない（Schechner 1985）。異なった身体をまとうことは、それゆえに絶対的な意味で一人の人格を別の人格へと作り変えることを意味しない。そのことはむしろ、どっちつかずのアイデンティティとしてふるまうことを可能にする。それは、彼自身の種の身体の境界および模倣された種の身体の両方から自由になり、彼に行動に対する新たな可能性を与えることになる。

ユカギール人が動物を表象するためではなく、彼らの周囲の世界を操作しようとするために動物の身体をまとうのだと気づくとき、私たちはこうしたことがわかるようになる。彼らはよく獲物自身のイメージという手段で獲物をだまそうとする。これはフレイザーの用語では「類感呪術」として知られているものであり、それによって、「呪術師は、それを単にまねることによって、彼が望む効果を生み出すことができると推論する」（Frazer 1993[1922]: 11）。しかしフレイザーは、コピーとオリジナルが似ていることが、なぜ表象されるものに対して表象するものの力を授けることになるのかを説明していない。彼は、類感呪術を、科学の理論に似ているが、錯誤に基づく因果思考の間違った形式として描き出した。フレイザーは、実際には期待される効果が得られないにもかかわらず類感呪術が存続しているのかという問いを広く行きわたらせ、またそれが存続することを、「野蛮人」たちの誤った考えと頑迷さのせいにしたのである（Tambiah 1990: 146）。

タウシグは「模倣の能力」についての著書の中で、類感呪術の基礎にあるのは、物理的な因果の性質についての悲劇的な誤りではなく、自身の外側に事物、対象物、人間を感知する特定のやり方だと主張する（Taussig 1993）。何かをまねることは、模倣されたものに喜んで満たされることであり、それに屈し、それを映す――さらに、それを身体的に模倣することである。そのことは、周囲の世界を理解し、表象し、統御する、ある特有の強力な手法なのだと、彼は主張する。「模倣の驚きは、コピーの中にある。コピーは、その表象がその特徴と力を引き受けるようになる点にまで、オリジナルの特徴と力を引き出すのだ」（Taussig 1993: xiii）

タウシグの説明の中でとりわけ価値があると思われるのは、模倣が自己対他者、自然対文化、本質主義対構築主義などの二分法を崩壊させるという卓抜した観察である（Taussig 1993: 252）。「それは、まったく同じものとまったく異なるものの間で」、つまり「実際のものと実際のように作られたものの間で」(Taussig 1993: xvii)「うまく踊ってみせる」(Taussig 1993: 129)。このことから推論される私の議論にとって重要なポイントは、獲物の「他者性」を吸収する一方である深遠な意味で同じものに留まり続けるという二重の能力によって、狩猟者は獲物の模倣の中にある力を操作するということである。この点を描いてみよう。狩猟者は、トナカイを撃つためにトナカイをまねて開《ひら》けた場所に誘い出すときには、同時に、二つの動機づけを持った空間の中でふるまうことになる。その空間は「捕食者が支配する空間」および「動物を模倣する空間」とでも呼ぶべきものである。最初のものは、動物を殺すという狩猟者の意志に、二つ目のものはその意図を達成するためにそのアイデンティティを身にまとう必要性にかかわっている。狩猟者は、二重の性質を持ってふるまうことができるかもしれない。彼は狩猟者であると同時に動物でもある。こうした二つのアイデンティティの間で行動することは、高度に複雑な仕事である。もし彼が、狩猟者としての意図をその行動を通じて見せるなら、獲物の動物は逃げるか彼を攻撃するだろう。[7] 他方で、もし彼が意図を彼の身体の動き(エルクの動き)に融合させるならば、彼は獲物のパースペクティヴへと陥って、獲物になってしまうだろう。それゆえ狩猟者は、彼のパースペクティヴが狩猟者のそれと動物のそれのどちらでもなく、その間あるいは同時に両方でもあるということを確かなものにするために、獲物の動物に意識を向けるだけでなく、獲物に気づいている存在である彼自身にも意識を向ける必要がある。換言すれば、狩猟者の成功とは、二重のパースペクティヴを持ち続ける、もしくは模倣のエージェントとしてふるまう彼の能力によるのである。

## ◇パースペクティヴの鏡像

ふつうの状況では、ある人物の身体は、当の人物によって世界内の客体として、つまり当人が直接的に観察したりするものとして感じられることはない。むしろ、自己の観点に立てば、他者の身体が客体であるのと同じように、ある人物の身体は、他者の観点から見るときにだけ客体となる。少なくとも、サルトルの議論では、すでに見たように「主体」としての身体は「客体」としての身体から存在論的に切り離される（Sartre 2000[1958]: 304）。換言すれば、サルトルにとって、私とは主体にとっての客体であるか、もしくは、主体とは私にとっての客体であるかのどちらかであって、その両方が同時に成立することは決してない。私が主張したいのは、（ユカギールでは）狩猟者が獲物をまねるという状況では、主体つまり「私である身体」と、客体つまり「動物の身体」との間の、この概念上の区別が溶解してしまうということである。そして、狩猟者は主体と客体、自己と他者の両方であるような曖昧なものとして、自らの身体と同様に動物の身体を経験するようになる。

第1章でスピリドンについて見たように、狩猟者はエルクに接近するとき、木製のスキーを履く。スキーの底は、雪の中を進むときにエルクの音をまねて立てるように、エルクの脚から獲れる滑らかな皮で覆われている（図7参照）。狩猟者は、よたよたとあっちこっちに揺れながら、エルクのように動くだろう。私はこのような模倣に基づく狩猟技法が実践されるのをフィールドワーク

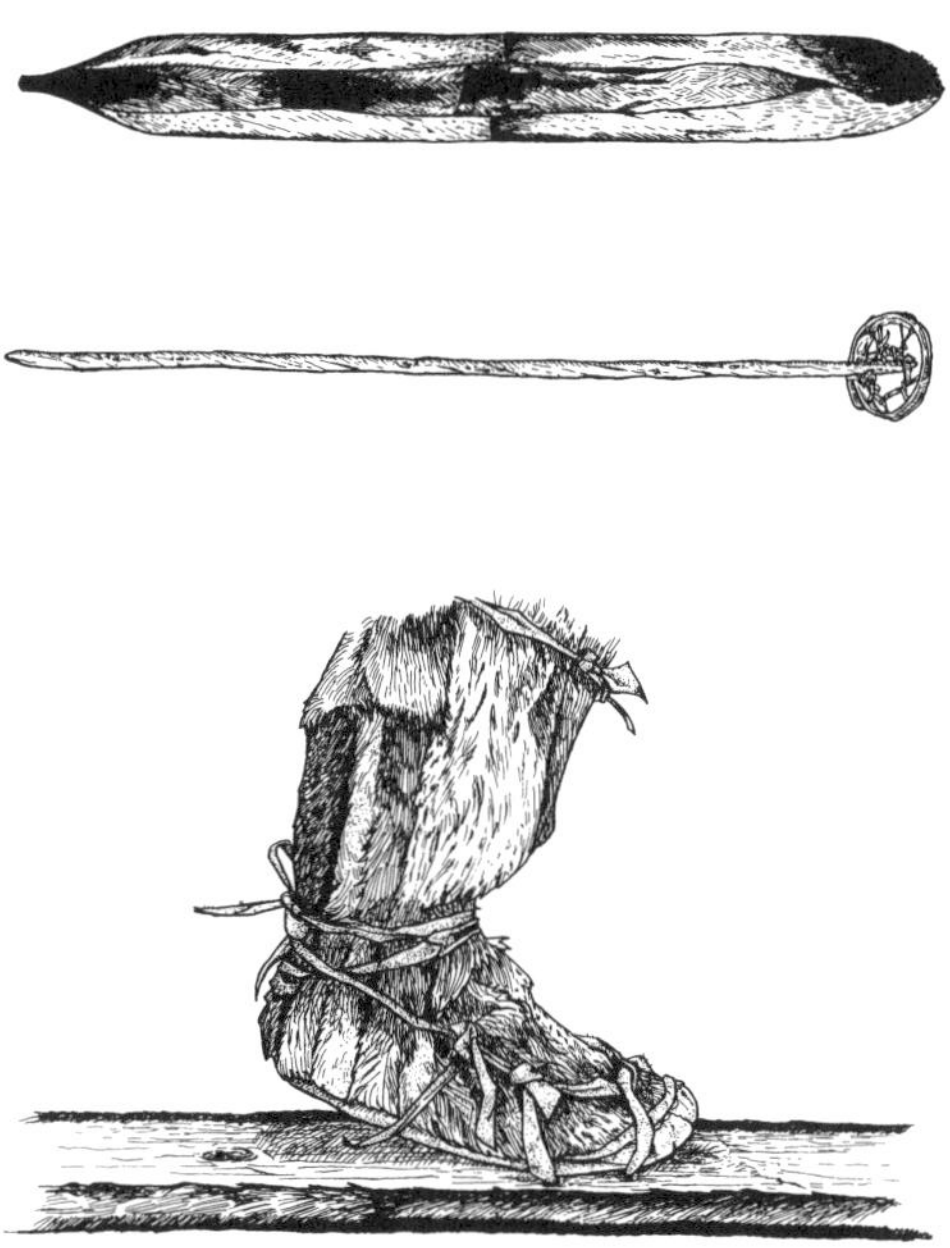

図7　伝統的なスキー用具。上：スキー板（幅23cm、長さ2m）、中央：ストック、下：狩猟者が使うスキー板。雪の上を動くときにエルクが立てる足音を模倣するために、底はエルクの柔らかい脚の毛皮で覆われている。マリー・カーステン・ピーダーセン画。

の際に何度か見た。実際に私自身もそのやり方を覚え、ある程度うまくできるようになった。狩猟者の模倣演技が真に迫って躍動的であれば、エルクは木々と茂みの間の隠れ場所を離れ、狩猟者を仲間の一頭と見なして、彼に向かって歩き始めるだろう。[8] そのようにして、狩猟者とエルクは、互いに他者の行動をまねて、互いの距離を縮める。問題は、このような模倣行為の最中に、狩猟者の頭の中で何が起きているのかということだ。これに答えるのは難しい。なぜなら、そうした事柄についてしばしば直接質問したとしても、実りある結果が得られないからだ。ある狩猟者が以下のように答えたことがある。「これはお前の問題であって、私のじゃない。それがどんなものかを自分で探りあてることができるように、お前をここに連れてきたんだよ」。他の狩猟者ならば、エルクとの遭遇は、愛する者や尊敬する友人と会うようなものだと述べるだろう。私は、このことは以下のことを示しているのだと考えている。すなわち、狩猟におけるこの重要な瞬間が、ある根源的なやり方で、狩猟者のパースペクティヴ的な表象に対して、経験的な根拠を与えると見なしうるのである。実際にそこで起きているのは、互酬的なパースペクティヴの鏡像であると思われる[9]。エルクは、狩猟者の模倣行為を通じて自らの身体を見る——つまり、エルクは自らと同じ種を見る。一方、狩猟者は、自らの模倣行為をまねるエルクのふるまいを通じて、自らの身体の鏡像を見る。換言すれば狩猟者は、彼に向かって歩み寄るエルクを見ているだけではなく、あたかも自分がエルクであるかのように、「外部」から自分自身を見ている。つまり彼は、（主体としての）他者が（客体としての）彼について持つようなパースペクティヴを自分自身に引き受ける。このように言うことで、私は変身が起きていると言いたいわけではない。変身してしまえば、狩猟者は（主体である）エルクのパースペクティヴだけに身を委ねることになってしまう。しかしそれは、そのような駆け引きに本来的に備わっている危険であり、人は常にその危険から身を守らなければならない。むしろ、狩猟者の二重のパースペクティヴが示唆するのは、視覚上の揺れのようなものである。その揺れの中では、「客体としてのエルクを見る主体としての狩猟者」と「主体としてのエルクによって見られている客体として自らを見る狩猟者」が、あまりの速さで交互に入れ替わるため、種間の境界が侵され、ある程度「一体化」が経験される[10]。

私の論点は、「まなざすこと」と「まなざされること」、もしくは「客体化すること」と「客体化されること」の二重性を経験する結果として、狩猟者は動物を自らのパースペクティヴと似ているが、完全には同じではないパースペクティヴを持つ人格として経験するだろうというものである。つまり、動物は、「私の＝ようで＝あるが＝私でないもの」という逆説の中に住まうようになる。論点を整理してみよう。これまで、以下のことを見てきた。模倣行為の最中に狩猟者が持つ人間のパースペクティヴ——つまり、世界についての自らの主体的な観点を有する、自意識を持った主体としての自覚——は、それ自体を超えて、エルクに対して外側から投影されるようになる。それゆえエルクは、狩猟者が持つ人間のパースペクティヴを帯びたものとして経験される。同時に狩猟者は、脱人間化を経験する。つまり狩猟者は、自らの模倣演技を鏡写しにするエルクのふるまいを観察することを通じて、外側から、すなわち主体としての他者の観点から、自らを客体として見るようになる。結果として狩猟者の人間としての自己同一性は、自らのうちにではなく、模倣的な生き写しのうちに宿ることになる。狩猟者はもっぱらエルクのうちに自らを見出すことができる。そのためエルクは、狩猟者が本当はいったい何者であるのかの「秘密」を握るようになる。そういうわけで、逆説的なことに、狩猟者は容易にエルクの人格性を否定することができないのである。なぜなら、このことが実質的に彼自身の人格性を否定することを意味するからである。換言すればエルクが意志、意識、情動性などの力を持たない純粋な世界＝内＝客体に過ぎないのだと考えようとすれば、狩猟者は、自らに対してもそのような諸性質を否定することになり、ある意味で、「自己を欠いた」まま置き去りにされてしまう。それゆえ、狩猟者の心理的な安定、つまり人格としての自己意識は、人格としての動物にこそ依存している。

それだけではなお、狩猟者によって経験されるエルクの「人間化」は完全ではない。エルクの身体は外部から認識される。そのことは、それが外にあるもので、それゆえ、狩猟者にとってはいくらか異質なものであることを意味する。狩猟者は、エルクと自分自身がまったく同じではないことを知っている、むしろ、知っている必要がある。もしそうでなければ、彼は（主体である）エルクのパースペクティヴだけに文字通り身を委ねて、変身してしまっていたことであろう。だから、エルクは狩猟者自身と似てはいるが、まったく同一のものではないと認識される。

換言すれば、私たちが扱っているのは、「私」と「私＝ではない」が「私＝ではない＝のでは**ない**」になるような、奇妙な融合もしくは統合である。私はエルクではないが、エルクでないわけでもない。同じように、エルクは人間ではないが、人間では**ない**わけでもない。他者と似ているが、同時に異なってもいるという、この根源的な曖昧さは、動物と人間が互いの身体をまといながら、なりすました種に似ているが、まったく同じというのではないやり方でふるまうという、ユカギールの語りの中に私たちが見出すものに他ならない。さらに、模倣の文脈で狩猟者が出会うのは、独自の個的な自己としての動物ではなく、人格の原型としての動物である。つまり、動物は自己＝充足的な人格としてではなく、むしろ人格性の鏡、媒介物、もしくは仲介路として経験される。だからユカギールの神話では、繰り返し、彼以外の何者でもない固有名を持つ特定の狩猟者が、種の原型的な名前に総称的な接尾辞である「男」あるいは「女」を加えた名前を持つ動物と出会うのである。

## ◇変身、愛、誘惑

しかしユカギールは、狩猟者によるエルクの模倣を純粋に技術的な環境操作であると考えているわけではない。重要なことは、彼らがそれを性的誘惑の長い過程のクライマックスと見る傾向があることに目を向けることだ。この過程は、当の狩猟がおこなわれる数日前、狩猟者が自分の人間のにおいを「克服」しようとするために「バーニャ（*banya*）」（サウナ）に入るときから始まる。この時点で、狩猟者はまた、人間の捕食者であるという現実を巧みに排除するある特別な言語コードを優先して、日常的な言葉遣いを放棄する。そのため、動物に対して寓意的な表現や特別な用語が用いられ、動物たちの本当の名前を呼ぶことはできない。例えば、エルクは一般的に「大きい奴」（ロシア語 *bol'shoi*）と呼ばれる一方、クマは「裸足の奴」（ロシア語 *bosikom*）と呼ばれる。狩猟に出かけることを告げるために使われる表現もまた、曖昧で二重の意味や言葉遊びに満ちている。私は人々が「エルク猟に行こう」と言うのをほとんど聞いたことがない。その代わり、「大きい奴を見に行こう」、「森に行ってくる」もしくは「散歩してくる」というような言い方をするのである。同じように、狩猟者が動物の足跡に出くわしたときには、狩猟者は、暗号化した形のみでその情報を伝える。例えば、かつて狩猟者が野営地に戻って、「ヴァレンキ（*valenki*）」（フェルト製のブーツ）を履いたロシア人の足跡を見つけたが、彼の小屋はそれほど遠くないと思う、と語ったことがあった。私たちの狩猟リーダーは、「明日、挨拶しに行こう」と答えた。驚いたことに、彼らが実際に話していたのは、ロシア人のことではなく、近くに巣穴を持つクマのことであった。さらに、狩猟者たちは「殺す」（ロシア語 *ubit'*）という単語を会話の中で使わない傾向がある。その代わり、彼らは手を下に降ろす動作をして、動物が地面に倒れたことを示す。狩猟の当日に自分のナイフを研いだり、銃をきれいにしたりすることも思慮に欠けることだと考えられている。なぜなら、それは、暴力的な意図をさらけ出し、誘惑が失敗することになるからだ。

さらに、獲物を探しに出かける前の日の夕方に、狩猟者は舶来の交易品を火に捧げる。この「火に食べ物を与える」ことは、誘惑の過程の必要不可欠な部分と考えられている。狩猟者が火に投げ込む品々、特にウォッカとタバコは、支配霊をみだらな気分にさせる手助けをするのだと、彼らは私に語った。しかも、アルコールが精霊の感覚をぼんやりさせるので、精霊は毎夜の夢の中で動物に扮して精霊の家を訪ねる狩猟者の**アイビ**の正体を確認し損ねるのだという。酔っ払い、性的欲望で「目がくらんだ」精霊は、侵入者を無害な恋人または家族の一員であると思い込んで、二人はベッドに飛び込む。夜の逢瀬の際に狩猟者の**アイビ**が支配霊の中に喚起したみだらな感情は、どういうわけか、物質界の精霊の対応物である獲物の動物にまで拡張される。かくして、翌朝、狩猟者がエ

図８　伝統的な狩猟装束を身にまとったユカギール人。ユッフェ・R・クリスチャンセン撮影。

図９　狩猟者の弾薬帯とナイフ。マッズ・サリカス画。

ルクを見つけて、それを模倣し始めると、性的興奮の絶頂を期待した動物が走り寄ってくるので、彼はそれを撃ち殺すことができる。私たちが取り上げているのは、原理的には、二つの類比的な狩猟だったのである。つまり、狩猟者がエルクを誘惑する「目に見える」狩猟と、それに先立っておこなわれる、彼の**アイビ**が動物の支配霊を口説く「目に見えない」狩猟である。両者とも、他方の影のような鏡像である。

狩猟における誘惑の過程の様々な局面に関しては、以下の章で再び取り上げたい。ここでは、模倣の実践と誘惑、愛および変身の間の関係性について、主に考察を進めよう。ゲバウアーとウルフは、以下のように述べた。「誘惑は、それを与える側の型に依存する。誘惑者の武器はイメージである。……誘惑の対象がこの……イメージに魅惑されると、彼女はたちまち誘惑者の手に落ちる。……誘惑の対象が彼女自身を欲するからこそ、彼女は誘惑されるがままになる」（Gebauer and Wulf 1996: 213）。それゆえに、誘惑者の成功は、イメージを作り出す誘惑される側の能力によっている。だが、それは、彼の獲物となる者が自分自身をいかに経験するのかに関する、まったくそのままのイメージではない。むしろ、彼女がどのようなものになることができるのかに関する、理想的な表象もしくは幻想的なイメージである。この意味で、誘惑は本質的に自己愛的である。それは、似たもの同士が惹かれ合うこと、つまり自己像——もしくは、類似という理想的な幻想——を模倣によって賞賛することの上に基礎づけられている。実際にこのことが、伝統的にユカギールの狩猟者が用いる毛皮の衣服が美しく、丹念に作られなければならなかったことの理由であると考えられる（cf. Chaussonnet 1988: 208-26）。獲物を模倣するとき、狩猟者はその動物の理想的な投影を始動させる。動物の側は、そのような自己投影に屈せずにはいられない。今日でも、しばしば狩猟者の正装で用いられる品々（例えば、弾薬帯）は、色とりどりの紐やビーズ細工で精巧に飾り付けられている。さらに、彼らの鞘《さや》つきナイフは、金物細工で美しく飾られている。動物は目にしたものをたいそう気に入るので、彼らに対して「自らを捧げる」（ロシア語 *otdat'sya*）のだと、狩猟者たちは言う。

生じうる誤解を防ぐため、ここで少しだけ回り道をする必要がある。ユカギールは動物が「自らを捧げる」ことを強調する際に、動物が寛大な心で自らを捧げて狩猟者に殺されるのだと言っているのではない。人類学者がよく言うのは、北方狩猟民は、適切な敬意が払われるならば、動物が殺されることを認めているのだと感じていて、動物は自らの意志で死に赴くのだと見なしていると考えているというようなことである。例えばラスムッセンは、イヌイトについて以下のように言っている。「実際、動物は、人間によって生命の規則が遵守されている限りにおいて、人間に殺されることに反対することはない。動物が人間に近づいて、特定の人物に殺されることを欲することが起きることさえあるし、それは、稀なことではない」（Rasmussen 1929: 58）。カナダ亜寒帯林のチペワイアン・インディアンに関するシャープ（Sharp 1991）の見方も同様である。例えばシャープは、次のように記述している。「［彼らは］しばしば、ある特定の狩猟者のことを指して、『それらは彼のことが好きなのだ』と言って、死のうとする動物の意志をよく説明する。……［チペワイアンは］人間の身体的存在の維持のために、自らの身体的存在を引き渡そうという獲物の種の意志に依存する（Sharp 1991: 186, 187）。

ブライトマン（Brightman 1992：189）が的確に指摘したように、このような民族誌的記述は、食料になることを望んだり、調理のプロセスに能動的に参加したりするものとして動物を表象する、西洋の食品産業の広告のイメージによく似ている。しかしこれを、狩猟者と獲物の関係の正確な表象であると見なすようなユカギールを私は知らない。実際のところ、ユカギールは獲物の利益が自らの利益と異なるのみならず、実際には対立するものであることを十分自覚している。動物の観点から見て、自らは人間である一方で、人間の狩猟者が食人霊であると見なされていると言うとき、ユカギールはこの点を明瞭に言い表している。それでもなお、ユカギールは「エルクが狩猟者のことを気に入ったときにだけ、彼はエルクを殺すことができるだろう」といった言い回しをする。しかし、このことで彼らが言わんとするのは、動物が自らを食料としてすすんで捧げるということではない。むしろ、動物を性的に興奮させて、それが撃つことができるほどまでおびき寄せられるという考えである。こうしたことを成し遂げるために、狩猟者は、獲物にとって性的に魅力があるように見えなければならないし、友好的で無害に見えなければならない。実際このことが、狩猟者が自らの身体を動物のイメージへと変容させる、長い準備の過程をたどる理由である。そのようにして、動物は狩猟者を邪霊や捕食者としてではなく、無害な恋人や同じ種の一員として認識するようになる。狩猟者は、獲物のアイデンティティを身にまとい、獲物の行動や感性に響き合うようにふるまって、獲物との間に「共感関係」を築いているのだと言うことができるだろう。こうした共感のために、動物は狩猟者に対する不信と本来的な敵意を宙ぶらりんにして、狩猟者に向かって自らを「投げうつ」のである。

確かに我々もまた、例えばハリウッドのラブコメディを見たときなど、日々の生活における強力な共感のメカニズムを経験する。観客は、生活の中に恋愛が満ち溢れ、恋によって引き起こされる問題および恋を成就させ維持するような人々に関心を抱く傾向がある。お金持ちで、美しく、好かれやすいキャラクターは、観客としての我々との共感関係を打ち立てる。この共感を通じて、我々は自分自身の世界を離れて映画のキャラクターの世界へと組み入れられ、愛のための彼らの願望を、すべてのことを愛のために犠牲にする傾向を、できるかぎりその通りに経験し始める。このことは、どれほど単純で平凡な話の筋であっても、我々自身が映画の提示する感情的な熱狂を軽蔑していても、また、我々が自分自身を「現実主義者」と見なしていても、それでも起こりうるものである。

私が言いたいのは、共感は、利害の客観的な衝突があるときでさえ機能し、まさにこのことによって、共感が効果的な武器になるという点である。動物は人間のために自分の肉体的存在を諦めるという客観的な欲望を持つことはない。しかし獲物との共感関係を確立することで操作された虚構の中で動物の現実の知覚を変容させる狩猟者によって、動物はそう欲望するように操られることになる。ユカギールが、狩猟者はエルクにその気があれば、エルクを狩ることができると言うときに念頭に置いているのは、人間の捕食者としての狩猟者ではなく、無害な恋人という偽りの役割を演じている、動物の偽装をした狩猟者なのだ(11)。

これまで見てきた観察を心に留めながら、誘惑、愛と変身の問題に立ち戻りたいと思う。私たちが見てきたように、誘惑は基本的にはゲームである。そこでは、誘惑者が彼の犠牲者の自己愛的な傾向に付け込むことによって、彼女が興奮の頂点に達するところを探り、それによって彼女がすべてを、その命でさえも、彼のために犠牲にしてもいいと思うようになる(12)。しかし、誘惑者である彼自身は、感情面で抜き差しならない状態になるに違いない。犠牲者に対して共鳴や愛情を示すことが必要なのだけれども、彼には彼女と恋に落ちることは許されない。愛とは変身のようなものである。それは自分から他者への移譲、すなわち自分を譲り渡すことである。ゲバウアーとウルフは、「愛の終着点」とは、「自分自身を拡張して、相手に同化すること」であると述べている(Gebauer and Wulf 1996 : 287)。この意味で、愛は誘惑とはかなり異なる。誘惑とは、少なくとも理念的には、誘惑する側には偽りの愛が、誘惑される側には虚栄があるだけだ。それにもかかわらず、誘惑と愛の境界ははっきりしない。誘惑のゲームは、二者の間に本当の愛情が芽生えるという危険を常に抱えている。狩猟者たちは、自分が殺す動物に対して、いかに同情や愛さえ感じるようになるのかを語る。しかし彼らは、そうした感情が危険で払いのけられるべきものであることを常に強調したのである。それでもなお彼らは、狩猟者がエルクを観察していてある種の魅力的な特性や行動に惹き込まれ、差し迫った自分の仕事のことを忘れてしまって、気がつけばすでに手遅れで、動物が手の届かない場所に行ってしまうことが、ときどき起きると語る。こうした失敗を、彼らは狩猟者が獲物と恋に落ちたと表現する。この愛に夢中になると、他に何も考えられなくなり、食欲を失くして、しばらくすると死に至る。彼の**アイビ**は、人間の転生のサイクルから離れ、動物として生まれ変わって、かつての獲物とともに暮らすようになると、狩猟者は説明する。彼らが言うには、これが、ときどき動物がやってきて、ふつうではない行動をとる理由なのである。例えばエルクが狩猟者の野営地にまっすぐ歩いて来ることがあれば、それは、ある動物が人間の**アイビ**を持つことの現れであるように思われる。前世の記憶が残っているので、人間の仲間を探すのだ。このことから我々が結論するのは、以下のことである。獲物を実際に殺すことは、狩猟者に単に肉を供給する以上のことである。それは、誘惑のゲームによって、動物への愛の感情を制御できなくなるまで変容することを押しとどめ、狩猟者が彼の境界を確かなものとし、人間の人格を保持することを可能にするのだ。

## ◇模倣的な共感とパースペクティヴィズム

さて、パースペクティヴィズムへと立ち返ろう。私が示そうとしたのは、神話や他のタイプの言説の中に表現されるユカギールのアニミズムのパースペクティヴィスト的な特性が実践的な側面を持っている、あるいは、これらの語りがそのうちに実践の痕跡を含んでいるということであった。私が主張してきたのは、この実践は「模倣」である、あるいはより適切に言うならば、「模倣的な共感《ミメティック・エンパシー》」によって特徴づけられているということであった。後者の用語は、単に表面上まねることやシミュレーションあるいは物まねをすることだけではなく、より深くて強烈な何か、すなわち、豊かな想像力によって自分自身を他者の領域に入り込ませる能力、自らの想像力の中に他者のパースペクティヴを再生産することを強調する。そのような他者のパースペクティヴを採ることが想像されているということが示すのは、私は他者の見方を直接的には経験することができないということである。私はただ想像力を駆使して、それを理解することができるだけである。なぜなら、そもそものやり方で他者の目をとおして世界を見ることは、私が実際に他者の身体に住まうことを要請するからである。それゆえに、私には他者存在の視点から世界がいったいどのようであるかを確実に知ることは決してできない。しかし、他者の身体的なふるまいや感覚、共感的な感性を模倣することで、私は他者のパースペクティヴの質を想定することができる。というのは、模倣的な共感を通じて、私が他者と共有することになる経験が共有されると想像されるのだが、そうした経験は架空のものではないからである。このことで私が言いたいのは、そうした経験は、純粋なファンタジーではなく、私の生きられた身体への経験の接合を通じて、「実在」の感覚を獲得するということである。このことは、私のフィールドワークの経験によって示されるに違いない。調査期間中、狩猟に出かけたときにはいつでも苦労して注意深く獲物の足跡や他のしるしを学び、夜見る夢の中ではときとして霊的存在と性的な出会いがあった。私がユカギールの狩猟者のパースペクティヴを身につけることは単なる表象ではなく、彼らの生活世界の私の身体的経験に物質的に根ざしている。生活世界は、日々の生活の出来事や決まり事における彼らのふるまいや感覚、感性を模倣的に映しだすことを通じて、私たちに共有された生活世界になる。そのため、模倣的な共感とは、単なる表象あるいは想像力を意味するわけではない。模倣的な共感は、表象が究極的にはそこからやって来る、またその「物質」を引き出すことになる、明白な肉体的、身体的、有形の本質を有している。

ここでは、他の人間たちの生活世界の中へ私たち自身を共感的に投影することによって彼らを理解することができると主張することと、他の生命形態に関してこの主張をすることはまったく別であることが論じられるだろう。仲間の人間に関してでさえ、彼らであることとはどのようなことであるかについての私たちの理解は、部分的なものでしかない。また、その肉体的な性質が私たち自身のとは大きく違っている諸種に至っては、理解できる度合いが低下することは明白であるように思われる。これについてヴェンドラーは述べている。「そのことは、例えば、『今私はこのジャガーを理解する』とか『私の洗濯機を理解しようとせよ』のような確信的な文脈を理解する想像力を要求する。人間について同じような文脈を正しく理解するには、そうした努力は必要ではない。もし

試みるなら、カストロやガダフィーを理解することもできる」（Vnedler 1984: 203）

しかしそのことは、私たちの具体化した想像力の助けを借りて、私たちが種間の壁を乗り越えるために仮定するよりも簡単なことであろう。ネーゲルは、有名な論文「コウモリであることはどのようなことか？」の中で示している。「目が見えない人たちは、彼らの近くにあるものを、クリック音あるいはサトウキビで軽く叩く音を用いて、ある型のソナーによって察知することができる。たぶん、その人が、それがどのようなものかを知っているならば、拡張によって、より洗練されたコウモリのソナーを持つことがどのようなことであるかを大雑把に想像することができる」（Negel 1997:172）。私は、ユカギールの狩猟者に関して同様の議論ができると考えている。彼らは、獲物のイメージの中に形状変換するために、肉体的な脱人間化のプロセスを経験する。確かに、彼らの動物の視点に関する理解は完全なものとはなりえない（実際、彼らはそれを完全にするつもりはない）。しかし、自身の身体的経験を用いてある動物の経験の、その身になったような理解に達するとき、彼らは少なくともおおよそのところ、その動物であるとはどのようなことかについての考えを構成できるというのは、ありうることだと私は考えている。このことを主張するにあたって、私は、エルクのような高等哺乳類が自覚のある精神状態を持っていることを当然であると考えている。それは、動物学者たちの多くの証拠によって支えられている見方である。私は個人的に、エルクの意識経験の性質について知りたいと思っているわけではない。ネーゲルに従うならば、「器官が**まさに**意識を持って経験しているという事実が意味するのは、基本的には、それがその器官**であるような何かがあり**」（1997:166; 強調はネーゲル）、模倣的な共感の実践を通じて、獲物の生活世界の中に自分自身を投影するときに狩猟者が引き受けるのが、この「何か」であると、私は単純に考えている。

いずれにせよ、模倣的な共感において、抽象的な宇宙論的原理としてのパースペクティヴィズムと日々の知覚経験を媒介するタイプの実践が見出されたと示唆して構わないと私は考えている。模倣的な共感なしには、神話や他のタイプの語りの中に表象されるパースペクティヴィズムは、生きられた経験世界に何の類似物も持たないし、宇宙論的な抽象に過ぎないだろう。模倣的な共感は他者のパースペクティヴへの入り口である。実際このことが、絶対的な意味において、他者であることなしに他者の観点を経験するようになることに最も近い。

この最後の論点は、模倣的な共感は類似性だけでなく、また差異も示すことになる。事実、共感の感情が湧き起こるのは、正確には他者の経験が私のものでは**ない**からであり、私たちが私たちの相違にもかかわらず、基本的に、身体的、感覚的経験を持つ異なる存在だからである。完全に廃棄されるよりもむしろ維持される何かとしての差異の認識は、コントロールできない愛の感情から共感を区別するものであるように思われる。すでに論じたように、恋に落ちることは、自己存在の犠牲、自己の他者への陥落として経験される。この意味で、恋に落ちることは変身と密接に関係する。これに対して、模倣的な共感では、自己の投資ははるかに浅く、愛よりもかなり低い感情的な温度で燃える。それは相手に対する私のすべての消失を含むことはない。むしろ、私が誰かに共感するとき、他者の特定の身体の状態や感情や条件を選び出し、それを私の想像力の中で再生産する。それゆえ模倣的な共感が、他者の経験をあたかも自分自身のものであるかのように身につけ他者と同一化することを**まさに**意味する一方で、私自身と他者、私の経験と他者の経験の間の境界が消えることはない。その絶頂で、私はどっちつかずの自己同一性の中の曖昧な場所を占めるが、私自身の肉体を与えられた存在をすっかり見失ってしまうことはない。

それは模倣的な共感の中に本来的に備わっているこの「不完全なコピー」の側面であり、模倣的な共感がそれを力の道具としての誘惑につなげる。すでに描いたように、誘惑された者が誘惑者――彼女のユニークな魅惑の対象――の中に見るのは、彼女**自身**のうっとりさせるような、魅力的な自己、彼女の愛すべき自己イメージである。そのように、誘惑のゲームは本質的に模倣的である。誘惑された者は誘惑者の人格の中に彼女自身を見出す。そのため、彼女は誘惑者に模倣的に喜んで応じることを強いられる。しかし――そして、このことが鍵となる論点であるが――、成功した誘惑者にとって、彼は、彼の犠牲者がいかに自分自身を見ているのかについての誠実な鏡像を創造したのだと考えられる**のではない**。そうではなく、彼は、彼女がなることができたものの理想的な表象あるいは幻想的なイメージなのである。このことは、今度は誘惑された者にこのイメージを望ませ、それを手に入れるためにできるあらゆることをさせることになる。換言すれば、誘惑者は誘惑された者の理想的な現れ、つまり彼女の**不完全な**コピーとしてふるまわなければならないし、すでに見たように、模倣的な共感の実践は彼に、異なる部分はあるが、犠牲者のようであるこの能力を与えることになる。

ユカギールでは、狩猟者がエルクと出会うことが、そのような模倣的な共感の究極の事例であるが、それはまたユカギールの踊りや歌にも顕著に見られる。ヨヘルソンは書いている。「ユカギールの踊りは、ときには喉音を立てることや様々な動物の叫び声をまねる他の音で……動物をまねる動作をしながら、ツングースのサークル・ダンスの混合であり……このことは……ユカギールがいかに動物のやり方を見ているのかを示す。それは、とても快活かつ優雅に演じられる」（Jochelson 1926: 129-39）。例えばある踊りで、参加者たちが雌に求愛する雄のハクチョウをまねながら、交尾期にそのトリが互いに呼び合う声の物まねをする。不幸にも、私はフィールドワーク中にユカギールの踊りの綿密な研究には手を着けなかった。今、私はそのことを悔やんでいる。というのは、そのような研究が人格としての雌の動物の経験に対する手掛かりを与えてくれるように思われるからである。（以下で述べるように）女たちはもはや直接狩猟をおこなうことはないのだけれども、彼女たちはしばしばとても熱心な踊り手である。そのようにして、おおまかに言えば、踊りの生きられた経験の中に、ユカギールの女性たちのパースペクティヴ的な考えが位置づけられると信じて良さそうなのである。

動物の共感的な物まねを私たちが観察する別の領域が罠《わな》の仕掛けである。そこでは、すでに描いたように、狩猟者はクロテンのように考えようとする。しかし、（主観的な）観点を持つ人格としての動物を経験する際に罠が狩猟者に与える衝撃は、エルクやトナカイ猟に比べて強くはないと私は考えている。というのは、罠猟では、狩猟者が時間と空間の点で遠くにいながらにして、動物を手に入れられるからである。それは、エルクやトナカイ猟と同様の狩猟者と獲物の物理的、感覚的および感情的なつながりを含まない。エルクやトナカイ猟では、狩猟者は自らの身体を用いて、動物のパースペクティヴを自らの身に起きたことのように経験する。二つの狩猟技術の差異は、毛皮のために罠にかけられるクロテン、キツネ、クズリとオオカミという動物たちよりも、なぜ狩猟者がエルクやトナカイを人間の人格により近いものとして考えようとするのかの理由のひとつであろう。

さらに、少なくとも狩猟者の心の中では、狩猟者よりも罠猟のほうが、偶然がより大きな役割を果たす。狩猟者たちは罠猟については性的な誘惑によってではなく、「カード・ゲーム」(ロシア語 *Kartochnaia igra*)として話題にする。森の精霊たちは互いに常にカードで遊んでいるのだと言う。精霊たちの賭け金は、クロテンや他の毛皮を生み出す動物で、ゲームが終了するとき、それらはある動物の主から別の動物の主に手渡される。このことは、クロテンの極めて予測不能で、常に変わりうる移動のルートを説明する。同じように、うまく仕掛けられたたくさんの罠は、「カードのよい手を持っている」(ロシア語 *Khoroshii rasklad kart*)と言われる。さらに、罠を仕掛けている間の狩猟者の夢は、エルクやトナカイ猟のときとは違って性的な性質があるわけではなく、精霊からのお金の贈り物を受け取ることにかかわっている。例えば、ある狩猟者が私に説明してくれたことには、罠を仕掛けに行くと、夢の中で精霊が彼のところにやって来てルーブルをくれた。もし精霊が硬貨をくれるのであれば、彼は常に紙幣を求める。というのは、与えられたお金の額は、彼が捕まえるクロテンの数を示すからである。

いずれにせよ、私が強調したいのは、狩猟と罠猟のどちらにおいても、狩猟者の目的は動物になることではなく、絶対的に動物の観点を採ることだということである。むしろ狩猟者は、彼が獲物の観点を想定するようになる一方で、なおもそれを殺そうとする意図を持った人間の人格に留まるという二重のパースペクティヴに達するために、模倣行為を用いる。そのように、ユカギールのパースペクティヴィズムは、ひとつの見方から他の見方へと動くようなものではまったくない。むしろそれは、単一の見方に屈しないことである。それは、アイデンティティとアイデンティティの間にある、つまり、「動物でなく、動物でなく**もなく**」と私が特徴づけた、あの二重否定のフィールドにおける行為にかかわる。

### ◇狩猟とセックス

しかし、狩猟とセックスのつながりと、そのつながりが含意するエロティックな対象としての動物の獲物の同化をいかに理解すべきであろうか。この狩猟の性行為への変換はユカギールだけに特有のことではなく、極北地方の狩猟採集民の他の諸集団で（Tanner 1979; Brightman 1993; Saladin d'Angure 2001）、アマゾン河流域（Arhem 1996; Reichel-Dolmatoff 1971）やアフリカでも（Guenthen 1999; Morris 2000: 112）、また東南アジアでも（Valeri 2000: 317）、広く報告されてきている。[13] 例えば、コロンビアのアマゾンのトゥカノの狩猟者＝獲物の関係についてのライヘル＝ドルマトフによる古典的な説明では、「人間である狩猟者と彼の獲物との関係性は……際立ってエロティックな構成要素を有する。狩ることは実質的に求愛および性的行為である……狩るを意味するヴァイーメラ・ガメタラヴィ（*vai-mera gametaravi*）という動詞は「動物と性交する」と訳される……［狩猟者は］そのエロティックな面および彼と獲物を結びつける本質的に性的な関係性を常に意識する……私が狩猟者は性的に興奮しているかどうかを尋ねると、インフォーマントはあからさまに答えた。「殺すことは同棲することだ」（Reichel-Dolmatoff 1991: 220,225）

セックスと暴力のつながりを検討するための最も有力なアプローチのひとつは、愛と怒り、欲望と嫌悪が母親への絶対的な依存という幼少期の経験を通じて深い心理的な次元で絡まり合っているという心理学理論である（このことはまた、なぜ女性が欲望と暴力の原型的な対象であるのかを説明し、また説明すると主張する）。しかし、このアプローチは、キャメロンとフレイザー（Cameron and Frazer 1994）などのフェミニスト研究者によって厳しく批判された。彼女らは書いている。「異なった歴史と意味を持つ様々な形の暴力がある。それらのすべてが母親に対する幼少期の反意の衝動の中に同じように究極の源泉があると想定することは、どうしようもなく還元的かつ不明瞭である」（Cameron and Fraser 1994: 168）。私はこの批判に同意したい。たとえ、議論のために、暴力と性が免れがたく合成されていることを自明のこととして認めたとしても、このことは、そのプロセスについてほとんど何も言っていない。性欲が起きる暴力の可能性は、ユカギールの狩猟のような特定の文化的実践の中に見出せる。

おそらくこのことが、狩猟採集民研究者たちが、主として心理学理論を採用することを控え、代わりに、狩猟者が妻か恋人に対する男として獲物に関係づけられるように、狩猟の性的な想像力が人間の社会的領域内で男女の関係性の上に形成されたと見なされるデュルケーム的なモデルへと立ち至った理由である（例えば、Tanner 1979: 136; Arhem 1996: 192を参照）。またユカギールでは、狩猟者が獲物との関係をいかに考えていたのかと、村に戻ったときに恋人となりうる女性たちとの関係をいかに考えていたのかとの間にはっきりとした照応関係があったように思われる。ヨヘルソンは書いている。

今日のユカギールの村にしばらく滞在すれば誰でも、結婚前の若者たちの間で広がっている自由な交渉を観察することができる……思春期に達した女の子は独立した就寝用のテントが与えられ、まったく自由に訪問客を受け入れることになる。ユカギールの家々に明かりが灯され、人々が寝床につくと、若者たちは静かに家を出て、近隣のテントへの道を見つける。未婚の若い男たちが自分の家で夜を過ごすことはほとんどない。確かにこれらの訪問は、ほとんどの場合、若者たちの相互の誘いかけに基づいているのだが、不誠実なことがおこなわれる場合がままある。狩猟や漁撈《ぎょろう》のために村を離れた若者の空き場所が直ちに別の者によって占領される。若い男が女のテントで競争相手を見つけると、表に出て闘うようにけしかける。敗者は家に帰り、勝者は再びテントに入る。ユカギールの昔話によれば、かつて敵対者たちはテントから出て、どちらかが死ぬまで闘った。(Jochelson 1926: 62-3)

この記述から、ユカギールの女性は「生殖の」イメージよりもむしろ「性的な」イメージを持っており (Collier and Rosaldo 1981: 267を参照)、ユカギール社会の基本的な主題は、女性の移り気と操縦能力によってたきつけられる、男の性的なライバル関係であるかのように思われる。私たちは、このイメージが狩猟の文脈で繰り返されているのを見る。狩猟では、狩猟者は、性的に誘惑されて彼に

「自らを捧げる」必要がある女性の恋人として感じられる獲物の、好意を示す関心を惹きつけるために、できうる限りあらゆることをおこなう。たとえ狩猟者と獲物の関係を隠喩的に構築するための人間の社会的領域があったとしても、そのような類比を単に象徴的なスキーマによって理解することはまったく間違っている。ユカギールの伝統的なジェンダー関係がソビエト時代を通じて歪められたという事実は、そのようなデュルケーム的な直接的な照応関係のモデルをたやすく排除してしまう。

ソビエト統治以前、ユカギールの男女は一緒に暮らし働いていた。彼らは恒久的な家の中で冬を過ごし、夏と秋には獲物の移動に従った。そのように、「親族の単位」と「生殖の単位」は重なり、あるいは一致していた。しかし一九六〇年代にソビエト当局は、直接的に狩猟に従事せず、それゆえ「役に立たない労働力」と見なされた女性を定住させるために特別な努力をおこなった(Vitebsky and Wolfe 2001: 84)。女性たちはネレムノエ村に移され、料理人、行政官、帳簿係や教師などの職を与えられた。それ以降、事実上すべての女性は常時村に住むようになった。狩猟者としての夫の仕事に密接にかかわっていた者たちだけが夏と秋の数週間森で夫たちに同行した。しかし、空間的なジェンダーの分離というよりも実態は複雑だった。多くの若い女性たちは、森での狩猟者の生き方を「文明的でない」(ロシア語 *ne tsiivilizovanoe*)とか「文化的でない」(ロシア語 *ne kulturnoe*)と見なすようになり、(ラジオ技師、トラクター技術者、ボイラー工などとして働いていた)熟練労働者として一九六〇年代と一九七〇年代にその地域にやって来たロシア人「開拓者たち」と一時的あるいは恒常的な関係性を結び始めた。狩猟者として、女性の目には低い地位を持つ若いユカギールの男たちは、実際に（彼らは未婚のままだった）あるいは実質的に（彼らは一年のうち八ヵ月から十ヵ月妻子と離れて暮らした）、ほとんど独身のままだった。一九九〇年代はじめのソビエト連邦崩壊後に、ロシア人労働者の大半が現地妻を残して、ヨーロッパ的なロシアの都市部に去っていった。[14] しかし、一般的な経済危機からさらに多くの女性たちが生業活動に就くように強いられたにもかかわらず、彼女たちの多くはなお地元の狩猟者たちとパートナー関係を築くよりも、子供たちと一緒に暮らしながら稼ぐことを選んだ。同じような状況に直面したエヴェンキのトナカイ遊牧民に関して、アンダーソン（Anderson 2000: 19）によって報告されているように、このことは若い独身者たちを憤慨させることになった。彼らはときに女性を「売春婦」や「ふしだらな女」として描く。そうであったとしても、ロシア＝ユカギールのパートナー関係の子孫は一般に居住地では「ユカギール」として受け入れられ、母親たちの姓を与えられている。

当初、私はフィールドの時間を森の男たちと村の女たちに等しく分けて、ユカギールの実存についてのこれら二領域間の相互作用を検討するつもりだった。ところが、まえがきで説明した理由で、かなり多くの時間を森の中の男性狩猟者たちの間で過ごすようになり、ネレムノエでの現在のジェンダー動態の充実した像を得ることができなかった。しかし私が見たところでは、彼らはシベリアの先住民諸集団で近年記述されたものに類似するある種の衝突と対立によって特徴づけられるように思われる（Vitebsky and Wolfe 2001; Kwon 1997; 1993; Anderson 2000: 197-200; Ssorin-Chaikov 2003: 182-93）。それらについては、先に手短かにその輪郭を示した通りである。しかしこの議論をさらに発展させるためには、私が行ったものよりも深いジェンダー関係の調査が必要だろう。

私がここで取り組んでみたいと思っている議論は、狩猟の性的表現が男女の交際の力学とはまったく関係なく存在する状況を、私たちがいま実質的に扱おうとしているということなのである。人間の生活世界におけるジェンダー間の相互作用と、狩猟と性的な誘惑の象徴的な並行関係の間には、もはや明らかな照応関係などない。それゆえ私たちは、デュルケーム的なモデルとは異なる角度から、狩猟とセックスのつながりに接近する必要がある。狩猟者の中に性的な性質の感情を喚起する狩猟者の実際の、知覚的な狩猟経験とはいったいどのようなものであるのかを考えるべきであると提案したい。狩猟の中にはっきりと現れる模倣的な共感が根源的に重要であるように私には思われる。狩猟者と獲物が互いにまねをしている間に、身体的な境界の瞬間的な超越が起きる。狩猟者と動物が互いに同一化し、「私」と「私でない」が、その瞬間に「私でないのではない」へとぼやけていく。それに応じて狩猟者は、彼の種のアイデンティティだけでなく、彼のジェンダー・アイデンティティによっても、自己イメージの危機を経験するようになる。つまり、彼は人間でも動物でもないように、男でも女でもない。彼は、いわゆる多形になる。性的交渉は同様の種類の経験を生む。ここでは、男と女の身体は、それらを同じたぐいのものにする点まで混ぜ合わせる、性的な闘争の中に閉じ込められる。つまり、そうしなければ、特異な身体がある種の「性的な多機能性」へと崩壊してしまう。ケーシーは「性的な〃相互作用〃で〃一緒になった〃他者〃**付きの**〃私自身」に関して書いている。「他者に触れられている〃存在〃としての〃私と、私〃に触れているもの〃としての〃他者の間に厳密な分割線を引くのは難しい……私たち二人はその経験に協力する二人組のペアを形成する……この二人組のメンバーはとても親密に連結されているので、どこで一方が終わり、他方が始まるのかについて確かなことを言うことはできない。つまり、触れられる側と触れる側は、個体の間の『可逆性』の現象の中に一体化する」(Casey 1987: 158)

しかし、狩猟時のように、このセックスの際の身体の境界侵犯は、スリル満点かつエキサイティングなものとしてだけでなく、とにかく威嚇するようなもの――身体的な自律性の破壊あるいは自己でなくなる感覚における自己放棄の感情――としてもまた経験されうる。実際このことが、性交渉に続いて、他者が異なる存在あるいは人格であることを確かめるために、パートナーの身体（あるいは自分自身の身体）をなぜ注意深く精査するのかの理由であるように思われる。「私は他者の顔、他者の身体の中に冷徹にすべてを見ていた。まつげ、足指の爪、細い眉、細い唇、目の光彩、ほくろ、タバコの持ち方。私は魅了された――魅惑存在だった。結局のところ、単なる切り離しの極限」(Barthes 1992: 72)

私の論点は、文字通りの意味で、狩猟と性的な誘惑とにつながりを見るのは妥当だというものである。すなわち、それらはおそらく、狩猟者の獲物との実際の知覚的な関わりから創発する感情であって、隠喩的に由来するのではない。さらに、狩猟採集民が隠喩的に動物を、より一般的には自然世界とかかわっていると見なしているデュルケームに従う限り、彼らのアニミスト的な信仰は観念的投影に過ぎず、それゆえに実際には間違っていることになる。換言すれば、非人間的な人格と性的およびその他の関係を持つことに関する現地の人々の主張は、単なる表象ということになる。現地の人々の考えは、純粋に非人間的な人格のようなものが存在するという条件からではなく、ただ人間社会が存在する条件だけから進化したとされるのである。

## ◇人間と動物：度合いの違い

人格の性質を、人間と動物界のその他のものを分かつ点だと捉えるデカルト的な態度は、進化生物者からの挑戦にますます直面するようになっている。人間＝動物関係に関するある重要な著作の中で、ノスク（Noske 1997: 126-60）は霊長類、クジラ、イルカ、オオカミとゾウなど様々な哺乳類についての近年の動物行動学の研究が、社会性、志向性、自己意識、道具使用およびとりわけ言語など、私たちがふつう人間に特有のものと考えている性質が、実際には動物界で様々な度合いで見出せることを明らかにした。彼女はダーウィンの根本的な考えを再確認したのである。ダーウィンは百年以上前に書いている。「自然科学者の中には、人間の心的および霊的な力に深く印象づけられて、全生物界を三つの界、すなわち人間、動物および植物に分類し、人に独立した界を与えたものたちがいた。霊的な力が自然科学者によって比較されたり分類されたりしたわけではないが、自然科学者は私がしたように、人間および下等動物の心的能力は程度の問題であって、種類としては違いがないということを示そうとしたのである。程度の違いがどんなに大きくとも、人を別個の界に位置づけることは正当化されない」（Darwin 1882: 146-47）

自然と文化、動物と人間の間の輪郭のはっきりした系統発生論的な境界を無効化する動物行動の研究は、人類学に、アニミズムを「未開の」人々が彼ら自身のうちに認めている非人間の思考を感情の世界への投影としてのみ理解することからの転換を図るのに必要な、堅固な証拠を与えうる。

またその代わりに、人類学を環境と人々の実際の関わりから直接的に導き出された、実在する経験的知識に根ざしたものであると見ることを可能にもする。しかし問題は、動物を客体の地位から解き放とうとするこれらの動物行動学者たちが、人間中心主義的なバイアスに囚われていることである。程度の違いを主張して、彼らは普遍的な進歩の尺度を提起せざるを得ないし、そのことによって動物は人間「以上」であるかあるいは「以下」であると判断される（Ingold 1994: 30）。そこで、人間と動物の差異が絶対的なものから程遠く、動物は人間がすることと少なくとも類似したことをおこなうことができることを示そうとして、動物行動学者たちはとにかく「準＝人間」として動物を描いたのである（Noske 1997: 157）。しかし、エルクのような動物は不完全な人間ではなく、完全なエルクである。それゆえ私たちと比べたとき、人間であることはよいことでは必ずしもないというのは、驚くにはあたらない。[15] ユカギールでさえ、動物が人間になりすます一方で、かつての種＝特有の性質を維持するというときに、このことを認識している。そのことからわかるのは、動物たちは人間のようにふるまう非人間的な人格だということである。同じような批判が動物言語の研究に対して持ち上がる。ファッジが指摘するように「動物は人間の言語を話すことができるようになるのか」という従来の問いは、実際には、頭からひっくり返す必要がある。私たちは「人間は動物の言語を話すことができるようになるのか」と問うことから始めなければならない。彼が書いているように、「なぜ私たちの言語が主たるものなのか。他の方向にコミュニケーションを試みることはないのか。もし私たちが本当に優秀なら、私たちは確実にサルの言語を話すことができるはずだ……私たちは、彼らが私たちのようであるかそうでないかという基礎の上で物事を判断している。だからサルはその基礎の上では落第なのである。これはまったく公平な論争にはなっていない」（Fudge 2002: 128, 138）。基本的に、動物に客体かあるいは**人間＝主体**のどちらかの地位を当てるわけにはいかないというジレンマに、動物行動の研究者たちは直面している。さらに、「非人間の主体の概念とこのことが何を意味するのかに関して彼らには考える余地などない」（Noske 1997: 157）ように思われる。

### ◇ 動物の人格性をいかに理解するか

では、エルクや他の動物が「私たちのような人間だ」というワシーリー・シャルーギンや他のユカギールの主張を、私たちはいかに理解するべきなのだろうか。ユカギールのアニミズムを、デュルケーム的な伝統の社会中心的なモデルがするように、非人間の領域を概念化するための人間の社会的領域に関係する比喩的なカテゴリーであると理解すべきなのだろうか。それとも人間と動物の非連続性は断じて絶対的なものではないという、生物学者たちが理解し始めていることを、ユカギールは単に指摘しているだけなのだろうか。そのどちらでもなく、それとは違うことこそが重要なのだと私は考える。

最初に、中心的な統一原理——デュルケームが「社会構造の諸要素」と呼んだもの——に基づいて、大文字のP〔訳注：Pはperception（知覚）のこと〕で示されるユカギールの知覚のようなものはないのだと主張したい。ユカギールでは、他の集団のように知覚とは単一の現象ではなく、複数の諸現象である。異なる知覚の様式があり、動物とその環境を知覚するいくつかのやり方のうちただひとつのものを、アニミストの枠組みが提起する。例えば、狩猟者が地域の中心地ジリアンカでロシア人やサハ人の役人たちから一年間有効の狩猟免許証を買うときには、エルクとトナカイを人格としてではなく、殺され消費される物質的存在として語る。同じように、狩猟者が仲間の狩猟者や商人と毛皮を値踏みするときには、クロテンと他の毛皮を生み出す動物は、毛皮の色、密度とサイズという純粋に市場の基準によって語られる。それに対して狩猟者は、彼らが実際に獲物を追いかけるときに考慮に入れる、ふるまい、気質、感性といった特有の様式を持つ人格としてしばしば動物を理解する。

同じ動物、例えばエルクは、それが経験される文脈に応じてまったく異なる意味を持つのだ。デュルケームであれば考えたであろう社会組織の規則正しさが、知覚に対するすべてを包含するアニミストの宇宙論的なスキーマを一概に提起するというようなことはない。むしろ、知覚の異なる枠組みが併存し、同一の個体が文脈に応じてそれらの枠組みに出たり入ったりして動くのである。それゆえに「アニミズム」のうち「イズム」がもたらす誤解を生む考え、つまりその用語が一般に知覚に対する一貫した宇宙論的な図式を指すことを、直ちに訂正すべく行動しなければならない。ユカギールでは――そして、私は他の狩猟採集民でも同じではないかと思っているが――、アニミズムはそうした種類のものではない。それはむしろ、実践的な行為の特定の文脈で活動し始める動物およびその環境を知覚する特別な方法なのである。このように、獲物に対して親密に没入する特定の文脈の外側では、ユカギールは、私たちがおこなう以上に動物を人格として経験することはない。代わりに、人間主体と非人間客体の境界線がよりたやすく引かれている通常の世界を生きている。このことが、村でインタビューしたときに、スピリドン爺さんがエルクと他の動物たちの人格性を否定した理由であるが、森で狩猟するときには、それらについて言語および社会性という力を持つ意志ある主体として語るであろう。要するに、獲物と実際に知覚的な関わりを持つ状況において、非人間が人格として経験されるのである。

このことが私の第二の論点につながる。それは、ユカギール対西洋の科学者の間で理解される人格の概念に関係している。後者では、人格性はふつう特定の存在の恒久的な性質という特徴との関連で論じられる。「ここにXがいる。それは人格なのか、あるいはそうではないのか」。答えは、「それはXが意志、意識、言語能力などを持っているのかどうかによる」（Gell 1998: 21）。人格の問いは、純粋に分類上の文脈において持ち出される。というのは、世界内のすべてのものは、それらがおしなべて持っていることもあれば持っていないこともある、本来備わっている性質に基づいて、人格として妥当かそうでないかによって分類されるからである。この分類の作業は、より低く包括的な次元の根っこのところから、細かい区別がおこなわれるより高い次元にまで届くことによって、分類学でよく知られるツリー状の図表を生み出す（Ingold 2000: 138-9）。主流の動物科学者は、たったひとつのそのような人格のクラスの存在、つまり人間のことを信じている一方で、低位の人格に高等哺乳類を加える科学者——人間と動物の間の度合いの違いを論じる人たち——もいる。しかし、その両方の場合において、人間と動物は、互いに関わる位置がどのようなものであっても、その本質的な性質によって比べられる。この人格の考え方、すなわち実在する他者の世界という媒介の必要なしに、まったく自己充足的な何かとして人格を考えるやり方は、デカルト主義に根ざしている。そしてそれは、深く西洋思考に広がっている。

しかしユカギールの狩猟者にとっては、人格はこのようなものとしては理解されていない。彼らは、すべての存在がその環境の中で共有する内的本質である**アイビ**によって**潜在的な**人格であると考えられている。そして、**アイビ**はそれらに同じような合理的な能力を与える。ある存在が実際に人格として現れるかそうでないかは、それが位置づけられ、経験される文脈による。私はそうしたひとつの文脈に焦点を当てた。すなわち、狩猟者とエルクによる相互の物まねである（夢見のような他の文脈は、以下の章で検討しよう）。この事例の決定的な特徴は、狩猟者が動物のイメージの中に自らを認め、そのため、その動物をある人格として見ることを強いられるというものであった。かくかくしかじかの動物の性質としてではなく、相互の物まねの関係論的な領域のうちに、それが占める位置の性質としてエルクの人格性は経験されるのだ。実際、狩猟者の人格としての動物の経験はとても曖昧である。彼は（主体的な）観点から、エルクは人格であると確言することはできないが、彼が囚われている互いにまねをする状況によって、エルクを人格であると見なさないわけにはいかないのである。なぜなら、エルクに意識、意志、感情の力があることを否定すれば、自分自身のこれらの性質をも否定することになってしまうからである。しかしこのことは、エルクの人格性が狩猟者の動物への人格の単純な投影に還元されることを意味するのではない。なぜなら、すでに見たように、狩猟者自身のものに類似するパースペクティヴを持っている人格としての動物を彼が経験することは、「応じてふるまう」あるいは彼と相互行為する動物の能力によって、根本的に条件づけられているからである。「思考の誘惑」が作り出され、狩猟者がエルクをある人格として見るように強いられるのは、エルクが動物のまねをする彼のまねを始めるからである。それゆえ、動物の人格性とは、狩猟者自身の人格意識と、身体の反映として、すなわち彼の分身として行動する獲物に関する彼の経験が、同時にやって来ることの結果なのである。要するに私たちは、人格を「それ自体〝の〟もの」とする分類感覚、あるいは人間の意識の非人間存在への直接的な隠喩的投影を扱っているのではまったくない。ユカギールの世界では、存在は現実世界との関わりという特定の文脈のうちに、実践的に結びつけられていることによって人格性を獲得するのである。

私はこの論点を推し進め、第8章で、より根源的なレベルでの分析をおこなう。そこでは彼らの環境のより「創造的な」生きもの、精霊についての狩猟者の知識を扱う。しかし、さしあたって最も一般的にアニミスティックな信仰と実践にかかわる制度、シャーマニズムに注意を向けようと思う。

# 第6章　シャーマニズム

## ◇ユカギールのシャーマンシップ

**シャーマン**という語は、人類学者や宗教学者の間で最も頻繁に用いられる用語のひとつとなった。**シャーマン**、**シャーマニズム**、**シャーマンシップ**は、世界中の新宗教運動において大きな存在感を放つ用語でもある。私たちは、このシャーマンという語によって、いったい何を理解すべきなのだろうか。シベリア由来のこの語は、世界各地の部族社会でメディシン・マン、呪医、邪術師あるいは呪術師として知られる人々をより広範に指すようになった。[1] シャーマンが原初的なタイプの司祭であるという考え方は、シャーマニズムに関する古典的な文献に共通している。例えばエリアーデがシャーマニズムに関する広く読まれた作品の中で示した見解である（Eliade 1964）。そこでエリアーデは、**宗教エリート**という言葉を**シャーマン**と互換可能なものとして用い、そのことによって極めて多様かつ複雑な現象の集合を、宗教的専門家の理念型へと単純化してしまった。ソビエト連邦の研究者もまた、シャーマンたちを萌芽的な司祭の代表とする考えを採用し、聖職者と同列に分類した。そしてシャーマンの出現は、「原始共産制」がより階層的なタイプの社会によって破壊されたプロセスの一部であると主張した（Anisimov 1963; Vdovin 1978; Mikhailov 1990）。実際のところ、シャーマニズムは濫用や搾取と結びついたものであるというこの解釈が、ソビエトがシベリアのシャーマンを根絶するキャンペーンを張るのに必要な正史を提供することになった。

この章では、シャーマニズムについてかなり違った見方を提示してみたい。ここでは儀礼パフォーマンス中のシャーマンの経験に酷似した、獲物と一体化する狩猟者の経験に言及する。それをとおして、ユカギールのシャーマニズムは宗教エリートの制御下に置かれた「神秘主義」の一形式であるというよりも、一般の狩猟者によって様々な度合いで実践される広範な活動として理解されるべきだということを提案する。だが分析を始める前に、シャーマニズムについて私に得ることのできた情報が限定的かつ断片的であることは述べておかねばならない。ユカギールのシャーマンの様々な実践や、その社会生活や宗教生活における重要性について、完璧な見取り図のようなものを私は一切持っていない。主な理由としては、最後のシャーマンが死んだとされる一九七〇年代以降、今日までユカギールには存命のシャーマンがいないということがある。そのため私には直接の観察ができず、若い頃にシャーマニズム的なパフォーマンスに参加したことのある人々の説明を書き留めることができただけである。さらに私は、人々が皆その話題を避けるため、かつてのシャーマンやその実践についての目撃報告を入手するのが極めて困難だということに気づいた。例えば、親族にシャーマンがいたとされる老人や老女がその話題について語ることを拒否し、「何も知らない」もしくは「何も覚えていない」と言い張ることは、珍しいことではなかった。

この理由についてはは推測することしかできないが、いくつかの要因が組み合わさった結果だと考えている。まず、十八世紀初頭に北東シベリアで改宗運動を開始したロシア正教の宣教団による歴史的な影響がある（Slezkine 1993 : 17）。宣教団は、先住民全体をキリスト教へ改宗させることからは程遠い限定的な成功をおさめたに過ぎなかったが、ユカギール人の間で宣教団の影響は、共産主義から七十年経った今でさえ極めて明白である。(2) 現在のユカギールたちは実質的に誰も洗礼を受けず、聖書を読まず、それどころか司祭と出会うことさえないにもかかわらず、多くの人々は十字架像を携え、正教会のキリスト教徒だと主張する。そのように私は、狩猟者たちが神やキリスト、もしくは正教会の聖人に対して猟運を祈るのをしばしば耳にした。こうした実践にはヨヘルソンも気づいていたようである。彼は、「現在、正教会の聖人たち……は、ある程度まで古代ユカギールの『主たち』と競合している。例えば、聖ニコラスは四足獣の守護者、聖ペトロは魚の守護者であると考えられている」（Jochelson 1926:63）と書き残している。キリスト教の影響は、かつてのシャーマンに対するユカギール人の態度においても明白である。私が話した老人たちの何人かは、「サタン」を意味するロシア語の単語サタナー（*satana*）を用いてシャーマンに言及した。それはおそらく、シャーマンが呼びかける精霊を悪魔、シャーマン自身を悪魔崇拝者と見なした正教会の司祭たちから借用した考えであった（Jochelson 1926:162）。それに加えてある老齢の女性は、シャーマンの儀礼が始まる前に人々は十字架を取り外して正教会の聖人の肖像を壁に向け、シャーマンの守護霊を驚かして追い払わないようにするのがならわしだったと私に語ってくれた。

キリスト教の影響に加えて、共産主義の影響もある。ここで指摘すべき重要な点は、ユカギールのシャーマンやネレムノエ出身の人々は誰一人として、スターリンによる一九三〇年代から一九四〇年代の反宗教および反クラーク（富農）(*anti-kulak*) キャンペーンの間、シベリアの他の多くの地方のシャーマンが被った一斉迫害の対象とならなかったことである。私はその理由を、ユカギール一般、とりわけコリマ川上流域のユカギールが、ソビエト的な想像力の中に特別な位置を占めるようになったからだと考えている。彼らは家畜の群れを持たず、その社会関係はかなり平等主義的で、意思決定には女性も重要な役割を担っており、また婚資のような「抑圧的な」伝統はなかったので、ソビエト連邦の知識人たちが彼らを「原始共産制」の「残存」に満ちたほとんど「無階級社会」の、同時代の一種の見本であると考えるようになったのである。さらに、ユカギールが消滅の危機にあり、相当程度まで階層化された近隣諸族によってひどく抑圧されているという事実は、彼らを搾取された土着の下層階級の典型と見なすことになった。一九五〇年代半ばにロシア科学アカデミーによって原著が出版された大部の民族学的研究書『シベリアの人々』(*Narody Sibiri*) では、ユカギールは次のように描かれている。「平均するとユカギールでは、三家族につき一丁の銃とひとつの網しか自由に使えるものがなかった。彼らはトナカイもイヌも所有していなかった。狩りに出かける狩猟者は暖かい衣服を何人かから集めて着用せねばならず、それを提供した人々は薄いなめし皮の服で、あるいは何もまとうものなく家に残されたのである。地方（帝政ロシア）政府の処置は不適切で、ユカギール人をヤクート人上流階級の従属的地位に置き、すでにユカギール人は債務労働者の状態にされていた」(Stepanova Gurvich and Khramova 1964: 790)。さらに、「（ユカギール人の）野営地には、多くの原始共産制が残っている。したがって狩猟者の獲物――彼が仕留めた肉となる動物の死骸――は、すべての住人の間でシェアされた。狩猟者の家族も等分の分け前を受け取り、動物を仕留めた者にはただ毛皮が渡されるだけだった」(Stepanova Gurvich and Khramova 1964：796)。

かくしてユカギール人はマルクス主義的な歴史発展の尺度に沿って、すべての北方先住民のうちでも最も遅れた人々であると考えられた一方で、彼らの性質はまた最も純粋かつ簡素であり、そして最も社会主義的なのであった。近隣社会にいるシャーマンの力を借りることはあるものの、階級制度を欠くのとちょうど同じように、ユカギールにはシャーマンがいないのだとさえ主張された(Spiridonov 1996[1930])。「土着の共産主義者」としてのどこか特権的な地位によってユカギールは、シベリア先住民の研究をおこなった多くの人類学者や歴史学者が強調したような、スターリン時代を特徴づける全国規模の組織的迫害の過程をおおむね免れることになった(Grant 1993: 100; Vitebsky 1997; Humphrey 1998: 414; Ssorin-Chaikov 2001)。しかしこれは、一九三〇年代と一九四〇年代の反宗教運動が、シャーマニズムに対するユカギールの態度に影響を与えなかったと言っているわけではない。この時代のソビエト連邦のプロパガンダでは、概してシャーマンは正教会の司祭のように、他人の金で豪奢な暮らしをするために仲間を欺いてだますペテン師と表現されていた(Forsyth 1994: 288-90; Kwon 2000: 44)。私が出会ったのは、多くの高齢の人々、とりわけ共産党の活動的なメンバーだった人たちが持つこの手の認識である。例えば、かつてネレムノエの集団農場のリーダーであったアレクサンダー・ダヤクコフという名の年配のユカギールに、シャーマンに出会ったことがあるかと尋ねるとこう答えた。「ないよ。でももし私がシャーマンに会ったら、そいつを殴って川の中に放り込むね。奴らはたちの悪い興行師かつ祈祷師に過ぎない」と。

ユカギールは、通常は死者を恐れない。この点ではサハが、人格の持つ三つの魂のひとつであるヨル（*yör*）は中間の世界をさまよっていて、生きている親族を病気や不幸で苦しめるのだと信じているため、見捨てられたキャンプや墓地を避けて通ることとは違っている。だが、死んだシャーマンの亡霊ということになれば、ユカギールは大いに不安を表す。私のインフォーマントであるワシーリー・シャルーギンに言わせると、「お前のためなら私がどんなことでもすることはわかっているだろう。お前に隠し事など何もない。でもシャーマンについては話すことができないんだ。そんなことをすれば、私たちは二人ともひどく危険な状態に陥ってしまう。ユカギールでは死んだシャーマンを**レンデ・アルマ**（*le'nde a'lma*）と呼ぶんだ。これは『食べるシャーマン』という意味だ。そいつは名前を口にするだけで相手を殺すことができる」。

このようにユカギールの老人たちには、かつてのシャーマンについて大っぴらに話すことや、それについての知識を明かすことを望まない様々な理由がある。とはいうものの、時間とともに私はユカギールのシャーマニズムの特徴を解明するのに役立つであろう多くの個人的な語りを集めることができた。だが私のデータを提示する前に、シャーマニズムに関するヨヘルソンの記述を要約しておくのは価値がある。

十八世紀のユカギール社会ではそれぞれのクランに独自のシャーマンがおり、クラン名のもととなった祖先＝シャーマンの祭祀を統括していた（Jochelson 1926: 163）。シャーマンが死ぬと、彼自身はクランの祖先祭祀の一部となる。またその身体は細かく切り分けられ、肉と骨は魔除けとしてクランのメンバーに配られる一方、シャーマンの頭蓋骨は、精霊を象《かたど》るものとして木製の身体の上に置かれた。それには、毎日「食事が与えられ」、生きているクランのシャーマンによって助言が「求められた」(1926: 164-65)[4]。しかし十九世紀中頃にはこのシャーマン＝祖先祭祀は完全に見られなくなり、二十世紀の変わり目にヨヘルソンがフィールドワークをおこなった時点では、ごくわずかな老人たちだけがその祭祀をぼんやりと思い出せるに過ぎなかった。近代ユカギールのシャーマンは「もとのクランとのつながりを喪失し、病気の治療を主たる仕事とするヤクートやツングースのシャーマンと同様の、通常の専門職としてのシャーマンになった。ユカギールの生命の源である狩猟にかかわる事柄についてでさえ、動物を統御する諸霊と狩猟者との間に位置する祭司、かつ媒介者としてのシャーマンの重要性は、もはや存在しない」(Jochelson 1926: 168-69) とヨヘルソンは書いている。加えて彼は、「今日、女性のシャーマンはユカギールには存在せず、女性のシャーマンについては伝承の中で言及されることもない」(Jochelson 1926: 193) と述べる。

私に集めることができた情報は、いくつかの決定的な問題についてのヨヘルソンによる説明を補強するだけでなく、またそれに反するものもある。まず、何千人もの先住民を死に追いやった天然痘や麻疹、その他のヨーロッパの病気など、壊滅的な伝染病に対する直接的な反応として、いわゆる「専門職の」シャーマンたちが、十九世紀にシベリア全土で生み出されたことを示唆する十分な証拠がある。彼らはどの特定の社会集団とも結びついておらず、またツァプカが指摘するように (Czaplicka 1914: 167; 以下も参照。Vdovin 1978: 409; Hutton 2001: 118)、広範な患者にサービスを提供して、主として病気の蔓延と闘うことによる稼ぎで生計を立てていた。しかし、私のデータがはっきりと示しているのは、少なくともユカギール人の間には、一種の「家族」シャーマニズムもしくは「世帯」シャーマニズムもまた存在していたということである。実際のところ、これらの家族のシャーマンたちは、結果的に専門職のシャーマンたちよりも命脈を保った。実質的には、専門職のシャーマンが一九三〇年代のソビエトの権力強化とともに消えていったのに対して、女性と施術師の双方を含む家族のシャーマンは、一九六〇年代中頃まで少なくともときどきはパフォーマンスを続けていたと私は聞いた。だが、この種のシャーマンたちは、ふつうの人々から明確に区別することができない。彼らはシャーマンとしての役割以外に、狩猟や漁撈などの日常の仕事に加わっていたからである。さらに彼らは親族だけに儀礼を施す傾向があり、その技芸の見返りに、報酬を受けることはなかった。実際のところ彼らの多くは、太鼓や特別な衣装さえ所有していなかった。この点に関しては、彼らは、むしろチュクチ人のシャーマンに似ているように思われる。チュクチ人のシャーマンは「よく知られるタイプの房飾りとイメージで覆われた外套に類するものは何も持っていない」と、ボゴラスは言う（Bogoras 1904-9: 457-58）。さらに、家族のシャーマンはときおり病気の癒しや治療をおこなうものの、たいていこれらのことは専門職のシャーマンに任せられていた。その代わり、家族のシャーマンの主な役割は、彼らが狩猟の呪術に精通していることと関連していた。集団が猟運から見放されて飢饉が始まるときには、家族のシャーマンは呪力を使って動物を狩猟者に無理やり接近させようとしたのである。

フィールド調査の間、なぜヨヘルソンはこのタイプのシャーマニズムに気づかなかったのかと不思議に思うかもしれない。ひとつの重要な理由は、まさに**シャーマン**というその用語にあると私は考えている。北アジアのシャーマニズムに関する価値ある文献批判の中で、ハンフリーは、**シャーマン**という用語が人類学で広く使われることが示唆するのは、シャーマニスティックな実践を伴う専門的な特殊化がすべての社会に一様に存在することであるように思えると指摘した（Humphrey 1996: 30,48-49）。だがこれが根本的に誤解であるのは明白だと彼女は主張する。なぜなら、「精霊や祖先などと関係を持つのはシャーマンだけの特権ではない」（Humphrey 1996: 30）し、「常に複数の種類の『シャーマン』が存在する」（Humphrey 1996: 49）からである。換言すれば、ヨヘルソンは専門化した宗教的エリートあるいは一連の一貫した実践をおこなう土着の司祭の存在という意味を込めた**シャーマン**という用語を、ユカギール社会に押し付けたのである。そのことによってヨヘルソンは、「シャーマンであること」の問題を実際よりも切り詰めて、無味乾燥なものにしてしまった。ユカギール人は、特定の技能と力能を持った人物としてのシャーマンについては**確かに**話すのだけれども、シャーマンの公式な身分を認めていない。また、誰がシャーマンで誰がそうでないかを決めるはっきりした方法も一切認識していない。数年間シャーマンとしての訓練を受けたニコライ・リハチェフがいつも私に言っていたように、「実質的にはシャーマンには誰でもなることができる。ただ他の人たちよりもうまくできる人がいるというだけだ」。彼がとてもはっきりと指摘しているのは、ユカギールにとってシャーマン的な専門化とは**度合い**の問題であるということだ。つまりシャーマンの活動やその経験は、特定の宗教エリートだけが自由に扱えるある種の神秘主義というよりも、社会のメンバーであれば誰もが実行できることの専門化された形なのである。これは、インド東部の小規模な先住民集団であるソーラに関して、ヴィテブスキーによって提起された主張でもある（Vitebsky 1993:21-22）。**シャーマニズム**は**シャーマンシップ**に置き換えられねばならないとするアトキンソンの提案（Atkinson 1989: 17）に基づいて、彼は次のように書く。「クラフトマンシップやミュージシャンシップと同様に、［シャーマンシップは］活動であるとともに才能と性向であり、様々な度合いでそれをおこなう人々の間に多様なかたちで広がっている」（Vitebsky 1993: 22）

以下では、この専門化の度合いという考えを狩猟者とシャーマンの違いに結びつけることになるだろう。そしてユカギールの狩猟者とは事実上、完全なシャーマンシップに向かう過程の途上段階であることを論じていく。さしあたっては、**シャーマンシップ**という用語がユカギールの考えに響き合うという事実を簡潔に指摘しよう。その語には、抽象的で宗教的な表象や記号、または象徴を誇張して操作することあるいは強化して操作することよりも、知覚と経験の具体的な身体のプロセスの認識論的な優位を含意する。彼らにとってシャーマニズムは、世界について「考える」ための理論ではなく、また一貫性のある象徴構造のようなものを伝えるものでもない。実際のところ、ユカギールのシャーマン的な実践の大部分は、後に述べるように単なる象徴（恣意的なやり方で他の何かを表象すること）それ自体にかかわるのではなく、動物をコントロールするという具体的な目的を持った実際の身体的な模倣からなる。この本質的にプラグマティックな視点はまた、家族のシャーマンを指すユカギール語が、「すること」を意味する**アルマ**（*a'lma*）であることにも表れている。

図10　グレゴリーとアクリナ・シャルーギン。著者撮影。

### ◇シャーマンと狩猟者を比較する

私はネレムノエの人々と友好関係を築いたが、中でも最も親密だったのは、ユカギールの老夫婦アクリナとグレゴリー・シャルーギンであった。アクリナは私の毛皮の衣類のほとんど――トナカイのブーツや手袋、ジャケット、ズボン、帽子、弾薬のベルト――を縫ってくれたし、グレゴリーは滑らかなエルクの脚の皮で覆われたスキーを作ってくれた。冬にはそのスキーで狩猟に出かけた。やがて彼らは、私のことを「息子」と呼ぶまでになり、私はその役割にすんなり落ち着いた。私が森から村に帰ると、アクリナはいつも私のために料理をしてくれた。一方私は、狩猟の旅で得られた肉を彼らの家庭に提供した。ある晩、老夫婦と一緒に食事をしているとき、私はシャーマンシップの問題を話題にした。アクリナは、村には何人かのシャーマンが住んでいたことを知っていたけれど、自分では彼らの儀礼を見たことがないと答えた。グレゴリーはその話題については何も言わず、話題はすぐに別のものに移っていった。だが翌日、彼らの家を訪れるとアクリナは、前日私が去った後にグレゴリーが、実は彼の母は一種の**アルマ**だったことを打ち明けたと言った。「彼は誰にもこのことを話したことがなかったのよ。私にさえ」と、彼女は言った。「でも彼はきっとあなたにも話すでしょう、あなたは私たちの息子だから。それにこうした情報があなたにとって重要だと知っているのですから」。グレゴリーが私に話してくれたのは、以下のようなことである。

私が子供の頃、家族はシャマニカ川に住んでいた。ネレムノエに引っ越す前のことだ。しばしば男たちは猟運に恵まれず、私たちは飢えた。すると、父は母に助けを求めるんだ。「あなたはまた私に罪を犯させたいの？」と彼女は答えた。母は力能を使うのに乗り気ではなかったが、食べ物が何もないときだけはその力を使ったのだよ。家族全員がひとつの部屋に集まった。四つ枝のヤナギの木が床に置かれた。すると母はエルクの動きをまね、手と膝をついて動き回った。首の上には小さな子供が乗せられた(5)。しばらくすると母はある種のトランス［ロシア語 *kamlanie*］に入り、エルクのようにうなり声を上げながら頭を前後に揺らした。ついに彼女はヤナギの木に近づき、その若芽を食べ始めた。この段階で父は私に小さな弓と矢を渡し、「お前はエルクを見ている、行って心臓を撃て」と言うんだ。私がその通りにすると、母は死にゆくエルクのように脚を蹴り上げながら床に倒れた。そうすると父は母を手助けして、ベッドへと連れて行った。母は疲れ果てていた。母が言ったことは、狩猟者たちは森の中で四つ枝のヤナギの木が立っているその場所に行かなければならないということだけだった。彼女はそこにエルクを縛り上げた［ロシア語 *priviazat*］。エルクが苦しまないように、その心臓を撃つべきだと彼女は言った。それはいつでもうまくいった。男たちは必ずエルクの肉を持ち帰ってきた。母は、その肉を食べると死んでしまうと言って決してそれを口にしなかったな。それに、人々もそれを食べることを恐れていた。実際に、その肉を食べずに飢えることを選ぶ人たちもいた。

これは**アルマ**が動物をまねることによって動物をコントロールすることに関して、私が記録した複数の語りの典型例である。狩猟者と**アルマ**はこの能力を同じように保有しており、したがって両者の間に境界線を引くことはできない一方で、変身の能力と同様に保有する力の量という点では確かに異なっている。見てきたように、狩猟者は獲物という異質なパースペクティヴおよびその過程における変化を受け入れる一方で、狩猟者の自己感覚が完全に追い出されてしまうようなことはない。狩猟者は、言うなれば、人間と動物のパースペクティヴの中間を動く。それに対して、**アルマ**はトランスもしくは忘我の状態に入り、模倣された動物の単一の観点に身を委ねる。換言すれば、目撃者の経験のみならずシャーマン自身の経験においても、彼女は実際に人間と動物の境界を超えてエルクになる。このより卓越した変身の能力もまた、ニコライ・リハチェフによる説明の中で印象的に明らかにされたのである。

**アルマ**の訓練の一環として、私は祖父に従って森の至るところを歩いた。ほとんどの時間、私たちは何もせず、話すこともなくただ歩き回っていたんだ。ある日、祖父は大型のナイフを持ってそれを私に向けた。彼の眼は荒々しく輝き、私を殺そうとしているんだと思った。でも代わりに彼はナイフを倒木に突き刺した。「動かすな」と祖父は言った。「戻ってくるためにそれが必要なのだ」。すると祖父はクマのように動き回り始めた。恐ろしかったよ。クマのように低いうなり声を上げ、食べ物を探すときクマがするみたいに地面を嗅ぎ回った。そして祖父はナイフを飛び越え、私は彼の身体がクマの毛皮で覆われるのを見たんだ。彼はクマになり、森に入って行った。私たちは長いこと彼を見かけなかった。戻ってきたとき、彼は再び彼自身だった。友人と一緒に暮らしていたんだと言った。私は、クマの主が彼の守護者［ロシア語 *pomoshchnik*］なのではないかと疑っている。というのは、人々が彼に狩猟の加護を頼むといつも他の動物に加えて一頭のクマを与えたからさ。つまり人々が出かけると、エルクやトナカイだけではなくクマも仕留めるのさ。彼自身は、クマの肉を決して食べなかった。他の人たちが食事する間、ただ静かに座ってお茶を飲むんだ。

狩猟者が獲物を仕留めて食べるとき、しばしば現実に道徳的不安の感覚を覚えるという事実はすでに指摘しておいた。これは狩猟の間、自己と他者、人間と非人間の境界がいくぶんか溶解し、狩猟者は狩猟者かつ動物として自身を曖昧に経験し始めるという事実に根ざしていたのだった。そのため動物を殺すことは、彼自身と同一の誰かを殺すことと同じではないものの、彼にとっては仲間の人格を殺すようなものである。しかし、完全に獲物の主体としての位置を引き受け、当人がまねている動物に実際に同一化する**アルマ**にとって、道徳的不安ははるかに強く感じられる。アルマにとって動物の肉を食べることは、食人あるいは自己＝食人［訳注：自分の肉を食べること］という忌わしい行動に関与することである。したがって彼もしくは彼女は獲物の肉を拒まなければならない。

だがまだよくわからないのは、その集団の他の成員もまた**アルマ**の呪術の助けによって手に入れた肉を食べることに不安を表明するという事実である。私の見解では、これは狩猟者の観念的な世界との関係で理解されなければならない。私はすでにユカギール人の狩猟者＝獲物の関係性が、性的誘惑の過程として理想化される傾向にあることを説明してきた。狩猟者は、獲物に「自らを捧げさせる」ための様々な欺きのテクニックの使用を控えたりはしないものの、それでもまだ動物の側には、性的な欲望から狩猟者に対して自身を「投げ出す」ような、自ら望んで身を捧げる要素がある。したがって殺害を可能とするのは、狩猟者ではなく動物なのである。しかし、**アルマ**が獲物を惹きつける原因となるときには、この自ら望んで身を捧げる要素はないように思える。そうではなく、ここで扱っているのは単なる強制のプロセスである。つまり、**アルマ**は呪力を用いて、動物に自由意志に反してやって来ることを強いる。実際のところ、これはグレゴリーが私たちに、狩猟者がたやすく仕留めに行けるよう母親がエルクを「縛り上げた」のだと言ったときに、指摘されていたことのように思える。

しかしそのような強制の方略はかなりの危険を伴う。ユカギール人たちは猟運に恵まれないことを、人間が何かしら不道徳的な行動をしたために、動物の支配霊が人間を養うことを拒絶したしるしだと考えている。そのため**アルマ**が踏み込んでいって無理やり動物を奪い取ることは、実質的には精霊の同意なしに動物を殺すこと――つまり病気や災いの形での報復という脅威をもたらす行為である。その動物の肉を食べると、必然的にその望まざる死の従犯者となり、したがって精霊の復讐の標的となる。グレゴリーが指摘したように、ある人たちにとってこの精霊の攻撃への恐怖は飢えに勝るものであり、彼らは肉を拒否するのであった。とはいえ、報復の中で獲物とされるリスクが最も大きいのは、**アルマ**の最も近しい家族である。ニコライ・リハチェフは述べる。「私の父親には十二人の兄弟姉妹がいたが、皆若くして死んでしまった。私はといえば、八人の兄弟姉妹がいたが、そのうちたった二人が残っているだけだ。私の子供でさえ、私より先に死んだ。私たちはみんな祖父の罪［ロシア語 *grekhi*］の代償を払い続けているんだ」

こうして動物の支配霊は**アルマ**が盗んだ獲物の埋め合わせのために**アルマ**の親族の命を奪い取るのであり、そのような報復行為は数世代にわたって繰り返すことになるかもしれない。それゆえ、精霊の召命に従ってシャーマンの地位に就くことに人々は極めて消極的であると、シベリアのシャーマンシップに関する民族誌文献中で繰り返し報告されていることは不思議ではない。自分自身のみならず一族郎党をも大きな危険に晒すことになるのだ（以下を参照のこと。Bogoras 1904-9: 418-19; Eliade 1964: 72; Vitebsky 1997: 8; Hutton 2001: 66）。

だが強調しておくべきは、動物の精霊による復讐の脅威に晒されているのは**アルマ**だけではないということだ。ふつうの狩猟者もまた、獲物を殺すときにそのような危険に直面する。第3章で説明したようにユカギール人の間では、狩猟者による捕食という暴力が動物の精霊によって応酬され、家族の中に相次ぐ死を引き起こすことを描き出す多くの語りが見つかる。クウォン（Kwon 1998）

図11　解体中のエルクと筆者。右には、エルクの頭上に「動物の殺し手」である小さな木偶が吊るされている。右の絵でも、それは示されている。著者撮影。絵は、マリー・カーステン・ピーダーセン画。

は、この捕食者と獲物の役割の「危険な相互互換性」は、シベリア北部全域の狩猟者にとって共通の懸念であると指摘した。「シベリアでは、人間の狩猟者の地位は不安定である。狩猟者が捕食行為に成功するや否や、彼は獲物の地位に陥る……おそらく狩猟は動物を発見し追跡する技術だけでなく、代わって獲物となることを避けるための同様に重要な技術を含んでいる」(Kwon 1998: 119)。「代わって獲物となることを避ける」ことに関して、獲物の暴力的な死に責任のある存在だという事実をごまかすために、ユカギールの狩猟者が移し替えと身代わりの様々な策略を用いることに注目するのは興味深い。例えばエルクを殺害すると直ちに、彼らはおおまかに小さな木偶を彫り、死んだ動物からしたたる血を塗りたくる。その人形は、動物の殺害者のミニチュア・モデルだと言われる。それは肉の上に紐で吊るされ、狩猟者がいない間、ワタリガラスからその肉を保護するとともに、殺された動物の怒れる精霊の注意を引きつけるという二つの目的を果たす。狩猟者が言うには、精霊は人形の身体に塗布されたその「子供」の血のにおいを嗅いで人形を攻撃する。その間に狩猟者たちは安全に動物を解体し、その肉をキャンプへと運んで帰ることができる。そして動物の「殺害者」をその場に置き去りにするべく、木偶は殺害の場所に放置される。

クマを殺した後におこなわれる儀礼も同様のパターンに従うものの、危険と恐れがより大きく、手違いがあった場合、その代償はより恐ろしいものとなるため、その儀礼はさらに手の込んだものとなる。クマの皮を剝がす前に、狩猟者はワタリガラスのようなしわがれ声を出しながら、クマに目隠しするか目玉を抉《えぐ》り出す。このことからクマは、自らを盲目にしたのはトリだと信じ込むのである。さらに彼らは、「偉大なる人よ！ 誰があなたにこんなことをしたのか？「誰があなたを殺したのか?」ヤナギの木を食べたもの［エルク］はここにいる」と言ってクマに話しかける。このようなやり方で、狩猟者たちはクマの暴力的な死の責任をエルクになすり付けようとする――この誤認への誘導は、狩猟者たち自身がエルクのように動き回り、またエルクのようなにおいを発するという事実によって強められる。狩猟者はまたその殺害を他の人間のせいにするかもしれない。例えばスピリドンならこう言うだろう。「お爺さんよ、あなたを殺したのは私ではない。あなたを殺したのはロシア人［あるいはサハ人］なのだ」。さらにクマの皮を剝いでいる間には、彼はこう

図12　儀礼終了後のクマの頭骨。著者撮影。

言うだろう。「お爺さんよ、お暑いことでしょう。私が外套を脱がせてあげますから」

クマの死骸から肉を取り除いた後、狩猟者たちはきれいになった骨を盛り上がった壇の上か裂けた幹の中に置き、動物の頭骨を沈む太陽に向けて西向きにする。それは〈影の国〉の方角であると言われている。最後の安全策として狩猟者は、クマの精霊がお返しに彼らを獲物としないように、クマの顎をヤナギの小枝で縛る。このように様々な欺きの手段によって、狩猟者たちは動物の支配霊の怒りを、ユカギール以外の人間および非人間へと差し向けようとするのである。

**アルマ**が獲物の精霊とかかわるときには、狩猟者が用いるのと同様の詐術を使うだろう。ニコライ・リハチェフは、彼の祖父が獲物となる動物の**アイビ**を求めて〈大地の所有者〉であるレビー＝ポギルのところまで旅する際には、いつも雪か草で作った小さな人形を持って行ったと私に語った。彼は精霊にそれらを、自分の「子供たち」として贈ったのである。精霊はこれらの人形を自らの「子供たち」、すなわち獲物と交換に受け取った。のちに雪の人形が溶けたとき、精霊はだまされたことに気づいて怒りを爆発させたであろう。だがこのときまでにニコライ・リハチェフの祖父は、精霊の影響圏から十分に離れた彼自身の領域へと戻っていたのである。

ここでの要点は、**アルマ**の世界が狩猟者の世界からカテゴリー的に区別可能なものではなく、**アルマ**の実践や経験とは狩猟者の実践や経験が専門化され、強化された形式に過ぎないと示すことである。私の主張は、民族誌の文献の中で「使役」「守護」「補助」あるいは「援助」の精霊として知られるものたちを参照すればさらに補強される。シャーマンはこうした超自然的なエージェントと特別な関係性を築き、それらの助けを得る。それらはシャーマンに障害や敵についての警告を発する。またシャーマンが障害や敵を排除したり、戦ったりする際の手助けをする。それらはまた、動物の主のような遠方にいる他の精霊たちに接触することができるメッセンジャーとしても働く。さらにニコライ・リハチェフは、**アルマ**になるべき人物を最初に召命するのは補助霊（ロシア語 *pomoshchnik;* ユカギール語 *e'iye*）であり、「彼に対する愛ゆえに」、また「補助霊たちは彼と一緒に暮らしたいために」そうするのだと私に語った。ニコライ・リハチェフは、**アルマ**と彼もしくは彼女の補助霊との間に築かれる関係性の種類について、いささかなりとも完全なイメージに近いようなものは提供してくれなかった。だがシャーマニックな力能の獲得が、本質的に一部の精霊との間に親密な性的関係を確立する過程として概念化されていることは、彼が私に語ったことから明らかである。彼は、いかにして祖父が二人の死んだ少女、アンナとマルファの**アイビ**と結婚することで多くの力能を獲得したのかを説明した。「彼女たちはベッドで彼の隣に寝た」し、「彼は彼女たちと性交した」(6)。

だが私の議論にとって重要なことは、霊的存在との親密な性的関係の確立と維持を追求する点にで、ユカギールのシャーマンは一般の狩猟者と何ら変わりがないということである。実際に多くの狩猟者が、夜に夢の中で性交し、見返りに猟運を授けてくれる、ひとつかそれ以上の補助霊を持っていると公言する。補助霊はシャーマンだけが持つ属性ではなく、呪術＝宗教的な力能を獲得するためのより一般的なシステムの一部であり、社会の他のメンバーにも共有されているものと結論づけられるだろう。しかし**アルマ**は、霊的な補助者との間に築くことができる親密さの度合いに関して、共同体の残りの者たちと異なっている。つまり、ニコライ・リハチェフの祖父がそうしていたように、**アルマ**はひとつかそれ以上の精霊と結婚するのに対して、一般の狩猟者にとって精霊との結婚は危険極まりないことである。実際にのちほど私は、性的な喜びの感情が狩猟者と精霊の間の本当の愛の感情へと発展しないことを、狩猟者がどのようにして確実なものとしなければならないのかを示すことになるだろう。もし愛に発展すれば、精霊は彼の**アイビ**を配偶者として引き留め、その身体へと戻らないようにするだろう。

最後にもう一つ注意しておきたい狩猟者と**アルマ**の間の類似性は、イニシエーション［訳注：成巫儀礼］における後者の経験が、狩猟の過程で狩猟者が経験することと非常によく似ていることである。両者の事例は解体と再構築の二局面からなり、ある人格の象徴的な死とそれに引き続く再生を含む。

例えばニコライ・リハチェフにとって、シャーマンとしてのイニシエーションは身体が分解する過程として経験された。彼は私に、どのようにして神秘的な存在によって木製の棺に入れられ、粉々に切り刻まれたのかを語った。彼の身体が精霊たちによって再び組み立てられたとき、精霊たちは彼にもうひとつの肋骨を与えた。彼の祖父の場合は死を経験し、そのことは人間としての発話を一時的に失うことによって表現されていた。ニコライ・リハチェフが述べるところによれば、「祖父は三年間を森の中で孤独に暮らしていた。彼が戻ってきたとき、トリや動物とだけは話ができたけれど、人間と会話することはできなかった。本当にゆっくりと、もう一度人間の言語で話すことを学んでいった」。こうした経験と狩猟者の経験の類似は印象的である。狩猟の準備をする間、狩猟者がいかに巧みな「脱人間化」の過程、つまり獲物のイメージになり変わるために人間の身体的な特質を除去することを経験しなければならないかは、すでに見た。とりわけ狩猟者は、通常の人間の発話を放棄しなければならない。はじめは殺害の意図を隠す特別な言語的コードを用いることで、その後森の中では人間の言葉で話すことを控え、代わりに獲物の言語を用いることでそれは達成される。それとは対照的に、キャンプ地に戻ったときには、第8章で説明するように、狩猟者は語りの場に参与しなければならない——その行為は狩猟者を「人間化」し、通常の人間存在の領域での再生を示すものと信じられている。

さて、この点に関して狩猟者の経験と**アルマ**の経験は似ている一方で、程度においては異なっている。狩猟者はあるアイデンティティから別のアイデンティティへと変容するものの、その変容はほんの一時的である。それぞれの狩猟の終わりには、まさに彼が離れていた通常の生活へと戻る。

それに対して**アルマ**の変容は恒久的なものである。イニシエーションの間、彼はシャーマンとしての存在論的に新たなアイデンティティを身に着けるため、以前の状態には決して戻ることができない。これは狩猟者が決して変化しない、あるいは社会的地位の変化が決して起こらないと言っているわけではない。要点は、狩猟者にとってそうした変化はごくゆっくりと起きる一方で、**アルマ**にとっては直ちに起きるということだ。具体的な例に基づいて、この点を説明してみよう。

私の狩猟グループのリーダー、スピリドン爺さんは獲物を従わせることができると言われる。これは人々が彼を、狩猟リーダーを指すユカギール名で**ハニシ**（*xani'ce*）と呼ぶ理由のひとつである。この言葉は、「動物を」「うるさく悩ませる」あるいは「困らせる」という意味の動詞、**ハニ**（*xani*）に由来している。実際に私自身も一度、彼が無理やりエルクをキャンプ地まで追い立て、そのエルクがちょうど焚火の前で疲れ果ててへたり込んだのを目撃したことがあった。グループの他の者たちは、スピリドンの技量への賞賛だけでなく、動物に対する残忍なふるまいが動物の支配霊であるハズィアインを怒らせるのではないかとの恐れについても表明した。実際に一人の狩猟者はその動物の肉の分け前を放棄しており、これは一部の人々が**アルマ**の力によって入手された肉を拒否するのとまったく同様である。さらにスピリドンは、〈オムレフカ川の所有者〉ととりわけ親密な関係を持ち、そこから並はずれた猟運と技術を引き出すのだと主張している。したがってここには、社会的地位、技術および霊的な力の点でスピリドンは**アルマ**に似ているという現実的な感覚がある。

だが他の者たちの見解と同様にスピリンドン自身の意見でも、彼はシャーマンではない。推測するにその理由として、スピリドンが熟練技術と力を通常の仕方で、つまり人生の過程で徐々に獲得していったのとは対照的に、**アルマ**は並はずれた能力をイニシエーションで一度に手に入れたことが挙げられる。したがって**アルマ**はまったくの最初から、ふつうの狩猟者としてのスピリドンが示すことがない、完全なる霊的な能力を示す。ところが時を経て年齢と経験を重ねると、狩猟者は**アルマ**のものに近い熟練の水準に達するので、二者はほとんど区別がつかなくなる。かくして私は、狩猟者とシャーマンの違いは実のところ程度の問題であって絶対的な対立項の問題ではないし、また一般の狩猟者が事実上は完全なシャーマンシップへと至る中間段階にあるという重要な感覚があるということを主張する。

## ◇双系社会のシャーマンと父系社会のシャーマン

この主張にあたって、私はハンフリー（Humphrey 1996）とは対立する立場を採る。彼女はダウール・モンゴル（と同様にブリヤート、ツングース、ナナイなどの様々な南シベリアの集団）における「シャーマン」と「長老」（*bagchi*）を比較する中で、両者は二つの根本的に異なる、ときには対立する種類の知識を代表していると論じた。つまり狩猟のリーダーでもある長老は、世界についての「率直な」あるいは「そのままの」知識を代表する（Humphrey 1996: 54）のに対し、シャーマンの知識は「特定のはなはだしく非現実的な前提」（Humphrey 1996: 39）に根ざしていて、それは「通常の物事に関する人々の最も根本的な知識と様々な形で矛盾する」（Humphrey 1996: 38）。このシャーマンと長老／狩猟者の二分法がダウールや様々な南シベリアの集団に当てはまることに疑いはないが、ユカギール人の間では問題は別である。そこではすでに見てきたように、シャーマンの経験と知識は、ふつうの狩猟者の経験と知識をただそのまま相当程度まで強化したものであり、それゆえ同じようなやり方で二者の間に絶対的な境界線が引かれることはない。さらにハンフリーの分析は、「自然的カテゴリー」と「反直観的な非自然的カテゴリー」との先験的な区別に依拠している——彼女は前者を「その理想的な秩序という点で現実の世界を賛美する傾向にある」長老／狩猟者に関連づけ、後者を「対抗的なイメージ、つまり既知の世界の確実さを掘り崩す、見えない流れを現前化しながら、その秩序を揺るがす」シャーマンに関連づけた（Humphrey 1996: 55-60）。だが私には、そうした分析上の二分法は無益に思える。というのもユカギールでは——そして、ダウールでもそうではないかと疑っているのだが——世界は、閉じた二つの完全に対立する現実の間の二律背反とは見なされていないからである。むしろ彼らにとって世界は、同時に物質的かつ霊的なものとして感知されている。同様に技術的なノウハウと霊的なノウハウは縒《よ》り合わされ、また融合しており、二つの知識の領域は概念的に区別されない。したがって分析的にそれらを分離しようとするのは、まったくの誤りであるように思える。

そうは言うものの、ハンフリーと私の対立する見解は、私たちが研究する社会の基本構造の差異を検討することで、少なくとも部分的には説明がつきそうである。厳格な父系氏族組織の系譜構造、厳密な居住規則および氏族外婚制を持つ、ダウール、ブリヤート、ツングースおよびナナイが、ユカギール人のような双系的なバンド社会よりも非常にはっきりとシャーマンの社会的な地位あるいは役職を定めていることは、偶然ではないように思える。クルプニクは他の人類学者と同様に極北地方に広く見られる双系制を、組織の流動性に対する経済上の要請と関連づけている（Krupnik 1993: 83; Graburn and Strong 1973: 84; Thomas 1974: 18）。北極圏や亜北極圏の人々が生活の物質的基盤を確保する厳しい環境および相対的に低水準の技術が、規模や成員を常に変化させる柔軟なバンド社会を要請するのであり、このことが結果として彼らに厳密な居住規則を伴う単線的な出自イデオロギーを取らせないことになるのだと議論される。社会関係の形成に際して環境的・技術的条件が決定的だと強調するこの手の説明に同意するにせよしないにせよ、次のことは民族誌文献から明らかであるように見える。すなわち、チュクチや北方ナスカピ、アサパスカン（あるいはデネ）インディアンおよび多くのイヌイト社会のような双系バンド社会において、シャーマンの社会的地位は双系バンドそれ自体の社会的地位のように場当たり的な性質を持っており、私がユカギール人について描いてきたことと類似しているということである。例えばチュクチのシャーマンの地位に関してボゴラスは以下のように記述する。「すべての大人のチュクチはときおり太鼓を手に取って…その鼓動のリズムに合わせてメロディーを歌う……そうした歌からシャーマニックなパフォーマンスへの移行はほとんど気づかないくらいである。このようにすべてのチュクチは、彼の技術と意思が許す限り、あらゆる技芸の中でシャーマンとしてふるまいうると述べるのは妥当であろう」（Bogoras 1904-9: 413）

アサパスカン・インディアンの存在論をめぐる論文の中で、スミス（Smith 1998）はどこか似たような主張をしている。「未開地における平等主義的な感覚、および思考カテゴリーが開放型であるという事実は、シャーマンが他の人々からカテゴリー的に弁別可能であり、他の人々より優れているという考え方には対抗的に作用する……インコンゼ（*inkonze* メディシン・パワー、呪力）は、個人の能力にかかわらず訪れては去る。そのときに、誰にインコンゼの大きな力が宿っているかを特定するのはまったく不可能である」（Smith 1998: 424）。この言明がとてもはっきりと指摘しているのは、これらの双系的なバンド社会では社会的なネットワークの中に「シャーマン」の役割は存在するものの、シャーマンの地位は想定された役職にではなく人々の態度に完全に依存しており、誰もが実質的にシャーマンとして行動できるということである。

私たちが取り扱っているように見えるのは、事実上は二つの質的に異なるシャーマン的構造であり、それは少なくとも部分的には、かなり異なるタイプの社会組織の反映だと理解することができる。すなわち、居住および氏族のメンバー構成に厳格なルールを伴うモンゴルや南シベリアの一部の集団に見られる父系氏族の構造と、柔軟なバンド組織および規模と成員の恒常的な変化を特徴とする、ユカギールや他の極北圏の人々に見られる双系集団である。(7)

## ◇ユカギール・シャーマンの消滅

今日のユカギールにシャーマンがいないという事実はすでに指摘しておいた。そして、ヴェルケ・コリムスク・ウルス地方のエヴェン人、サハ人およびロシア人など近隣の集団にシャーマンが見つかるとすれば、それは驚くべきことだ。また私はこれらの集団の間で、サハ共和国の首都ヤクーツクで広く現れる「自称シャーマン」もしくは「シャーマン志望者」に出会ったこともない。ヴィテブスキーによれば、ヤクーツクでは多くの人々が「新たな種類のシャーマンの出現を要求していると言って差し支えないほどの強い待望感のもとに暮らしており」、「今では多くの人々がシャーマンの子孫であると主張し、そのことで一部の人々は自らもまたある種のシャーマンなのだとほのめかしている」（Vitebsky 1979: 9）。しかしユカギールでは、人々はシャーマンが必要であると感じることはなく、シャーマンの復活を望むこともない。実際のところ人々は、精霊やその他の非人間的な住人との日々の関わりを、シャーマンによる手助けなしに極めてうまくこなしているように見える。

なぜユカギール人はシャーマンがいなくなった事実にかくも無関心であり、ポスト・ソビエト社会になってシャーマンを復活させようともしないのか、不思議に思うかもしれない。私はすでに、ユカギールのシャーマンシップとは世界についての整合性を持って明確に整序された理論を備える宗教というよりも、単に環境を操作するための具体的な技術として考えられているという事実を指摘しておいた。そしてこの本質的にプラグマティックな視点に準拠しながら、揚げられた問題に接近するべきであろう。

いわゆる「専門職のシャーマン」の衰退から話を始めよう。すでに述べたように彼らは、土着の人々の命を数千人単位で奪った天然痘や麻疹、その他ヨーロッパの病気の壊滅的な流行に対する直接的な反応として生じた、社会から分離したシャーマン的治療師という特別な階級であった。一九三〇年代から一九四〇年代にかけてソビエト体制下で起こった反宗教キャンペーンの間、こうしたシャーマンたちは房飾りと偶像で飾り付けられた異彩を放つ壮麗な衣装のために容易に特定されていった。実質的にすべてのシャーマンがこの時代に廃絶された。つまり、スターリン時代のグラーグ［訳注：強制労働収容所］の何千人もの囚人と一緒に労働キャンプで殺されるか、その専門職を放棄するように強制されたのである。したがって事実上、ソビエト体制がこうしたタイプのシャーマンの最終的な消滅の原因となった。だがその時代までに、シャーマンはかなりの程度まで不要と見なされていたことを示す根拠がある。ソビエト体制は一九二〇年代半ばに北東シベリアで支配権を確立すると間もなく、そもそもこのシャーマンの階級を発展させ、一世紀以上にわたってその地位を保持させることになった、恐ろしい伝染病を終息させることに事実上成功した。グレゴリー・シャルーギンが述べたように、「私たちはワクチンによって天然痘が撲滅されるのをはっきりと見た。だったらなぜ、ほんの時たま治療に成功するだけのサハのシャーマンのところまで行って金を払うのかね」ということである。シャルーギンが指摘しているのは、科学的な知識と技術を備えたソビエトの医者たちが、同じ治療の空間で競合していたシャーマニックな治療師たちのグループに決定的に取って代わったということだ。近代医療とその疾病治療は実に優れているということが判明したため、この特定の階級のシャーマンたちはソビエト当局によって追放される十年ほど前にその基盤を失うことになった。

だがもし照準をいわゆる「家族のシャーマン」、つまりユカギールが多くの場合**アルマ**という語で理解しているものに向けるなら、その運命はまったく異なるものであった。すでに述べたように、彼らは誰もボルシェヴィキによる計画的な迫害を受けなかった。おそらくその理由としては、彼らには特別な衣装や太鼓といったシャーマンの標準的な所持品が一切欠けており、また近くにいる信頼の置ける親戚の間でしかその技術を行使しないよう注意を怠らなかったからである。こうしてこのグループのシャーマンは、一九六〇年代半ばまで様々な種類の狩猟呪術を実践し続けた。なぜそれをやめたのかと私が人々に尋ねると、彼らはいつも「食べ物は豊富にあったから、**アルマ**はもはや必要なかったのさ」などと答えるのだった。彼らが指摘したと思えるのは、この時点でユカギールが賃金雇用や消費財の中央集権的な供給を伴うソビエトの国家経済によく統合されていた事実である。この経済的な統合のプロセスは明らかにもっと早くから始まっていたのだが、一九六〇年代になって急速に進んだ。人々はもはや生存のために狩猟に依存することはなかった。野生の獣肉は依然としてユカギールにとって大切であったものの、ソフホーズ（国営農場）によって大量に村の店に届けられる、家畜化されたトナカイやウシの肉に比べると、食料のうち重要でないごく一部を占めるに過ぎなくなった。ユカギールには、野生のトナカイとエルクを狩るよりも、クロテンの毛皮をソフホーズに供給することが期待された。そしてその見返りとして彼らには現金が与えられ、村の店で食料や他の必需品を買うことができたのである。

そのうえ、この時期にエルクの頭数はあり余るほどにまで増加した。一九六〇年代半ばより以前には、コリマ地域のどこかでエルクを殺すのはまったく稀なことだと考えられており、人々は主に百頭以下、あるいはほんの二、三十頭からなる小さな群れで見つかる野生のトナカイを狩っていた。だが一九五〇年代から六〇年代の大規模な森林火災がトナカイの食べ物となるコケを焼き尽くし、トナカイは去ってしまった。代わりにエルクが、森林火災後の土壌に繁茂した若いヤナギに引きつけられ、大挙してコリマ渓谷に移動し始めた。実際のところ数年のうちにエルクの数は大きく増え、村から離れるときはその距離にかかわらず、数頭の動物に出くわしたり、さらに多くの足跡を見かけたりするのはごくふつうのことであった。

私の論点は、実質的に飢饉と疾病の脅威が根絶され、物質的な充足状態にある環境下では、もはや**アルマ**に対する需要はないということだ。結局のところシャーマニックな実践とは本質的に、狩猟の不運であれ飢餓であれ病気であれ、人間の苦悩を取り除くことである。これはユカギールがシャーマニックな力能を信頼することを止めたと言っているわけではなく、物事がうまく進行する限り、単にシャーマニックな力能に大きな注意を払う必要がないということだ。結果としてシャーマンの役職は、ともかくそれを役職として語ることができる限りでは消失し、残りのシャーマンたちはふつうの人々として、ふつうのことをして暮らしたのである。

だが興味深いのは、この展開がシャーマンたちを混乱させたようには見えないことだ。グレゴリー・シャルーギンに、シャーマニックな技術がもはや必要なくなったことに対して彼の母親がどのように反応したのかと尋ねたとき、彼はこう答えた。「本当のところ彼女はたいへん喜んでいた。彼女にとって、その力能を使うことは、罪深くもあり危険なことでもあったから、もうそれをしなくてよいということで本当に幸せだった」。そして、「母は年老いていたが、熱心な共産主義者だった。彼女はよく言っていた。『私たちの以前の父親［ツァー］は、新しい父親［スターリン］ほどには、私たちの面倒を見てくれなかった。私たちの新しい父親は、決して子供たち［ユカギール］を飢えさせない』」と付け加えた。このことから明らかなのは、ユカギールがシャーマニックな思考と共産主義的な思考を、必ずしも両立しないものとしては経験していなかったことである。「シャーマニズム」と「共産主義」の両立不可能性、あるいは「伝統」と「近代」の隔たりを強調することによって、ソビエト当局がシャーマンの階級さえ含むユカギールから忠実な共産主義者を補充できていたメカニズムを捉え損なう危険がある。そうではなく、シャーマニックな思考とは何かを考えることが私たちには必要だ。それは、すべての宗教が偽物であることを基本的な前提とするイデオロギーさえも受け入れ、あるいは少なくとも余地を見出す。私の信じるところではその答えは、シャーマンシップが宗教**ではなく**、具体的な物事が起きるよう意図した単なる技術のシステムだという事実にある。だから成功と失敗こそがシャーマニックな実践の本質であり、ある特定の形而上学、宗教的宇宙論あるいは政治イデオロギーに対して個人的にコミットする必要はない。ハンフリーが次のように書くとき、正確にこのことを指摘している。「種々の問題でシャーマンのもとを訪れると同時に、自身を仏教徒であると考えること、あるいは無神論者と考えることさえ実に可能なのである。……シャーマニズムは、個人的な責務として生涯にわたって引き受けねばならないものを（例えば、仏教が最も基本的な教義の形式の中にさえ求めるようには）何ら要請しない」（1998: 417）

換言すれば、シャーマンシップにかかわることは、宗教的またはイデオロギー的な信仰への個人的な責務を要求しない――それはロシア正教会の司祭、あるいは共産党のメンバーや職員でさえもシャーマンに相談したと報告されていることからも裏付けられる（Jockelson 1926: 162; Vitebsky 1992: 239; Humphrey 1998: 417）。むしろ、シャーマニックな実践の核心であるように見えるのは効果である。つまりシャーマンと観衆の双方の関心は、パフォーマンスそれ自体に向けられる――それが力強く遂行されるかどうか、またそれは物理的世界に意図された効果を及ぼすかどうかということである。これもまた、ハンフリーとライドローが次のように述べたときに指摘していたことである。「『シャーマニックな実践について』最もしつこく尋ねられる問いは、『それはうまくいったのか?』というものである」(Humphrey and Laidlaw 1994: 11)。これはまたシャーマニックなパフォーマンスがしばしば、様々な種類の奇跡じみた試行を伴うことの理由でもあると私は考えている。例えば、シャーマンがナイフで自らの腹部を切り、切った部分が即座に治る(Jockelson 1926: 201; Humphrey and Laidlaw 1994: 10)、あるいは真っ赤に焼けた鉄をなめる(Vitebsky 1997: 9)といったものだ。そのような試行は、彼の技術が強力かつ効果的であると観衆に、またおそらくはシャーマン自身に確信させること以外の目的はないように見える。

このことからもうひとつの論点に導かれる。ユカギールのシャーマンシップが信仰のシステム**ではなく**、単に環境を操作する技術のシステムであることはすでに論じた。またこれらの技術が、シャーマンだけの属性というよりも、社会のメンバー全員が様々な度合いで実践しうる能力の専門化された形式だということも指摘した。そこでもしこれらのことが正しいのだとすれば、私たちはシベリアにおけるシャーマニズムの残存をシャーマンそのものがいるかいないかだけで判断することはできないことになる。むしろシャーマンは、いわば氷山の一角に過ぎず、例えば精霊と性交渉する夢や模倣による獲物の誘惑といった、ずっと広い範囲により深く浸透している日々のシャーマニックな一連の実践によって下支えされている。シャーマンとともに消失するどころか、この

「日曜大工的な」シャーマンシップは保持されて現代ユカギールの生活の本質的な一部をなし、狩猟のような日々の活動の中で実践される（Willerslev 2001）。ヴィテブスキーは適切にもこのことを「シャーマニックな衝動」と呼んでいる（Vitebsky 1979: 9）。彼は、それが備えた「政治的・文化的な状況に応じて異なる形態」を取る「カメレオンのような」性質について語る。共産主義時代にこの衝動は様々な変容を経て、即座には自らをシャーマニックなものと表明することのない、ロック音楽や様々な種類の舞台劇といった形式で出現したのだと彼は主張する。私は、シャーマニックな衝動にもうひとつの本質的な特徴を付け加えたい。それは共同体の全体的な物質的・物理的条件に応じて、焦点をはっきりさせたりぼやけさせたりと切り替わることだ。つまりそれは、安定の時代には人々の意識にまったく登らないほどにまで休眠状態に入るが、危機の時代には急速に成長する。ある中年の狩猟者はこう述べた。

十年前、私たちには何でもあった。村の店に行けば必要なものを買えた。狩猟は趣味みたいなものだった。それは大した問題じゃなかった。今はすっかり違っている。お金はないし、何も買えるものもない。今では狩猟に行くときは本当に不安だ。失敗すれば目も当てられないよ。妻の年金は燃料に使ってしまってるんだから。だから森に行く前には性交を控えたり、女たちには私の武器に触れさせないようにしたり、いろいろある。こんなことは全部、以前はまったく大した問題じゃなかった。実際のところ、私は何も気にかけちゃいなかった。でも今は、猟運をつかむためには何でもやるんだ。

より自給自足に基盤を置く生活様式に向かう確固とした傾向と、乱獲によるエルクの減少のために、シャーマニックな衝動がユカギールの間で再び高まっていることを私たちは知っている。狩猟は多大なる配慮のもと、厳格なルールに基づいておこなわれているし、獲物の霊的意識は今日では若い世代の狩猟者たちをも含めた実質的にすべての人たちによって認められている。人々にはこれらの問題について注意を怠る余裕はない。問題は、自給自足生活へと回帰するこの動きが、最終的にどのような形であれシャーマンの役職を復活させるかどうかである。私たちは今後の成り行きを見守らねばなるまい。

# 第7章　精霊の世界

## ◇ハズィアイン

ヨヘルソンはユカギール人に関する古典的研究の中で、彼が人々の「宗教概念」と呼んだものに多くのページを割いた。ユカギールの精霊の大系《パンテオン》に関する記述が始まる章では、「古代ユカギールの宗教の諸要素を、私が理解する範囲で、また現在は衰退状況にあるユカギールの宗教体系から再構築が可能な限りで、分析することを目指す」(Jochelson 1926: 140) と書いている。彼はそのように述べた上で、多種多様な「所有者《オーナー》」、すなわち（過去も現在も）ユカギールがそう呼ぶことを好む、「父親」と「母親」のすべてを分類するという野心的な作業に取りかかるのである。ヨヘルソンによれば、ユカギールの精霊の大系は善なる精霊と邪悪な精霊の二つの基本カテゴリーに分割できる。どちらの陣営にも様々な程度の権威や力を備えた精霊がおり、ヨヘルソンはそれらをピラミッド状の分類体系に位置づけていく。その結果もたらされるのは、五層以上からなる込み入った階層序列であり、それぞれの霊的存在はその中で確固たる位置を割り当てられた。

そうなるとヨヘルソンが提示した精霊の複雑な階層構造は、どのような精霊が**実在する**《イグジスト》のかについての知識や、その序列や相互関係、固有の特性についての知識を要請するということになる。だが、私がユカギールの狩猟者たちのもとでおこなったフィールドワークの間、霊的存在に関してそのような精緻な知識を示してみせたものは一人もいなかった。実際のところ、狩猟者たちの持つ精霊の観念はほとんどが曖昧で混乱しており、どのような序列であれ精霊を位置づけることは極めて難しいと彼らは考えていた。日常会話では異なる種類の精霊を区別することさえなく、ただ単純にロシア語で「所有者」や「主人」を意味する**ハズィアイン**（*khoziain*）という総称でそれらに言及するのである。彼らは動物とランドスケープ中の場所の両方に結びついた様々な種類の霊的存在が実在することを認めるにもかかわらず、通常は個別にも種類としてもそれらを名指すことができない。また精霊たちの個別の特性について、具体的な情報を示すこともできない。私と同じ狩猟者集団にいた中年狩猟者の語りは、この間の事情をよく表している。

> 彼ら［精霊］はそこらじゅうにいる。会えるのは夢の中だ。私の手ぐらいの大きさの子供のときもあれば、女性のときもある。彼らはものをくれる、贈り物だ。……だが彼らが誰なのかとは聞かないでくれ。彼らは教えてくれないんだ。私の父親も説明してくれなかった。父はただ、起きているときには見えない人々がいると言っただけだ。気に入ってもらえれば獲物をくれるだろうから、怒らせてはならない。……おそらく彼ら［精霊］はこういうあり方を望んでいて、我々が知り過ぎることを望んではいないのだ。

今でもユカギール語を話す何人かの老人たちは、ヨヘルソンによって記述された精霊の上位分類の名称をいくらか識別できる。レビイ＝ポギル（*Lebie'-po'gil'*〈大地の所有者〉）、**モイェ**（*mo'ye*、様々な動物種の所有者）、あるいは**ペユル**（*pejul*、個々の動物個体の所有者）といったものだ。ところが彼らの言明から明らかなのは、これら精霊の特性やそれぞれの範囲については相当の不整合があり、異なる精霊のカテゴリー間には概して重複があるということだ。老人によっては、狩猟をおこなっていた土地の川や、あるいは特定の動物種と結びついたいくつかの具体的な精霊について、その性格をある程度まで詳細に説明することができる。しかし老人たちは、その他の人々と同様に、全体としての精霊の大系についてはまったく無知である。

ユカギールの人々の言明にはまた、ヨヘルソンにとっては基本的な区分であった精霊の善悪についても著しく両義的な態度が表れている。例えば私がある老人に、ヨヘルソンの階層では善なる存在の最上位に置かれた〈大地の所有者〉レビイ＝ポギルについて尋ねたとき、驚いたことに彼は、〈尖った頭の老人〉、イオデイイスイエンウルベン（*Yiodeiis'ien'ulben*）の容貌と性格を描写した。ヨヘルソンの大系の中で後者は、地下の世界に住んで人間の魂を食べる悪霊の頭目なのである（Jochelson 1926: 152）。さらにその老人はいかなる善良な精霊の存在もいっさい否定し、「我々の知っているすべての精霊は、我々を殺そうとしている。良い精霊なんてものは知らん」と断言した。また別な人の説明によれば、レビイ＝ポギルとは好色な若い女であり、狩猟者は彼女を夢の中で誘惑して自分たちに獲物を提供するよう仕向けなければならない。つまり、どうやらユカギール人は善悪のような分類を相互に背反的なものと見なしていないようであって、この道徳上の両義性は精霊の性別に反映している。精霊は一般に両性具有的なものとして観念されるのである。

狩猟者たちは、供物を火にくべたり獲物の残骸を木に吊るしたりといった日常の儀礼を無数におこなっており、それらは霊的存在が実在するという観点からのみ理解可能であるにもかかわらず、こうした実践についての人々の解釈は総じて曖昧である。これらの儀礼的実践は誰に向けてなされたのかと尋ねると、彼らは肩をすくめて、「知るもんかね！」と言うのが常であった。もしくは精霊のことは口にも出さず、「これこれこうしてこうする、さもないとツキがやってこない」とか「こうするのがいいんだ、だからそうするんだ」といったように短く説明するだけであろう。

## ◇ユカギール人とユピック人の比較

そのときの私が抱いた全般的な印象は、精霊の世界に関するユカギールの思考は本質的に混乱し、矛盾し、首尾一貫せず、曖昧だというものであった。ユカギールの精霊大系に関するヨヘルソンの明確な枠組みに似たものはほとんど何も見出せなかった。これはヨヘルソンのフィールドワークから百年が経過する間に、人々がその知識を失ったということだろうか。シベリアの先住民を研究する多くの人類学者や歴史家がソビエト統治期になってから発生したと強調する「文化変容《アカルチュレーション》」の過程が、遍《あまね》く広がっていったという見立てが正しいとすれば（Forsyth 1992, Slezkine 1994, Grant 1995, Schweitzer and Gray 2000: 17-37）、精霊に関する主要な思考はそれによって浸食されたのだという話に当然なってくるだろう。

ソビエトの学校システムはユカギールの生活にとりわけ深刻な影響を与えた。ユカギールの子供たちに向けた小規模学級による数年間の実験ののち、ロシア語やロシア文学、歴史に重点を置くソビエト式の教育システムは正式なカリキュラムになった（Vakhtin 1991）。ユカギールの子供たちは、はじめマガダン（*Magadan*）のバリギチャン（*Balygychan*）村に置かれ、のちに地域の中心であるジリアンカ（*Zyrianka*）に移った常設の寄宿学校へ入れられた。そのうえ義務教育期間も徐々に延長されていった。一九三〇年代には三年から四年に、五〇年代には七年から八年になり、七〇年代には八年から十年となった。[1] 寄宿学校の教師は実質的に全員がロシア人であった一方、生徒たちは様々な民族からなっていた。これは子供たちが、お互い同士あるいは教師と母語で会話できないということである（Krupnik and Vakhtin n.d. も参照）。その結果、流暢なロシア語を完璧に話すもののユカギール語については初歩程度、あるいは理解はできるがしゃべれない程度の知識しか持たずに家族のもとへ戻るユカギールの子供が増え続けることになった。そのため一九六〇年代の終わりまでには、ロシア語はユカギール人の間で第一言語としての確固たる地位を占めることとなった。今日では、ユカギール語に堪能なのは最年長の世代のみである。六十歳以下の人々にとって、第一言語はロシア語かサハ語となる（Vakhtin 1991）。ネレムノエ村に初めて学校ができたのは一九八〇年代半ばであり、一九八六年から八七年になってようやくユカギール語が義務教育課程の一部に取り入れられた。しかし私の経験からすると、土地の子供たちは彼ら同士や親との会話ではほとんどユカギール語を話さず、教室を出ると同時にロシア語に切り替えるのであった。

ロシア語がユカギール語に取って代わったのと同様に、精霊に関する人々の知識は新しい考え方によって歪められたのだろうか。ここで特に興味深いのは、クルプニクとバフチンがシベリア・ユピック（イヌイト）でおこなった調査である（Krupnik and Vakhtin 1997 n.d.）。ユピックはユカギール人の住むコリマ川の北東部を居住地として海獣類の狩猟をする人々であり、ユカギール人と同様の言語的状況に置かれている。[2] その調査は、精霊に関するユピック人の伝統的な知識が百年にわたる激しい文化的接触を経てどの程度変化したのかを記録することを目的としていた。彼らは様々な世代のユピックの人々に膨大な回数のインタビューをおこない、死者の魂の生まれ変わりや動物の骨の取り扱い、精霊の世界と人間の関係についての考えなどといった、伝統的な世界観の中心をなす事柄について尋ねた（Krupnik and Vakhtin 1997: 239）。そして集めた証言を、ボゴラス（Bogoras 1904-9）の仕事を中心としたユピックの宗教的思考についての古典的な民族誌報告と比較する。これは、クルプニクとバフチンが人々の「知的文化《インテレクチャル・カルチャー》」と呼んだものがどの程度の変化を被り、あるいは失われたかを測定するためであった（Krupnik and Vakhtin 1997: 238）。二人を驚かせたのは、同時代のユピックの成人たちが持つ伝統的知識は、古い世代の成人たちが持つ知識と目立った違いはないという発見であった。予想とは異なり、精霊の世界および様々な儀礼的実践に関する現在の知識は、土着言語の喪失あるいは公的な学校教育の拡大との直接的な関連によって減衰しているわけではないと二人は結論づけた（Krupnik and Vakhtin 1997: 236）。そうではなくて、公に認識される精霊の世界がしぼんでしまったのだと彼らは主張する。かつてユピック人の環境には様々な霊的存在がびっしりと住まっていたのに対して、現在の人々が認識する霊的な実体ははるかに少なくなってきている（Krupnik and Vakhtin 1997: 244）。さらに、ユピック人は（霊がいなくなって）空白となった隙間を「（主にロシア／ヨーロッパの）外部者の文化から価値や説明あるいは信念を、その非＝精霊的な解釈や実際的な理由づけとともに積極的に取り込むことによって埋める」のだとクルプニクとバフチンは主張する（Krupnik and Vakhtin n.d.）。そのため、今でも伝統的実践の多くは広範に見られるものの、かつての霊的な意味合いや解釈はより世俗的なものによって大きく取って代わられた（Krupnik and Vakhtin 1997: 237）。そして現在では、ユピックの人々による知識の集積は、二人が「混合文化《ミックスト・カルチャー》」と呼ぶ新たな文化的混淆体の創造をとおして進行すると結論づけられる。「現代のユピックの成人たちとのインタビューから明らかになった混合文化は、単なる古い（土着の）要素と新しい（借用の）要素の結合というだけではない。それはむしろ、古い伝統《レガシー》の断片を別の認知システムのパラダイムによって独自に再調整することである。混合言語、つまり言語的な相互作用の中で起きる同様の再調整を説明する際に、現在の言語学で広く受け入れられている概念の現代的な定義との類似性は明らかである」（Krupnik and Vakhtin 1997: 249）

私の観察によれば、ユカギール人の状況はユピック人の状況と極めてよく似ている。双方とも、精霊の世界に関する知識については世代間で大きな違いがないように見える。今でも土着の言葉を話す古い世代のユカギールも、ユカギール語の能力を欠く若い世代の成人たちも、精霊の事柄に関してはほとんど差がなく、一貫しない曖昧で断片的な言明をおこなう。同様に、ユカギール社会にもユピック社会にも、かつては様々な霊的存在がひしめいていたものの、それが縮減したと解釈しうるものが見出せる。そうして現在のユカギールは異なる層の精霊を区別しなくなり、その代わりに**ハズィアイン**という総称で呼ぶだけとなった。それに加えて、ユピック人と同じようにユカギールの私のインフォーマントたちは、なぜ彼らがその儀礼をおこなうのかについて、霊的な説明よりも我々が世俗的と呼ぶような説明をすることが多い。

それでも私は、クルプニクとバフチンによる調査の手法と結論についてはいささかの不満を覚える。まず、現代の先住民による精霊の世界についての証言に対して、直接比較の基礎として古典的民族誌を用いることには大きな問題がある。ヨヘルソンとその友人であるボゴラスの研究はどちらも、十九世紀後半の知的伝統に深く根ざしたものだ。[3] 両者はフランツ・ボアズの「新しい」反進化主義人類学に強く影響を受けていた。ボアズの人類学は通時的な発展を明らかにするという目的を進化主義と共有していたのだが、第一に文化の可変性《ヴァライアビリティ》を焦点とすることによってそれを成し遂げようとした（Miller and Mathé 1997: 21）。かくしてボアズは、文化一般の発展の法則を引き出そうとするどのような試みにも先んじて、特定文化の詳細な歴史的再構成をおこなわねばならないと主張する（Nash 1977: 4）。この歴史的再構成という考えに専心したヨヘルソンとボゴラスは自らの主要な任務を、ロシア文明の圧力によって完全に追い出される以前の、シベリア先住民文化の本来的な姿を書物の中に再構成することであると考えた（Miller and Mathé 1997: 22）。この目的のため、現在の人々のふるまいよりもインフォーマントの記憶にあるかつてのやり方のほうが重要であると理解された。とりわけシャーマンは太古の霊的知識の保有者と見なされ、土着の宗教的思考に関する民族誌資料の大部分はそうした「宗教専門家」から得られたものであった。ボゴラスは、「一般人は精霊の事柄についてほんの少ししか知らない」と短く注釈している（Bogoras 1904-9: 290）。だがこの観察によってもなおボゴラスとヨヘルソンは、シャーマンの断片的な言明を拾い上げ、それらをひとつに織り合わせて先住民の精霊の大系に関する理念的モデルを作り出すことをやめなかった。そうしたモデルからはすべての未洗練な部分や矛盾は切り落とされ、例えば「ユカギール人の」あるいは「ユピック人の」、「宗教的思考」であるとして提示される。私が主張しているのは、精霊の世界についてのこのような理念的な全体像は、二人の人類学者による想像の産物と見るほうが妥当であって、先住民自身の考え（シャーマンは例外となりうる）ではないということである。したがってクルプニクとバフチンが調査の過程でおこなったように、今日の「一般の」人々の間で精霊についての考えが変化したり失われたりした程度を測るための基礎としてこれらの記述を用いるのは、極めて疑わしいことなのである。

だが、私の批判の主眼はクルプニクとバフチンの研究対象そのものにかかわる。つまり「精霊に関する土着の知識」それ自体である。彼らはそれを、「知的文化」という観点から定義する。「物理環境を、認知的に組織化あるいは形式化された空間（すなわち認知環境）へと変換するのは文化であり、ことに**知的な**文化である」（Krupnik and Vakhtin 1997: 237、強調はウィラースレフ）。「あらゆる文化の古い伝統の中核を構成し、あらゆる人間共同体の安定性と連続性にとって決定的なのは、まさにこの知識（知的能力《インテレクチャル》）である。それはいかに宇宙が作られたかを、適切かつ理解可能な言葉遣いで人々に説明する。世界における人々の位置づけを、物理的にも霊的にも指し示す。それは生と死を意味づけ、集団や個人の成功と不幸に納得できる説明を与え、人間のふるまいを調整する。かくして、何を措《お》いてもこれこそが先住民の環境知識の最も重要な要素である」（Krupnik and Vakhtin n.d.）

クルプニクとバフチンの提起によれば、「知的文化」とは世界を知覚するための世界観あるいは認知モデルのようなものである。(4) このアプローチの核心には表象主義的な知識観がある。その観点によれば、人々が直接的に世界を知ったりそこにかかわったりすることは不可能であり、文化的表象を媒介とした間接的な形でのみそれは可能となる。人々は言語使用を発展させるにつれてこれらの表象を獲得し、したがって表象はまた言語を共有するすべての人間によって日々再生産される。人々が世界を知覚するやり方、つまり人々に意味の枠組みを提供するまさにそのカテゴリーと概念自体が、使用する言語によって与えられるということである。「我々を取り巻く世界についての内的な知覚は、それを表現するために用いる言語のカテゴリーに大きく影響される。……我々は言語を使って、視覚的には連続体であるものを、意味のある対象として区切る」(Leach 1976: 33) とリーチは書く。バーは構築主義理論に関する著作の中で同様の立場を採っている。「もしも世界についての我々の知識、つまり世界を理解するふつうの仕方が、実在するありのままの世界から来ているのでないとすれば、いったいどこからそれは来ているのか。社会構築主義者の答えは、人々によって人々の間で構築されるということだ。……したがってあらゆる種類の社会的相互作用、とりわけ言語は、社会構築主義者の興味を大いにそそるものだ」(Burr 1995:4)。そして彼女は続ける。「言語は……我々が知っているような思考にとっての、不可欠の前提条件なのだ」(Burr 1995: 7)。(5)

これらは知識と知覚の問題に対していくぶんか異なるアプローチを採っているにもかかわらず、基本的な前提は同一である。すなわち、人々が世界の「そこ」に何があるのかを知るのは、文化ごとに固有の「メンタルモデル」の形式で、精神の内に世界を表象することによっているというわけだ。こうしたメンタルモデルは言語に基礎づけられたカテゴリーと概念の産物であり、混沌とした無定形な感覚的経験の流れに過ぎないものに対して形状と意味を付与するのである。この理論化の方向の先には、ある特定の文化的伝統の知識が人々の間で共有されるのは、何よりも言語の賜物であるとの主張がある。言語の喪失とともに、その言語の中で表明されている世界観もまた不可避的に失われるというわけである。実際のところ、これこそ社会科学者や言語学者が先祖伝来の言語の消失についてしばしば多大な不安を示す理由である。なぜなら彼らは、はるかな昔から受け継がれてきた文化的知識は、最後の話者の世代で永遠に失われると信じているからだ(6)。

### ◇住まうことの視点

だが、もし実際に言語がある種の根本的な形で、我々が世界を知覚し理解するやり方を決定するということが真実ならば、なぜ今でも母語をしゃべるユカギールやユピックの古い世代は、言語的な熟練を欠いた他の世代の成人たちよりも、精霊の事柄についてより一貫性のある洗練された知識を顕著な形で示さないのだろうか。ここで我々は、クルプニクとバフチンが抱いているように見える矛盾した見解を改めて取り上げることにしよう。彼らは「知的文化」が伝統的知識の最も重要な要素であると考えており、すでに説明した通りそうした知識は言語に基づくと理解されている。それにもかかわらず、彼らの調査データが示すのはまったく正反対のことである。つまりそれが示しているのは、精霊や儀礼実践に関する知識は、母語の喪失と直接的な関連を持って衰退しているわけではないということだ。

このパラドックスと取り組むにあたって、精霊の知識の問題に対するひとつの根本的に異なるアプローチを提案したい。それは、知覚とは概念表象や認知の問題だとする伝統的視点を留保し、その代わりに事物が人々の日常的な活動の流れの中で立ち現れるやり方に注目することによって進められる。換言すれば私が提起するのは、いわば分析の順序を逆転させることである。つまり、人々と事物との実践的な関わりのほうこそが決定的な基礎であり、それが「知的文化」すなわち抽象的な認知や概念表象にとって不可欠の前提になっているという仮定から始めるのである。インゴルドはハイデガーの現象学を参照しながら、これを「住まうことの視点」と呼び、表象主義理論の「建築の視点」と対照させる（Ingold 2000: 172-89）。「我々は建てねばならないがゆえに住まうのではない。そうではなく住まうがゆえに、つまり**住まう者**であるがゆえに建てるのであり、建てねばならないのだ」（Heidegger 1993: 350, Ingold 2000: 186 も参照。強調はウィラースレフ）。インゴルドと同様に、私はこれを住まうことの視点の根本原理として扱う。「それが意味するのは、想像の中であれ地面の上であれ人々が建てる形は、周囲への実践的な関わりにおける特定の関係的な文脈の中で、彼らが没入する活動の流れのうちに生起するということだ」（Ingold 2000: 186）。したがって住まうことの視点は、人々が経験を解釈し、それについての表象を構築するという事実を否定はしない。ただし強調されるのは、人々は知的な主体として環境から根源的に引き離され、世界へのいかなる関わりにも先立って精神のうちに世界を構築することからそうするのではないという点だ。住まうことの視点が主張するのは、まさにことのはじめから我々は、目下の活動の文脈の中で我々に意味《アフォード》をもたらすひとつの＝世界＝**内**＝の存在者たちであり、それゆえに世界についての表象を生み出すことができるということだ。

たとえハイデガーの哲学が独自の偏見と自民族中心主義的な立ち位置から逃れえないとしても（第1章と第9章の批判を参照）、実践する人々の実際の経験を真剣に受け取る上では有効なアプローチである。換言すれば、彼の哲学で特に価値があるのは、抽象的知識は常に実践的な関わりの文脈から生まれるという主張だ。ハイデガーにとって、知ることのできる対象とは**道具**である。我々は世界を観照的《コンテンプレイティブリー》に知るのではなく、日々の実践的投企の中で「用具的存在者《レディ・トゥ・ハンド》／使えるもの」として経験される道具として知る。すなわち知ることとは、なすことと深く関係する。ハイデガーのアプローチがユカギールの狩猟者と結びつくのは、まさにこの点である。彼らにとって精霊の知識は、生きられた実践的な経験とともに始動するのである。私の信じるところによれば、このようにして高次の言語学的な理論から日常実践の経験の具体性へと移行することで、狩猟者たちがなぜ霊的存在の世界を明確に秩序づけられた分類システムのうちに取り込もうとするすべての試みを台無しにするように見えるのか、またその代わりに精霊たちを**ハズィアイン**という総称で一緒くたにする傾向があるのか、その理由を理解できるようになる。

## ◇「用具的存在者」としての精霊

西洋に住む我々は、自らが生きる文化を通常は「科学的」と表現するにもかかわらず、実際のところ普段は科学的思考を日常生活の中で用いたりはしない（Worsely 1997: 6）。むしろ我々は、近代科学の応用をとおして発展してきた車やコンピューターといった技術装置を使用するために、科学について単に「知っている」と決めてかかっているのだ。だが我々の知識は、基底にある科学的原理を何も理解する必要のない、「レシピ知識」とでも呼びうるものだ（Schutz 1971: 95, Worsley 1997: 6）。なぜのようにしてこれらの技術装置が動くのかを理解していないからといって、通常はその使用に困ることはない。したがって、運転手は車の運転をするために力学法則を熟知する必要はなく、コンピューター利用者はメールを送るために電子工学を理解する必要はない。むしろ、毎日のように使用する車やコンピューターやその他のモノは、日常の活動の中にぴったり調和している。

さらに日常生活では、これら様々な道具をそれとして注意を向けることなく用いている（Costall 1997: 76-86, Ingold 2000: 407）。例えばコンピューターに向かって執筆し、それがいつも通り動いているときは、その機械をはっきりと知覚することはない。キーボードには注意を払うかもしれないが、タイピングが本当にうまくいっているときには、それすら注意を払わないだろう。その代わりに私は書いているものに完全に集中する一方、タイピングは「透明な処理」モードとしてただ継続されるだけだ（Dreyfus 1988: 257-58）。私が指摘したいのは、事物とともにある我々の日常的な存在のあり方を見るとき、独立したモノに対峙する意識的な主体などというものはまったく見当たらないということである。むしろ我々が日々使用するモノは活動の流れへと吸収され、ある意味では透明になって、手元の作業の「目的動機」に完全に従属している。

狩猟者および彼らの儀礼の対象となる精霊に話を戻せば、そこでは何かしら同様のことが起きていると言える。だが分析を開始する前に、ユカギール人の間には、例えば成人や出産、死者の埋葬などにかかわる公式の大きな儀礼が見出せない点を指摘しておくことは必要だろう。実際のところユカギール社会の顕著な特徴とは、儀礼の少なさである（Jochelson 1926: 89 参照）。ユカギールの儀礼はすべて日常的なタイプのもので狩猟と関係がある。儀礼は個人的に、あるいはたまたま行動をともにしていた狩猟者の小集団によって執りおこなわれる。多くの場合それらの儀礼は淡々とおこなわれ、会話の中ではっきり口にされることはめったになく、抽象的なかたちで反省されるようなことはさらに少ない。それらは単純に「物事をおこなうやり方」である（Schutz 1966: xvii）。ある若い狩猟者は精霊に関する私のしつこい質問にいささか辟易《へきえき》して、次のように述べた。「それはお前がコンピューターを使うようなものだ。(7) お前はそれに向かって書く。だがお前はそれが実際にどのように動くのかについては考えない。自分でそう言っていただろう。お前はただそれに向かって仕事をすればよいのであって、どのように動くかを理解する必要はない。私にとってもまったく一緒だ。エルクを仕留めるためには、あれこれする必要がある。だがその深い意味など考えないし、そんなこと知る必要もない」

その狩猟者は、精霊についての彼の知識とコンピューターについての私の知識がどれほど完全に実践の内へと没入しているのかを説明している。そのことによって彼が指摘するのは、我々にとって事物の根源的な価値とは抽象的な思考の対象としてではなく、実践的使用のための道具的なモノであるということだ。コンピューターにせよ精霊にせよ、それは何かがなされるために用いられるのであり、それゆえ具体的な目標を成就するために事務的に淡々と用いられる「道具」として立ち現れる(8)。

狩猟の前に毎回おこなわれる儀礼、「火に食べさせる《フィーディング・ザ・ファイア》」実践を例に取ろう。茶やタバコ、パン、砂糖を炎の中に投げ入れるとき、どの精霊に向けてなされているかについて狩猟者たちが話すのを、私はほとんど聞いたことがない。尋ねたときには、知らないか、「**ハズィアインに**」と言うだけであった。換言すれば、狩猟者が火に食べさせるとき、通常はその儀礼的実践のより広範な宇宙論的意味について省察することはなく、犠牲を捧げている霊的存在の性質について考慮することもない。彼らは単に火に食べさせるのである。彼らの注意は精霊に向かうのではなく、狩猟の活動それ自体へと向かっており、お腹を空かせた身内を支援したり、肉を燃料と交換したりといったことを可能とするためには、いつどこで獲物を探すべきかという関心へと向かっている。したがって火に食べさせるとき、狩猟者の意図は儀礼の対象である精霊を通り越して、活動の目的とその成就へと向けられている。そうした供犠の間、精霊は狩猟者にとってある種の利用可能な存在として現前しており、これはハイデガーが「用具性」（Heidegger 1962: 99）と呼び、ドレイファスが「利用可能性」（Dreyfus 1991: 60）と表現したものだと言える。このことから私が言わんとしているのは、精霊はその道具的機能をこうした淡々としたやり方で差し出すがゆえに、狩猟者の意識の中にはほとんどいなくなるということだ。ナイフや斧、罠、銃といった「非精霊的」道具についても、狩猟者が何らかの実践的投企のもとで上手に使っているときには同様のことがいえる。「手近な用具的存在者の特徴とは、それがまったく本物の用具的存在であるためには、その用具性の中にそれまで通り引きこもっていなければならない。我々の日常的な交渉がさしあたり気にかけているものは、

［物質的にも精霊的にも］道具そのものではない。反対に、我々が関わり合うのは作業なのである」（Heidegger 1962: 99）

言うまでもなくそれぞれの霊的存在は、それとわかるような属性を持っている。あらゆる狩猟者はそのことに同意するだろう。ただし重要な点は、狩猟者はほとんどの場合、そうした属性についてはっきりと気づいたり考えたりすることはないということだ。実際のところ、「火に食べさせる」などの日常的な実践の間、精霊は「消え去る」傾向にあるといえよう。狩猟者は精霊をいかなる特性を持ったものとも認識せず、そのため会話の中ではそれらを単に**ハズィアイン**という総称で呼ぶだけである。種々の精霊の間に区分を設けることへの無関心は、クルプニクとバフチンが示唆するような伝統的知識の喪失を必ずしも反映してはいない。むしろ精霊の領域への無関心は、狩猟者たちの実践的な存在様態の中に本質的に備わっているのだ。その中では実用的な関心が優先されるため、注意の対象としての精霊たちは事実上消滅する。したがって儀礼的実践の意味について尋ねたとき、狩猟者たちが霊的な説明よりも世俗的な説明をしがちなのは驚くにあたらない。すでに見てきたように、そうした儀礼実践の過程において世界へと向き合う態度は、神秘的でも呪術宗教的でもないからである。まったく反対に、彼らにとって重要なのは精霊よりも作業であり、何らかの実践的投企に携わっている他のあらゆる作業者と同様、その心構えは実用本位かつ経験主義的なのである(9)。

精霊の世界および周囲の環境全般に対する本質的に実用的な態度はユカギールの狩猟者に特有のものではなく、他の先住民集団の間でも報告されている。リーによる、「ジュ（ブッシュマンの一集団）は抽象的な哲学的語りに時間を費やさない。その代わりに人々は、日々の生活の中の生や死、健康と病といった具体的な問題に取り組むのだ」（Lee 1993: 114）という観察の根底にも実務的な考えがあるようだ。同様にダウール・モンゴルについてハンフリーは、「それぞれの生を営む一般人にとって、世界の中の実体や過程は抽象的な考察の対象とはならない。実際のところ、文脈から切り離された思弁がおこなわれる状況は、実質的には存在しないと言ってよいほど珍しい」（Humphrey 1996: 57）と書いている。とはいえ重要なのは、実践的なものの見方は、抽象的な「文明化」された思考と対比されうるような、人類の知的発展における原初状態を指すのではないと指摘することである。むしろそれは我々にとって最も基本的な存在のあり方にして、時代と場所を問わずすべての人間が共有するものである。[10] 実用的な動機が西洋人の日常生活をも支配していることは、シュッツによる「常識の世界」についての説明が明らかにする通りである。「日常生活を送っている人は、自己の知識が明晰であることに、部分的にしか――あえていえば例外的にしか――関心を持ってはいない。ここでいう知識が明晰であるとは、自己の世界の諸要素間の関係およびそれらの関係を支配している諸々の一般原理に対して十分な洞察力を持つということである。電話がよく機能し利用可能であれば、日常生活を送っている人はそれで満足し、電話装置の細部の機能の仕方やこの機能を可能にする物理学の法則に関して通常問うことはしない。店で品物を買うときも、その品物がどのように生産されるかについては知らないままに買い、またお金が実際にはどういうものなのかについて曖昧な観念しか持っていなくともお金で支払いをする」（Schutz 1971: 94）

こうした言明は、事物（精霊であれ技術装置であれ）に対する我々の本源的な理解が理論的なものではなく、いかに実践的な関心に基づいているのかを明らかにする。その一方で、「一般の」人々であってもある種の状況下では、世界および自らがそれと取り持つ関係について省察するという事実を見逃してはならない。問題は、住まうことの視点という立ち位置から、この種の抽象的思考をいかに理解するべきか、またそれは「知的文化」の概念とはどのように異なるのかということである。これまで見てきたように「知的文化」の概念は、主体と世界の分離という想像上の仮定から出発する。したがって主体は言語によって提供された概念とカテゴリーを用いることで、世界への意味あるすべての関わりに先んじて精神の内に世界を構築しなければならない。すなわちここには、インゴルドが「建築の視点」として言及したものの本質がある。「そうした世界は生きられる前に構築されている。換言すれば、世界製作の行為が住まうという行為に先行しているのだ」(Ingold 2000: 179)。私の議論はこの「建築の視点」とは正反対の道筋を取る。それは直接知覚的な関わり、すなわち住まうという原初状態を措定した上で、主体が抽象的に自らの活動の流れを省察するためには、自身をその流れから切り離さなければならないと主張する。そうした観照的な分離の様態を達成したときにはじめて、「精霊とは誰か?」あるいは「なぜ我々はこの儀礼をおこなっているのか?」といった問いを発することができる。「客体的存在者」とハイデガーが呼び、ドレイファスが「事物的存在性」(Dreyfus 1991: 60) と訳したこの存在様態こそ、今から私が論じようとするものである。

## ◇物事がうまくいかないとき

ハイデガーによれば、実践的関わりの態度から観照的な態度に変化するには常に何らかの「ショック」の経験を伴う。事物がそれ自体としてあらわになる「切り替え」に遭遇するのは、事物との継続的なやり取りがトラブルに陥ったときである（Heidegger 1962: 102-3）。例えば仮にコンピューターの電源が入らなければ、執筆という投企全体が停滞状態に陥り、私はどうするべきかと考えながらただコンピューターを見つめることになるだろう。したがってこの種の一時的な故障は、それまで透明であったものが明示的に現れるような様態へと私を強制的に移行させる。私は書き物に集中する代わりに、今や固有の属性を備えた特定の種類のものとして現れたコンピューターに照準を合わせる。故障が続けば、対象の使用不可能性が主体を突き動かし、純粋に理論的な観点からそれを眺めるようになるだろう。私のハイデガー理解によれば、そのときこそ我々は、モノが不具合を起こすまでその一部として働いていた機能的連関の網の目を垣間見るのである。例えばコンピューターの電源がいつまでも入らないとき、コンピューターそれ自体のみならず、その機械としての機能が埋め込まれていた関係のネットワークにも気がつく。コンピューターと接続されたプリンターや、執筆のために使っていた他のこまごました機器が目に入ることだろう。そして執筆という目的動機の実現のために、こうした様々なモノすべてに依存していたことを切実に認識するだろう。「指示連関が配視的に呼びさまされるとともに、……世界がそれ自身の登場を告げる」とハイデガーは書く（Heidegger 1962: 105）。したがってある意味では故障が、事物の本質的な属性および我々がそれらと取り持つ関係を見せてくれるのである。

私の信じるところによれば、ハイデガーの洞察はユカギール人の研究に援用可能である。またそれは、私が狩猟者たちと森の中で暮らしていた頃に起きたある事件についてとりわけ解明の光を与えてくれる。我々は二週間以上もの間、猟運に恵まれずに過ごしていた。エルクの足跡はそこら中に発見するのだが、一頭たりとも近づくことができなかった。そのときユラという一人の狩猟者がエルクを撃つことに成功した。エルクは地面に倒れたものの、すぐにまた立ち上がり、ユラが撃ち続けていたにもかかわらず歩き去ってしまった。小屋に戻ったユラはひどく怒っており、「ほんの十メートルだぜ！」と叫んだ。「俺は五発も六発も撃ったのに、奴は歩いて行っちまった。昨日の夜［夢の中］にハズィアインが来てそいつを俺にくれたんだ。それなのになんだって彼［精霊］はそれを取り返したんだ？　オムレフカ川じゃこんな問題はなかったのに」。「そうだ」と他の者たちが同意する。「オムレフカのハズィアインは我々を受け入れてくれた」。夢の中で与えられていたエルクを仕留め損ねたとき、ユラはハイデガーの言うある種の「ショック」を経験した。エルクが起き上がって歩き去ったとき、ユラの知覚に変化が生じたのだ。彼は突如として実践的態度を捨て、従事していた狩猟活動に対するある種の理論的な立ち位置を採用した。彼は精霊を単なる匿名の集合としてではなく、省察の可能な個別の存在と見なすようになり、それらの精霊に固有の意味と感受性のうちに狩りの失敗の原因を探し始めた。これを、ユラがある種の宇宙論的な啓示を受けたと誤解するべきではない。そうではなく、彼はただ人間＝精霊関係の網の目について一瞬の直観を得たのだ。多くの狩猟者にとって、霊的存在およびそれらと取り持つ関係についての知識は、そのような一瞬の明晰さを越えて広がっていくものではない。

## ◇精霊の世界に問いかける

私の狩猟者集団が経験したような失敗が何度も続く状況は、失敗の理由についてのさらなる問いかけを喚起する。狩猟者たちは対話の中で、また経験をとおして問題を解決しようとするだろう。例えば精霊は夢の中で、失敗の理由は侮辱されたためだと明かすことがときどきある。子連れの女性が近づいてくる夢をユラが見ていたことが、後でわかった。親子はイヌの毛皮を着ており、子供の目からは一筋の血が流れていた。我々は皆、その冬の間集団に加わっていたワシーリーが、森に向けて出発する前にネレムノエで孕《はら》みイヌを殺したことを知っていた。ユラの夢によって、これこそ失敗の隠れた理由だと狩猟者たちは確信した。我々が狩猟をしていた〈オルギア川の所有者〉は、「穢れた」ロシア人がいることに怒っているに違いない、彼と一緒にいる限り猟運には恵まれないだろうと狩猟者たちは論じ合った。狩猟者たちはワシーリーを追い出すことに決してあからさまには賛成しなかったし、誰も出ていけとも言わなかった。その代わりに、完全に無視を決め込むことで、ただ「出ていくように仕向けた」。結局彼は、集団を離れて村に住むことを決めた。

私が強調したいのは、狩猟者たちはときおり精霊の世界へと問いかける必要性を感じはするものの、そうした問いは常に精霊世界の特定の要素にのみ関わり、決してその全体性へとは向かわないということだ。狩猟者たちは障害を克服するのに役立つ要素をただ特定するだけである。精霊の世界を構成する要素への狩猟者の関心は、したがって常に特殊化された限定的なものである（Humphrey 1996: 83）。誰も全体としての精霊の世界に詳しくなろうという気を起こすことはない。さらに狩猟者は問いを投げかけるときも、精霊たちの個別の性格について必ずしもはっきりと理解しているわけではない。ほとんどの場合は、単に精霊たちについて知らないので、個別的なことを語ることができないのである。その代わり彼らは、精霊が出来事に対してどのように反応するかの類型的な観念に頼る（Boyer 1993: 121-43 を参照）。ゆえに狩猟者は誰一人として、なぜ村で孕みイヌを殺すことがことさらに〈オルギア川の所有者〉を怒らせたのかを説明することができない。実際のところ、イヌは人間以外で唯一、守護霊を持たない生物であり、代わりに人間の主人のみを持つのだと通常は言われている。換言すれば、そのイヌを殺したことが我々の狩猟における不運についての妥当な説明として受け入れられたのは、孕んだ生物を殺すことが一般に罪深い行為と見なされるという単純な根拠によっているようだ。

狩猟者の知識のこうしたイメージを、深さと洞察を欠く混乱したものだと言い募るつもりはない。このエピソードを提示した最大の目的は、精霊の世界についての彼らの考えは体系的なものではないということを例示するためだ。ほとんどの部分で、彼らの思考は首尾一貫せず矛盾に満ちている。確かに人生の曲折の末に、**ある**精霊についての洞察を深める人物もいる。ユカギールの人々は、長年の間繰り返し特定の霊的存在と遭遇することによって、少数の決まった精霊の性格について深い知識を獲得するのだと主張する。例えば老人の多くはポモスチニク（*pomoshchnik*、補助霊）、すなわち彼や彼女を好く特定の精霊を持っていると言われる。それは何十年もの間狩猟をおこなった場所の精霊や、長年の実践的関わりをとおして親密な友情を発展させた動物種の精霊である。若い人々は、ユラのように様々な霊的な行為主と遭遇する。しかし精霊は、長年の知己である老人との間にのみ継続的な関係を発展させる傾向にあるといわれている。

例えば私の集団のリーダーであるスピリドン爺さんは、自分の補助霊は〈オムレフカ川の所有者〉であり、夢の中に老女の姿でやってくるのだと主張する。彼女は、一切れのパンとバターといった贈り物を彼に与える。もしバターの塗りが薄ければ、もっとのせるよう彼女を説き伏せる。なぜならバターは彼に与えられるエルクの太り具合を示しているからだ。「彼女が好きなのは甘い言葉で褒められることだ。私は彼女に、年齢にもかかわらず美しいとか、その他にも彼女の喜ぶことを言ってやる。こうやって、ほとんどいつも分厚いバターをもらうことにまんまと成功するんだ」と彼は説明した。したがってスピリドンのような老人は、彼らの補助霊の性格や気質、感受性について詳しく説明することができる。彼らは、精霊が何かをくれたときにその意味を解釈することができ、精霊の行動と起こりうる出来事への反応を予測することができる。だがその知識は、親密な関係と個人的な利害関心を持つ特定の精霊の範囲を超えて拡張はしない。スピリドンは、精霊はそれぞれ独自の性格を持つと主張するものの、精霊が互いにどのように異なるのかをはっきり述べることは決してできないだろう。彼はこう問うた。「いったいなんだって私がポポヴァやシャマニカの所有者を知っているはずがあるかね？　私はオムレフカ川で狩りをしてるんだ」

## ◇「世界観」の観念に抗して

　ここまで見てきたことを参照しながら、クルプニクとバフチンが精霊に関する土着の知識を研究するにあたって採用した、「世界観」（すなわち知的文化）の概念へと立ち戻ろう。示したいのは、なぜこの概念が根本的にミスリーディングであるかということだ。世界観という概念が依拠するのは、ひとつの集団、つまり「文化」や「社会」の宗教的表象とは、統合され、かつ首尾一貫した抽象的信念のセットであるという前提である（Boyer 1994）。それらが統合されていると述べるということは、異なった諸個人によって抱かれる霊的存在についての多様な考えは実際のところ連関していて、包括的なシステムすなわちひとつの宇宙論を形成しているということになる。またそれらが首尾一貫していると述べるということは、そのシステムが基盤となる何らかのパターンあるいは構造、すなわちある種の「文化の文法」（Hoebel 1972: 541）に基づいているということになる。言語学とのアナロジーはかくも明白である。文化的な知識は言語学的な知識に類似したものと見なされ、論者によっては同一のものとされる（例えば Goodenough 1951; Leach 1976: 51）。共同体の言語は文法と語彙を備えて完結した形であらかじめ存在し、発話者の精神の中に埋め込まれていると想定する言語学者と同様に、世界観の概念は、霊的存在およびそれらの特性と相互関係についての命題的な知識が、文脈に依存しないひとつの体系として、人々の頭の中に完全な形で構成されているということを含意する。まるで、実際に用いられるときの個別状況にそっくりそのまま適用されるだけの「宇宙論的地図《コスモロジカル・マップ》」が前もってそこにあるかのようだ。

　だがこれまでに述べてきたことからすると、このような宇宙論的地図の存在は分析における抽象化の産物と考えるのが妥当である。精霊に関する狩猟者たちの思考は、様々な経験の文脈に対して持ち込まれる安定した概念的知識の集積と言うには程遠く、実際は人々による日々の実践的な活動が進行していく文脈の内側で生成していることを示してきた。換言すれば、狩猟者が抱く精霊の概念とは、世界観の観念が含意するように活動において単に**表明される**《エクスプレスト》ものではない。むしろ、活動の流れそのものの中で**自ら立ち上がってくる**《サブシスト》ものである（Ingold 2000: 162）。これまで見てきたように、狩猟者が事物と順調な関わりを続ける限り、狩猟者の意識のうちに精霊はまったく実在しない。熟慮への切り替えが起こるのは、「没頭した行為《アブソーブド・コーピング》」が何らかの形で妨げられたときである。すると狩猟者は、トラブルの原因となった行為主を突き止めるため、精霊をある種の秩序だった分類システムに当てはめようとする。ところがそうした「危機」の状況下にあっても、精霊を分類しようとする試みは実際のところごく限定的な作業である。まず、狩猟者が関心を持つのは精霊の領域のうちでも限られた小部分のみであり、その全体性を気にかけることはない。したがって彼らが精霊をそれぞれの布置へと割り当てることは、あらゆる霊的存在およびそれぞれの特性と相互関係を含み込むようなつながり合った全体、つまり宇宙論的地図のような何かを帰結はしない。そのうえ、ほとんどの場合において狩猟者の手掛かりとなりうるものは、精霊とは一般にいかなるものかというプロトタイプ的な観念だけである。したがって精霊Xの概念とは、必ずしも辞書的な定義の束や特徴の一覧表としてコード化されるような、その精霊に固有の一連の特性ではない。ほとんどの場合は単に、典型的な精霊とはどのようであるかという一般的な考えによって結びついた、緩やかに連想される特徴のまとまりに過ぎない（Boyer 1994: 36）。そして狩猟者が生活を脅かす原因となるものを特定してそれを克服すると、通常はその時点で精霊についての関心は失せ、原因となった精霊の性質に対してさらなる追究をおこなう必要性を感じることはない。その精霊はもとの匿名性を取り戻し、誰でもあり誰でもないもの、**ハズィアイン**になり変わる。つまるところ、精霊はそこにおり、狩猟者は精霊を経験すると主張しうるにもかかわらず、宇宙論的地図なるものはほとんど実在していないのである。

世界観という概念に伴う別の望ましからぬ帰結を指摘しよう。世界観の概念は、先住民諸個人の視点は構造化されている、つまりあらゆる態度や価値、信念は統合されたシステムを形成しているという発想に依拠するがゆえに、本質的に曖昧さを扱うことができない(Guenther 1979: 102-27)。曖昧さは宗教や文化の他の領域の要素としてはどうしても認められず、何らかのやり方で議論から退けられる。(11) そうしたやり方のひとつは曖昧なものを「ノイズ」として、つまり人類学者が解明した宗教的宇宙観の中核に対する突発的な要素として扱うことだ(Barth 1987: 77, Guenther 1999: 226-37 などの批判を見よ)。これはヨヘルソンやボゴラスによって、書物の中で原初状態のシベリア先住民社会を再構成しようとする試みに際して採られたアプローチである。もうひとつの方法は、混乱や曖昧さ、矛盾といったものを、外部の文化的な力による歪曲の証拠と考えることだ。この論法はクルプニクとバフチンが、精霊の事柄に対するユピックの本質的に断片的で無味乾燥な言明を、二人が混合言語と同等視する混合文化、つまり新しい思考の認知システムが発生した証拠であると論じた際に用いられたものである。私の要点は、ユカギールあるいは他のシベリア諸民族が精霊や、より一般に彼らの環境について思考するやり方に変化が起きたことを否定することではない(言うまでもなく知識の変化は不可避である）。またシベリアの人々が文化変容（それが何を意味するのであれ）の犠牲者であるということに反論することでもない。ここで言っているのは単純に、両義性、矛盾、曖昧さは、それ自体では伝統の断絶が起きたことの証拠ではないということだ。とはいえクルプニクとバフチンのような人類学者が、私から見ると誤った仮定を作ろうとする理由は今や明らかである。それは彼らの知識に対するアプローチに根ざしているのだ。そのアプローチは、人々が事物と取り持つ持続的な関わりの実践的文脈の中に知覚と認知を位置づけることに失敗する。そして、精霊についての知識は世界観の形式を取って実際に存在する（あるいは、少なくとも以前は存在した）とナイーブに前提するのである。

# 第8章　学ぶことと夢見ること

## ◇知識と生まれ変わり

依然として追究されるべき問いは、ユカギール人の精霊に関する知識の少なさが現地語の喪失とは関連していないように見えるという、いささか当惑を覚えるような事実をいかに説明できるかである。私が提示するひとつの説明は、ユカギールでは世代間で言語によってはっきり伝達される霊的存在の知識がほとんどないということだ。おかげで人々は自分で考える他なくなり、そのことが精霊の事柄についての極めて雑然とした考え方を生んだのである。さらに私は、概して狩猟者たちが言語で伝達された情報に対してときに敵意と言えるほどの不信感を態度に示すのは、生きられた経験と比べて言葉での説明を、知ることの方法として劣っていると見なす存在論に、根本的なレベルで根ざしていることを明らかにしたい。

はじめに、私が言わんとすることの好例を示す調査中のエピソードから始めよう。あるとき私とユラが狩りに出かけると、エルクによってつけられたいくつかの足跡に出くわし、ユラはその動物がどちらの方向へ行ったかと私に尋ねた。私はかがみ込んで足跡を詳しく観察した。判別は難しくなかった。無数の小さな雪玉が足跡の右方向へと押しやられており、動物がこの方向へ去っていったことをはっきりと示していた。ユラにそう告げると、驚いたことに彼は「違う!」と答えた。私は再び注意深く足跡を調べたものの、意見を変えうるようなものは何もなかったので、「そいつは右に行ったよ」と主張した。「いや」と彼は足跡を見ることすらなく、きっぱりした口調で答える。このかみ合わない会話は三十秒かそこら続き、とうとう私は怒りと混乱を覚えた。すると彼はにわかにほほ笑み、「心配するな、君は正しいよ」と言った。「僕はただ君を試していたんだ。……何が正しいか間違っているか、誰かに判断させるようなことは決してしちゃいけないということを覚えておいてほしい。狩猟者は誰もがこう言わなくてはならない。私は知っている……私だけが何が正しいのかを知っているんだ! と」

自身で問題を調べずに他人の言うことを受け入れてはならないと忠告される同様の出来事を、私は何度も経験した。要点は狩猟者たちが他人の言うことを聞かないとか、知っていることを他人に教えてはならないといったことではない。反対にユカギール人は、実践的な側面についても霊的な側面についても狩りの知識は共有資源であると考えており、狩猟者たちは「知っていることは教えねばならない」(Bodenhorn 1995: 171) と指導される。重要な点は、個々の狩猟者にとって狩りの知識は自分自身で試したとき、初めてそれが狩りの知識として認識されるということだ。換言すれば、本当に知識であるかどうかを試すのは個人的な経験である。このことが私にとって極めて明白になったのは、ユカギールの神話に出てくるような霊的な行為主の実在を信じるかという私の質問に答えて、ある狩猟者が「私は自分自身が出会ったものについては信じる。その他については何も知らない。いるかもしれないし、いないかもしれない」と語ったときである。つまり、言語情報だけで十分だと考えられることは決してなく、直接経験の知識こそが「認識論的な**必須条件**」（Smith 1998: 417）なのである。このために、狩猟者たちは自身のことだけを話し、経験をとおして学んだ物事についてのみ話す傾向がある。例えば誰かが、「父や祖父があれをした、これをした」と言うのを私は一度も聞かなかった。大事なことは、本人が自ら経験したことだけなのである。このことは、自律的でありたいと願う狩猟者の欲求と密接にかかわる。年老いた狩猟者はしばしば、「狩猟者になるには、君自身ですべてを知らねばならない」と強調する。各人はまた、「私ではなく彼の問題」（Kwon 1993: 78）と呼ばれる他者の自律を侵害しないように気を配る。デネ・タ（Dene Tha）について同様のことを報告したグレ（Goulet 1998: 36）はこのふるまいのパターンを、「十分に自律的な生を営むとはいかなることかを、各人が自分自身で学ぶ機会を常に最大化」することへの切望として説明する。自律の権利と他者の自律を尊重する義務というこのエートスは、オジブワ（Hallowell 1960: 25, Black 1977）やチペワイワン（Smith 1998）、イヌイト（Guemple 1991）といった他の北極圏の人々の間でもはっきりと見られる。

ブラックによるとオジブワは、まさにユカギール人と同じように、「自身の経験をとおして明らかになったこと」のみを知識として認めるのだという（Black 1977: 93）。だが我々が扱っているのは、ブラックがオジブワに関して提示したような、単なる「土着の現象学」ではない。むしろ我々は、そもそも人々はいかにして知識ある人格となるのかに関するまったく異なった観念について語っているのである。第3章で私は、どのようにしてユカギールたちが幼児を死んだ親族の再生と考えようとするのかを説明した。母親が妊娠中のある時点で、死んだ個人の魂つまりアイビは母親の膣を通って子宮に入り、子供に乗り移ると信じられている。二つはそうして同一の人格となり、子供は故人の気性や気質、食べ物や飲み物の好みなどを含めた個性を共有すると言われる。子供はまた霊的存在に関して、故人と同じ範囲の技術や関係を持つと信じられている。したがって子供は、通常は我々が生涯をとおして獲得するものと理解している個性や知識のあらゆる要素を、まだ生まれもしないうちに完成された形で一挙に受け取るのである。

ところが次第に言語を獲得していく過程で、子供の記憶には欠陥が生じると言われている。子供の知識それ自体は失われないものの、もはや子供は自分が誰であるか、また何を知っているのかをはっきりとは意識しなくなる。その知識はカプセルに入れられたような形式で存在するようになり、それを私的な再発見の過程をとおして引き出さねばならない。これはある種のデカルト的な自己省察について語っているのではない。そうではなく、個人は生を営むことを通じて、彼や彼女が知っていることに接近していくのだ。狩りや漁、そして夢を見ることといった日常活動への参与は、想起の活動に参与することだと言われる。だがこれは、子供がかつてその人であったとされる死者の視点から語り始めるときに前世から引き継がれた内的なイメージを呼び出すことであるだけでなく、過去の知識への手掛かりを持つと信じられている事物や人々に関わり合うこととしても理解されている。したがってユカギール人の世界には、子供というものは、少なくとも我々が考えるような知識で充たされるべき白紙状態としては存在しない。人格はまさにその最初から、彼や彼女がやがて知るようになるすべてを知っており、したがってそうした知識とは誰かに負うものではないのである。

この概観は、ユカギール人の間で学ぶとは何を意味するのかを理解するための大きな示唆となる。学ぶことは単に「トップダウン」式の情報伝達にかかわるのではない。むしろ学ぶことが求めるのは、実践的活動の中での支援や導きであり、それをとおして彼らはすでに知っているとされるものを自覚できるようになる。そのため、子供たちが物事、特に精霊や儀礼実践について説明してもらっているところを私はほとんど見たことがない。こうした知識の伝達は、ほとんどが個別の儀礼的技法についての実地訓練によって成り立っている。例えば火に食べさせたり、仕留めたエルクのあごひげを切り取ったり、その内臓をイヌに食べさせないようにしたりといったことである。大人は若者が儀礼の技法を正しく修得することに大きな関心を持つものの、一般にそれぞれの子供たちは、儀礼実践の意味について本人なりの結論に達するまで放っておかれる。クルプニクとバフチンの資料から判断すれば、生まれ変わりという考えをユカギール人と共有するユピック人の間でも事態は同様であるようだ。「あらゆる年長者の回想の中で強調されていたのは、大人たちは子供に何をするか、どのようにするかを決して直接的には告げなかったということだ。そうではなく、子供は大人たちがしていることをただ観察し、繰り返していたというのである」（Krupnik and Vakhtin n.d.）。この知識伝達のモデルは、「なすは学ぶ、学ぶはなす」と表現できよう。

もうひとつの教育方法は子供たちが自分自身で学ぶようにさせることだ。ネレムノエのサハ人学校教師は、これが含意することに関して意味深い話をしてくれた。

明らかにこの人たち［ユカギール人］は子供たちの健康や幸福《ウェル・ビーイング》を気にかけていません。小さな子供に銃を持たせたり、森に子供だけで行かせたりするのをご存知でしょう。……昨年は、二人が溺れて亡くなりました。……もし子供たちが学校に行きたくないと感じれば、親は行けとは言いません。なぜステファンとナディアは学校に来ないのかと尋ねたら、両親は彼らが行きたがらないからと言っただけでした。……あるときは小さい男の子が燃え盛る棒きれに手を伸ばしてひどくやけどするのを目撃しました。親はそれを見ていましたが、一切防ごうとはしませんでした。彼らは子供が泣き叫びながらやって来るのを見て笑っただけです。

したがってユカギールの子供は、両親の干渉がほとんどあるいはまったくない中で、自らの環境を自身で探索するほぼ完全な自由を与えられている。もし子供が危険な状況に陥ったら、両親は通常、子供たち自身でその状況から抜け出すまで放っておく。なぜなら子供たちは、たとえはっきりとは気づいていないにせよ、なしていることをすでに知っていると考えられているからだ。デネの親の間で見られる同様の態度について報告したグレ（Goulet 1998: 39-42）は、子供たちを酒とチェーンソーで遊ぶがままにまかせ、遠くから黙って眺める両親のやり方を描き出している。彼はこの最小限の干渉のエートスを要約して、「デネの人々は真の知識を個人的で直接経験的な知識だと考えているため、言語よりも非言語に、原理の説明よりも実験的なものに力点を置くやり方で学ぶのだ」（Goulet 1998: 58）と書いている。

## ◇言語、知識、アイデンティティ

だがユカギールや他の北極圏の人々がかくも強く抵抗しているように見える、言語や言葉による教育とは何か。すでに見た通りユカギール人は、少なくともしゃべり始めるまでの間、子供たちはすべてを知っているものと考える。また彼らは、この段階にある子供の身体は「開いている《オープン》」（ロシア語 *otkryt*）のだという。これはユカギール語で「生肉」を意味するオンジョトジュナイ・ジョロモク（*ongdsjotjunäi sjoromok*）を、彼らがロシア語に翻訳したものだ。だが子供が発話能力を獲得したときにその身体は「閉じ」、事物や人々への実践的関わりを通じてその知識を再発見することに残りの生涯を費やさねばならない。換言すればユカギール人には、言語とは事物についての人々の適切な理解を歪めるものとする感覚がある。

この考え方を理解するため、「鏡像段階」から言語の象徴世界へと至る子供の発展段階についてのラカンの理論（Lacan 1989［1966］）に戻ろう。ラカンを継承したイーグルトン（Eagleton 1983: 166）の記号論に従うなら、鏡の中の自己を見る小さな子供を一種の「シニフィアン」つまり意味を付与できるものとして、そして子供が鏡の中に見るイメージを一種の「シニフィエ」として考えることができる。子供が鏡やそれに類するものの中に見るイメージとは、とりもなおさず自分の意味である。シニフィアンとシニフィエはここではきれいに一致している。主体と世界の間にずれはない。二つは絶えずお互いを反射し、実際の差異や分裂は一切姿を見せない。ユカギールの言い方であれば、子供は真に世界を知っていると言うことだろう。なぜならこの世界は、事物がそれ自体として顕現することのできる場であり、したがって言語による構築物によって世界に押し付けられた限界ではなく、事物そのものの限界と一致して「存在《ビー》」しうるような純粋な「開け」、あるいは開放性なのである。

ところが発話を獲得していくことで、子供は言語の象徴世界に囚われてしまう。ラカンによれば言語の象徴世界とは、意味の体系つまり差異の体系である（Lacan 1989(1966): 165-166）。子供は無意識のうちに、同一性は差異があって初めて生じるというソシュール的論点を学ぶ。ひとつの記号や事物、あるいは主体とは、他を排除することによってのみそれであるということだ（Saussure 1959: 102-22）。今や子供は、ラカン（Lacan 1991(1953-54): 66）が「現実界」と呼ぶ世界への**直接の**アクセスを持たないという事実を甘んじて受け入れねばならない。子供は自己と世界のギャップを、意味あるいはシニフィアンの生成によって橋渡ししようと試みるだろうが、世界は常にその射程を超えたところにあり、常に言語の象徴秩序の外部にある。なぜなら本質的に言語の効果とは、すべてを分割し差異化することだからだ。ハイデガーが、言語は単なるコミュニケーションの道具ではなく、人間が世界を「建てる《ビルド》」あるいは構築するまさにその局面であると言うとき、どこか似たような点を指摘している（Heidegger 1962: section 34）[1]。したがって、「建築」と「言語」は同義語に他ならない。この意味で言語は、まさにその本質からして「住まうこと《ドゥウェリング》」と対立する。すでに見たように「住まうこと」は、主体と世界の類似性の原則を基礎としており、「鏡像段階」における子供と世界の関係と似たものである。住まうことはあらゆる経験的知識の基礎となっていて、狩猟者たちはそれこそが知ることの唯一正しい方法だと多かれ少なかれ考えている以上、彼らの間には、言語とは知ある主体としてのあり方そのものに対する直接的な脅威だという感覚がある。したがってユカギールの狩猟者にとって知ることとは、言語が前もって作り出した自己と世界の境界を乗り越えるという問題になる。これはすでに見た通り、子供たちに教える際には言葉による教育を控え、代わりに世界の意味を子供たち自身で（再）発見させることによって試みられていた。同様の原則は、狩りの間狩猟者が人間言語での会話を控えることによって、獲物との分離を一時的に停止しようと慎重に試みるときにも明らかである。狩猟者たちがこの脱人間化の過程を「体を開く」企てと呼ぶことは、さして驚きではない。

狩猟者が言語を事物の真の理解を歪める、劣った知ることの方法と見なす事実がある一方で、自分は人間であるという感覚に対して言語が果たす重要性はどれだけ強調してもし過ぎることはない。動きとにおいが人間の人格性《パーソンフッド》を特定する指標と見なされていたように、自分が人間種に属するという狩猟者の認識は人間の発話と分かちがたく結びついている。住まうことは、突き詰めると主体による世界への没入が完全になり過ぎて差異がすっかり消えてしまう危険性をはらんでいる。そして、以前の章で人間 - 動物の変容に関連して記述したように、こうした自己の完全な溶解はなんとしてでも避けねばならない。したがって言語の象徴秩序へ参入することは、人格の発展と成長に不可欠であるとユカギールは考えている。なぜなら人間の言語なしでは、主体と世界の関係は閉じた循環論的関係となり、人間固有のアイデンティティを形づくることは不可能になるであろうからだ。この意味で人間の言語は、狩猟者にとって自己の溶解あるいは変身《メタモルフォシス》に対する防衛機制となる。

実際に狩猟者たちはときどき、森をさまようある種のハイブリッドな生きものの話をしてくれた。彼らはそれを**もじゃもじゃ人間**《ヘアリー・ワンズ》（ユカギール語 *syugusuy suroma*）あるいは**野生の人**《ワイルド・ピープル》（ロシア語 *dikiie liudi*）と呼ぶ。これらの生きものは、見た目は人間であるものの、その身体は動物のように毛で覆われている。それらは単独で生活し、人間や森の他の生きものから距離を取ると同時に、お互い同士も離れて暮らす。こうした本質的に反社交的な生きものについての狩猟者の観念には、人間と動物の世界との間のわずかな隔たりを結ぶ中間地帯が表明されていて興味深い。その生きものは、キャンプ地への帰路を見失って人間性の根本的な側面を喪失しながら、完全な意味では動物にならなかった狩猟者だと信じられている。したがってそれらは、人間社会にとっても動物の社会にとっても等しく部外者である。換言すれば、狩猟者は動物と精霊を「文化的存在」と見なす一方、もじゃもじゃ人間は「野生」として認識される。なぜならそれは完全に人間でも非人間でもなく、その中間のどこかにあるためであり、むしろ獲物の模倣をしているときの狩猟者に似ている。人間的なコミュニケーションから長い間孤立することが、道に迷った狩猟者をこうした野生の生きものに変容させるのだと言われている。「話すことなしには生きられない」と、ある狩猟者は私に説明した。「だから、一人で森に行くときはいつも無線を持って行くんだ。安全のためだろうと考えているならそうじゃない。事故に遭ったり病気になったりしたとして、誰が助けてくれるって言うんだ？　この辺にはもうヘリコプターなんて残っちゃいない。そうじゃなくて、他の狩猟者と話すためだ。人は話さなきゃならないし、そうでないと野生になって／気が狂って《ゴー・ワイルド》しまう！」

したがって狩猟者が森からキャンプ地へ戻ったときには、語りの場《ストーリーテリング》に加わらなくてはならない。そしてこれから説明するように、狩猟者の語りのモードは知識を交換するための手段としてはさほど重要性を持たない。それはむしろ狩猟者を「人間化」するための「呪術的」道具、つまり狩りというどっちつかず状態から狩猟者を引き上げ、人間の人格としての自己アイデンティティを再構築するための手段なのである。

## ◇語りの場と空間的な位置把握

キャンプ地の小屋にたどり着くと、狩猟者たちは毛皮の衣類を外に吊るしたのち、小屋の小さな鉄のストーブに火を入れ、茶や肉の準備に湯を沸かす。二、三時間のうちに木とタバコの煙が立ち込め、料理のにおいが漂う。食事の間もその後も、狩猟者たちはその日の狩りについて休みなくしゃべり続ける。彼らの話し方は物語風《ナラティブ》であり、全員が交代で語り手となる。「イヴァンの**プロトカ** [*protoka*、川岸に沿った場所(2)] を走って走って。何もない、ちくしょう！　おお、そこだ「エルクの足跡」。ユラのプロトカを走って。走って走って。何もない。なんて賢い「奴」。……おお、そこだ、川から離れていく。走って。ちくしょう、今朝そこにはウサギの足跡があった。「罠を仕掛ける」時間がなかった、ちくしょう。走って、ちくしょう。……二つの……「エルクの足跡」。輪になってる。なんてあり得ない風……「頭の上で手を前後に動かす」」

私がスピリドンや彼の仲間たちと過ごした多くの夕べには、この手の物語が無数に語られた。

「ミニマリスト」（Rosaldo 1986）とでも呼びうるその物語は、一文一文が短く断片的で、多くの場合は不完全である。文には主語や他の部分が欠けており、話の全体的な文脈や前後の文から、もしくは語り手の身振りを解読することから、その意味を推測しなくてはならない。そのうえ語り手は、厳密な時系列に沿うことはなく、その日の異なった時間や場所で起きた様々な出来事の間を行ったり来たりする。実質的には全員がロシア語で語るにもかかわらず、スピリドンのような年配の狩猟者はときおりユカギール語やサハ語のフレーズを織り交ぜ、メンバーのほとんどがそれらの言語をよく理解できない事実にはお構いなしである（あるいはお構いなしのふりをする）。すると他の人々には、語りの一部が聞き取れるよう願いつつ辛抱強く座っているか、ただ飽きてしまうか以外に選択肢はないのだ。だがどの語り手も、全員の注目を最初から最後まで引きつけようとは考えていない。人々は最も興味深い部分や、そばに居たり起きているときにたまたま語られた部分に注意を払いながら、会話の仲間に加わったり離れたりするのである。

こうしたミニマリスト的な狩りの説明をどう理解するべきだろうか。何を目的として語りがなされ、またなぜかくも極端に省略された形式なのか。後者の問いに関してロサルド（Rosaldo 1986: 108）は、小規模社会における語り手は狩りの実践やランドスケープについての膨大な背景知識を共有している人々に語りかけているためだと主張した。そのおかげで語り手は聞き手の「背景知識の深さ」を安心して前提できるため、狩りの物語は情報を「電報的省略法」の形で伝達できる。「イロンゴットの狩りの物語では、込み入った説明の必要な（すべての狩りに共通の）主題は語られず、あるいはより正確には暗黙の背景知識に委ねられる。[3] イロンゴットの語り手とその対話者は、狩りについて『みんな』がすでに知っていることを繰り返す必要はない。それは熱心なスポーツファンの集まりでゲームの基本ルールを説明すると、お互いうんざりしてしまうのと同じである」（Rosaldo 1993: 129）

ロサルドの述べたことについてはまたのちほどコメントしたい。ここでは、サハリン島に住むシベリア先住民集団であるオロチョン人の狩猟者の間で語りの場の研究をおこない、ロザルドと同様の仮説を提示しているクウォン（Kwon 1993: 1997）の議論を見よう。クウォンはオロチョン人による狩猟の語りが持つ腹立たしいほど省略的な性質について、狩猟者たちの共有する背景知識の深さに言及しながら説明する。

その話が一人語りであれ会話であれ、また現在のことであれ過去のことであれ、共有された確かな地図《マップ》がなければ話についていくのは不可能だ。（kwon 1993: 67）

部外者である私にとって……こうした物語を一貫したものとして理解することは不可能である。なぜなら物語の中で言及されるランドマークは、空間的には未知であり（例：高地）、時間的にはアクセス不能である（例：*duia* 過去の家）からだ。第二に、ランドマークのつながりが提示され、複雑な動きや活動が起きる領域は、私には広大過ぎるように思える。とりわけずっとキャンプ周辺に留まらねばならないときには、その全体像を把握することは決してできない。（Kwon 1993: 10）

そしてクウォンは、狩猟者の語りの場とは何よりも「知的‐組織化技術」（Kwon 1993: 59）として提供されるのだと主張する。それは個々の狩猟者が土地について得た情報を、ランドスケープの中をナビゲートしていくための共有された認知構造、つまりある種のメンタルマップへと翻訳するための媒体だと言うのである。「狩猟者たちはその地域へおそらく断片的な地図を携えていき、会話の仲間がさらなるマッピングをするための情報資源を持ち帰るのだ」（Kwon 1997: 146; Kwon 1993: 4 も参照）

だが狩猟者の語りの場は、本当に現実のある種のモデル化に等しいのだろうか。つまり、西洋人が地図を見るのと同様のやり方で参照するような、ランドスケープの心的表象なのであろうか。私はそうは思わない。クウォンや他のメンタルマップ論者は、地図に基づく技術的に洗練されたナビゲーションと日々の経路発見とが本質的に類似したプロセスだと考えているように見える。唯一の差異は、現地の狩猟者の地図は手元にではなく頭の中に、周囲の空間についての包括的な心的表象の形で収まっているということだ。いついかなるときでも彼はこのメンタルマップにアクセスでき、それによって位置を決定できると想定されている。しかしこれは、我々がどのあたりにいるのかを知るときに自ら感じることの経験からすると、とてもその通りとは言えない。それは地図を使うこととはまったく異なった何かである。ブルデューをはじめとする人々が指摘するように、実生活で地図を使うという問題が生じるのは、人々がどのように旅を続けていくのか、あるいはランドスケープの中にどうやって経路を見つけるのか、わかって**いない**ときだけである（Bourdieu 1977: 2, Ingold 2000: 219 も参照）。ランドスケープに馴染んでいる個人には地図の必要などなく、それについての何らかの抽象的な表象に注目するよりも、むしろ非観念的かつ習慣的なやり方でランドスケープそれ自体に注意を払うことによって自らの位置を知る。同様のことは、ユカギールの狩猟者にも当てはまるだろう。彼らは何年も同じ地域に住んで働いており、様々な場所が持つ固有の雰囲気を構成する光景や音、においさえも感知できるように、知覚と行為の能力がよく調整されているのだ。彼は自分がどこにいるのか、どの方向に向かっているのかを極めてよく知っていて、いかなるメンタルマップにも頼る必要はない。彼にとって、実際の経路発見は非形式的かつ主観的であり、習慣や馴染みの土地への精通に基づくのである。したがって、人が地図を使うときに生起しているものが何であれ、それはユカギールの狩猟者が地図なしで難なくナビゲートしていく際にその精神のうちで起こっていることと同じではない。

ところで、すべての狩猟者がランドスケープを裏庭のように熟知しているわけではないことは確かである。すでに述べたように、狩猟者集団は通常、特定の地域で長年の経験を積んだ男たちだけからなるわけではなく、短期間だけ集団に加わる様々な狩猟者たちによっても構成される。狩猟者の語りの場がこうした「よそ者《ストレンジャー》」たちに、ランドスケープの中の目印や場所、名称について包括的な説明を与え、そして我々が地図を参照するときのように彼らの案内になるなどということがあるのだろうか。決してそうではない。サハ人である友人のイヴァンはぶっきらぼうにこう認めた。「スピリドンや他の誰かがあちこちのプロトカについて語るとき、俺にはどの場所のことを言ってるんだかほとんどわからない。そうしたことを知るためには、川に沿って何年もの間狩りをしなくちゃならないんだ」。したがってその地域のランドスケープに不案内な者にとっては、狩猟者の語りの中で言及される場所やランドマークは、クウォンにとってそうであったのと同じくらい曖昧なままだ。まったくのところこの理由から、ランドスケープに不慣れな見習い狩猟者は、通常はより経験を積んだ狩猟者に同行し、後者は歩き回りながら特定の場所に注意を促すのである。見習いの狩猟者はまた、自身でその他の事物を発見するように奨励される。なぜならユラが私に断言したように、「ただ師《メンター》の足跡を追うだけのものは、ひたすらついて歩くだけのロボットのようになる。自律的になるには、自分自身で狩りに行かねばならない。そうやって初めて、周囲にある無数のこまごまとしたものに本当に気づき始める」のだ。

我々がここで扱っている学習の種類は、レイヴ（Lave 1997: 310）が「実践における理解」と呼び、「獲得の文化」と対置したものだ。後者は、認知科学者によって長らく好まれてきた学習理論を指し、クウォンもそれに従っている。その理論によれば人間の空間環境への習熟は、実践者が一揃いの抽象化された表象的知識、つまり経路を示してくれるような世界についての地図的構造を獲得していることに依拠する。対照的に「実践における理解」は、日常的な現在地の把握や経路発見の技術が、実践と経験（つまり私が「なすは学ぶ、学ぶはなす」と呼んだもの）をとおして実現されることを含意する。これはランドスケープ「について語ること」よりも、ランドスケープへの**直接**知覚的な関わりのための実践的技術を獲得することに結びついている。実際のところそうした技術の伝達は、参加する仲間が言語コードを共有できていなくても起こりうる。なぜなら、見習いが師から学ぶことができるか否かは、同一の概念表象を保有していることにではなく、ともに同じ活動の流れへと巻き込まれていることにかかっているからである（Ingold 1993: 222-23）[4]。

同様に、師が指導者として役割を果たせるか否かは、自身が持つ表象を見習いへと移植できるかどうかにかかっているのではない。むしろ手本を示して支援する能力、つまり見習いがランドスケープについて自身の「感覚《フィール》」を発展させられるような状況を仕立てられるかどうかにかかっている。したがって経験を積んだ狩猟者が経験の少ないものに与えるのは、それをとおして見習いが自身の知覚と行為の力を発展させられるような、特定の経験の文脈なのだ。これはインゴルドが適切にも「注意の教育」と呼んだものである（Ingold 2000: 354）。それには、ランドスケープの中を動き回り、探索し、注意を払い、ランドスケープを明らかにするサインを拾い上げられるように感覚を研ぎ澄ますことが含まれる。これはクウォンが、狩猟者の語りの場はランドスケープを認知的にマッピングするための「知的＝組織化技術」であると主張したときに示唆されていたような（Kwon 1993: 77）、言語的に伝達された情報に基づいて精神のうちにランドスケープの心的イメージを作り上げることではない。実際のところそうした種類の装置なしでも十分にうまくやっていけるほどランドスケープに親しんでいる人々以外には、狩猟者の語りがほとんど理解できないのであれば、果たしてそれに地図としてどのような使い道があるというのか。(5)

## ◇自己から他者性を追放する

私は狩猟者の語りの場が教育的機能を果たしているとは思わない。もし彼らの語りのモードがランドスケープに関する知識の伝達を主要な目的とするのだとしたら、なぜ物語はかくもミニマリスト的で省略された形式なのか。この不整合は、ロサルドのように人々の「共有された背景知識の深さ」に言及するだけでは、容易には説明し尽くせない（Rosaldo 1986: 108; 1993: 129）。見てきたように狩猟者集団は、特定の地域と長年にわたる関係を保持してきた熟練の狩猟者から未経験の初心者まで、様々に異なる背景を持った人々で構成されている。そうするとすべての狩猟者が同じ量や同じ種類の知識を持っているわけではなく、狩猟者集団内での知識の社会的配分は必然的に「多元的《プルーラル》」となる。したがって彼らの会話の共同体は、「話し手が安心して前提できる」ような、「ランドスケープや狩猟の実践」に関する一揃いの「共有された背景知識」（Rosaldo 1986: 108）に基づくに違いないとする議論を受け入れるのは難しいと考えている。なぜなら実際のところ我々が扱っているのは、「**複数の知識**（knowledges）」であり、単純に大文字のKを伴った［訳注：つまり単一普遍の］知識ではない」（Worseley 1997: 10、強調はウィラースレフ）。加えて、スピリドンのような年配の狩猟者が、メンバーの大部分にはほとんど理解できないユカギール語やサハ語のフレーズを意図的に用いるとき、そうした語りに「知識」としてどのような価値があるのかが疑問となるだろう。もしスピリドンの目的が意思疎通と知識の伝達であれば、彼はおそらく他の人々にも理解可能な言葉で話したはずである。

だがこれらの点は、より根本的な分析のレベルへと至ろうとする私の議論にとってほんの一部に過ぎない。言語についてのラカンの理論（Lacan 1989(1966)）および、言語の意味とは基本的に**差異**の問題であるという彼の視点に立ち戻るところから始めよう。例えば、「イヌ」のシニフィアンは、「イヌ」の概念あるいはシニフィエを我々に伝達する。なぜならそれは、例えば「猫」のシニフィアンから自身を区別するからである。したがって「イヌ」のシニフィアンは二つのシニフィアンの差異から生じたものである。だがそれはまた、「馬」や「ひび割れ」、「コート」などといった膨大な他のシニフィアンの間の差異の帰結でもある。これは、シニフィアンとシニフィエは不可分の結合体を構成するというソシュール派の視点（Saussure 1959: 112-13）に対して根本的な疑義を呈する。なぜならシニフィエとしての「イヌ」は他のシニフィアンを参照することによって定義され、それらのシニフィアンはさらに他のシニフィアンへの参照によって定義されることを必要とする、つまり終わりのない連鎖だからである。したがってラカンにとっては、言語の意味とは本質的に終わりのないシニフィアンの戯れの産物であり、特定のシニフィアンとしっかり結びついた概念なのではない（Lacan 1989(1966): 165-166）。そのうえ、シニフィアンとシニフィエの間にも固定的な区別はない。例えば私がオックスフォード辞典で「イヌ」のシニフィアンの意味を調べれば、イヌとは「おそらくオオカミを祖先とする家畜化された肉食哺乳動物である」と教えてくれるだろう。となると、私に与えられるすべてはさらなるシニフィアンに過ぎず、そのシニフィエはさらにまた調べることが可能である。したがって我々が扱っているプロセスは、際限がないというだけではなく、いくぶん循環的でもある。「シニフィアンは絶えずシニフィエへと変容し、逆もまた然り。そして、それ自身がシニフィアンではないような究極のシニフィエには決してたどり着くことはない」（Sarup 1988: 35）

　これらすべてが含意することは、意味は言語記号の中に即座に**現前する**《プリゼント》のではないということだ。記号の意味とはその記号が何では**ない**のかという問題なのだから、その意味はどういうわけか常にそこには存在しないのだ。言語の意味は、シニフィアンの連鎖全体に撒き散らされている、もしくは散乱していると言ってもよいだろう。ひとつの記号だけで意味が十全に現前することは決してないため、簡単には確定されえない。したがって言語は、ソシュールが考えていたようにはっきり定義された、シニフィアンとシニフィエの対称的な結合を含み込んで明確に区切られた構造ではない。むしろそれはイーグルトンの言うように、「四方八方に広がっていく無限の網状体の様相を呈する。この網状体の中には、諸要素の絶えざる相互作用と循環しかなく、そこでは、いかなる諸要素も、それだけで絶対的に定義されることはなく、すべてのものが、自分以外のすべてのものと関わり合い、自分以外のすべてのものの痕跡を引きずっている」(Eagleton 1983: 129)。

もしそうであれば、クウォンによって採用されたような、人々による言語的コミュニケーションの機能は世界についての事実を運ぶことだとする理論にとっては大打撃である。なぜなら、今概要を示したような観点からすれば、言語ではなにものも十全には現前されえないからだ。世界が本当はどのようであるかについて、言語をとおして明らかにできると信じるのは幻想である。なぜなら、言語の意味は常にいくらか散乱し、分割されており、それ自体とぴったりひとつになることは決してないからだ。これは実際のところラカンが、言語の中に入ることは、常に記号化の彼方にあり言語の象徴秩序の外側にある「現実界」(世界)から切り離されることだと記述するときに指摘していたことである (Lacan 1991(1953-4): 66)。これはまた私の信じるところによれば、ローティのような言語哲学者が、世界についての事実を表象したり表現したりできる媒体としての意味では言語なるものは存在しないと述べる理由である (Rorty 1989: 10)。なぜならすでに見たように、あらゆる事物を分割し、差異化する効果を持ったシニフィアンの連鎖の中では、十全に現前しうる事実などないからだ。ローティが提案するのは、内在的な意味を運ぶものとして言葉を考えるのではなく、

**効果**を生み出すやり方として言葉を考えるべきだということである。つまり、言語を媒体として見るのではなく、どれほど有用かはともかく目下の具体的な作業に使える**道具**として考えるべきなのだ（1989: 12-13）。ホバートが書くように、「我々はただ言葉が『意味するところ』に立ち返るだけでなく、人々が言葉を用いて**なす**ところへと立ち返るのだ」（Hobart 1986: 12、強調はウィラースレフ）。

私はこの言語観が無数の認識論的あるいはその他の問題を引き起こすことを自覚している。それにもかかわらず我々が手にするものは、ユカギールが言語と知識の双方について理解していることとよく共鳴する言語観であると確信している。ユカギールの視点では、個人の経験に意味を与えるものは言語では**なく**、事物との直接知覚的な関わりの活動であり、それは言語そのものからは独立して起きると信じられている。換言すれば、彼らにとって意味とは言語に先立つものであり、言語は個人がすでに所有すると考えられている意味に名前を与える二次的な活動に過ぎない。実際に彼らは、言語による教育は事物についての個人の適切な理解を歪めかねないと主張する。話すことは世界についての真正な知を促進するのではなく、妨害するのである。

だがユカギールは言語をアイデンティティの指標として、すなわち人間の人格であることと分かちがたく結びついた何かであると**確かに**見なしている。そして、私が彼らの語りのモードを理解するべきだと確信しているのは、言語のこの側面に関してである。換言すれば、私が提起しているのは、狩猟者の語りの場は世界についての知識を運ぶのではないということだ。なぜなら彼らにとって知識とは、世界＝内＝存在としての非言語的なモードの文脈、つまり住まうという実践的な活動に埋め込まれたものだからである。むしろ彼らが語りの場に加わり、語らなければならないのは、ある種の「人間化《ヒューマナイジング》」の効果をもたらすためなのである。

私はすでに、ユカギール人の間には少年から成人への移行を画すイニシエーション儀礼が何ら見当たらない事実を指摘した。その代わりに成人であることは、若者が「四本足の動物を殺す男（ユカギール語 *ye'lokun-no'ineyebon ku'de'ciye coro'mox*）」になったとき、つまりエルクやトナカイやクマのような大きな獲物を最初に仕留めた際にそう認められる（Jochelson 1926: 63）。とはいえこのような公的なイニシエーション儀礼の不在は偶然ではない。なぜなら狩りのプロセスそれ自体が連続する三つの段階に再区分可能であり、これは古典的にイニシエーション儀礼のみならず他の通過儀礼にも関連づけられていた三段階を想起させるからである（Van Gennep 1960(1909)）。最初の「分離」段階については、すでにある程度詳しく描写した。基本的にそれは狩猟者のアイデンティティを壊し、動物のアイデンティティが刻み込まれうるような白紙状態にする。すでに述べたように、狩猟者は狩りの過程におけるこの段階を、「体を開く」と呼ぶ。日常生活に意味と秩序を与える狩猟者の通常の人間アイデンティティはもはや適用されず、停止状態に置かれる。次の「境界」もしくは「移行」段階についてもすでに説明した。この段階において狩猟者は、人ではないもののパースペクティヴに従い、その過程の中で変化する。彼は自分がパースペクティヴを引き受けている動物ではなく、かといってその動物でないわけでもない。このどっちつかずのパースペクティヴは、動物を誘惑して「進んで自らを差し出させる」といったような、狩猟者が通常はおこなえないことを可能にする一方、人間としての人格性を失うのではないかというある種の不安の感情も引き起こす。狩りを終えた一日の最後にキャンプ地へと戻らなければならないのはこのためである。キャンプ地への帰還は狩りの過程の最終局面、「再統合」段階である。実質的にキャンプ地での生活とは、狩猟者を人間人格としての通常の実存様態に戻し、人間世界と動物世界の間に囚われた森の野生人（*syugusuy suroma*）として境界段階で宙づりになるのを防ぐことである。したがって全体としての狩りの過程は事実上、一時的な変容の活動である。これは「私」から「私でないわけでもない」ものへの変容であるのみならず、再び「私」に戻ることでもある。

話すことは、狩猟者が出発点へと回帰するこの最終段階において重要な役割を果たす。その語りのモードと果てしない言葉のやり取りは、人間の発するにおいと相俟って、狩猟者およびキャンプ地の空間を「人間化」する。発話とにおいはどちらも人格性の識別記号と見なされており、したがってそれらは自己から他者性を追放し、人間としてのアイデンティティを再構築するための、日常的なタイプの「呪術的」道具として理解するべきだ。だが狩猟者を通常の領域へ引き戻すのは、発せられた言葉の意味というよりは語りそれ自体である。語り手がユカギール語やサハ語、ロシア語のいずれを話しているか、またそれを十分に理解できるか片言しか理解できないかは、さほど重要ではない。聞き手は、言葉の意味がわかるほど注意深く聞いているとは考えられていない。むしろ意図した効果をもたらすのは、語りの**行為**である。語りの行為は狩猟者をほとんど飲み込むかのようにして、彼らが一旦そこから立ち去った人間社会の生活の圧倒的な現実を突きつけ、狩りの出来事をこうした人間の言葉遣いで吟味するよう強制する。この点において、彼らの語りのモードは内省を促すことへと直接的にかかわっている。狩猟者たちは、語りの場への参加をとおしてその日の狩りを振り返り、狩りから離れてキャンプ地という人間社会の領域の内側からそれを「見る」

図 13　キャンプ地での語りの場。右の男がユラ・スピリドノフ。著者撮影。

機会を獲得する。結果として彼らは、ターナーの言葉を借りれば、彼ら自身の意識について意識的になる（Turner 1982: 75, Kapferer 1984: 186 も参照）。彼らは自分たちがトナカイでもエルクでもなく、正真正銘の人間の人格だとわかるようになるのだ。

◇ **夢の世界**

ユカギールでは、世代間で言語によってはっきり伝達される霊的存在の知識がほとんどないことはすでに見た。だがこれは、精霊についての個人の知識が話す言語に依存していないように見えるのはなぜかということについては、ごく部分的な説明にしかなっていない。本当のところを言えば、私はさらに強い主張をしたいのである。すなわち霊的存在の観念は、根本的なところでは一切言語を基盤としていないということだ。一見するとこれは問題含みの主張に思えるかもしれない。どのようにすれば想像力の外部には実在しない事物の観念を持つことができるのか。こうした概念を何らかの形で与えてくれるのは言語ではないのか。ダウール・モンゴルについてハンフリーが次のように主張する理由には、この種の思考があるように見える。彼らの間で、「エントゥール（*endur*）［立派な老人の精霊］……のような概念は……言語なしには発展しなかっただろう。また直観的な考えにも大きな基礎があるにせよ……その概念の使用は定義的な原理に依存するだろう。エンドゥールやバルカン（*barkan*、シャーマンにかかわる精霊）、ムドゥール（*mudur*、龍）といった語は、常に規約的定義に基づくのである」（Humphrey 1996: 108）。

ハンフリーは分析の中で、基礎概念は言語学習によってではなく経験と実践に由来し、それらは辞書項目や特徴の一覧表のようにコード化されるものではないとする認知科学の近年の発見を援用している（Bloch 1998: 5-7, 47-48）。すると子供は、例えば「家」のような基礎概念を、その語を実際に発することができるようになるよりもはるか以前から持っていることになるだろう。またこうした概念は一連の定義（屋根、壁、扉といった）による産物ではない。むしろ緩やかに結びついた「家らしさ」をもたらす質の集合であって、そのどれ一つとして本質的ではなく、すべては典型的な家とはどのようであるかという一般的な観念によって結びついている。さらにこうした認知研究は、子供による語彙意味論（lexicon semantics）の獲得の大部分は、言語の発展に先立って形成されていた概念に語を結びつけるという問題であることを示している（Bloch 1998:6）。ハンフリーはこうしたことすべてを引き受けながら、宗教的表象の真正さ《フェルト・オーセンティシティ》の感覚がまず確保されるのは、山や川や動物などといった自然現象を非言語的かつ直接的な様態において経験することによると論じる（Humphrey 1996: 106, 108）。だが家や山とは違って精霊は結局のところ現実には実在せず、人間の想像力によって育まれた超自然的存在なのであるから、こうした自然現象を代理表象する精霊の概念は言語なしには形成されえないというのだ。

　これは常識的に見えるものの、霊的存在の概念形成における夢の重要性を考えると、ハンフリーの議論が真であるかどうかにはそれほど確信が持てなくなる。私の考えは、タイラーの考えといくぶんか似ている。百年以上前に彼は、「未開」人による魂や精霊についての最初の教義は夢の生活を基盤に発展したと主張していた（Tylor 1929b(1871): 356）。

　だが私の議論を展開する前に、ユカギール人の夢の観念について少し述べておかねばならない。フロイト的な夢解釈のアプローチはよく知られていて馴染み深く、我々の「民俗知識」（Gellner 1985: 5参照）の一部として深く染み付いている。そこで夢についてのユカギールの考えが我々の共通理解といかに異なっているか、フロイト理論と手短かに比較することで明らかにしたい。フロイトにとって夢とは無意識、つまり普段の起きている生活の中では抑圧する必要のある本能的な欲動の現れである。「夢は無意識への王道である」とフロイトは書く。「夢は私たちが無意識の働きの一端を垣間見ることのできる貴重な機会である」（Freud 1957: 156）［訳注：ただしこの部分の記述はイーグルトン（Eagleton 1983）からの引用であり、参照先とされるフロイトの著作は存在しない。オリジナルはおそらく「夢の判断」の文章だと思われる。］。したがって、フロイトにとって夢の経験は無意識、すなわち睡眠の間、起きているときに押し付けられていた心理的抑圧から解放される意識の内部にしか存在しない。ユカギール人による夢についての見解は、フロイトのものとは正反対である。彼らにとって夢見る自己は、折り合いをつけなければならない現実から休息しているどころか、起きているときの生活における具体的な目的を達成するための手助けとなりそうな意味の探索に着手するのだ。狩猟者の身体は横たわって眠る一方、その魂すなわちアイビは、事物の表面を貫いて下に向かい、「影の世界《シャドウ・ワールド》」に至るといわれる。そうして彼は動物の不可視の片割れである支配霊と遭遇し、獲物を提供するよう誘惑することができる。私がフィールドワーク中に収集した二つの夢の経験は、良い事例となるだろう。(6)

**ある中年男性の狩猟者による語り**

奴らは木の家に住んでいる。そこには納屋もある。その納屋で動物を飼っているんだろう。私を見るといつも喜ぶ、三人姉妹だ。私が到着するときは、奴らは少し酔っ払っている「おそらく火に食べさせるときに捧げられたウォッカのことを指すと思われる」。奴らは私にすり寄ってきてペニスをもてあそび始める。もし私が川の上流で狩りをしているなら、私は一番上の姉を連れて一緒に寝る。中流域で狩りをするなら真ん中を。そして下流であれば末の妹を。目覚めたとき、このシーズンは「狩猟の」めぐりあわせが良いと知るんだ。

**ある老女の語り**

テントの中で夫と横になって寝ていたとき、急に私を呼ぶ男の声が聞こえた。「立て」と言ったんだ。私は立ち上がった。「川上のほうへ行け」とその声が言った。どうやら私は川上に向けて飛び始めたらしいのさ。「左へ曲がりなさい」と声は言った。私が左に飛ぶと、そこには、木々の間に巨大なペニスが立っていたんだよ。［彼女は笑う］……これ以上は言わないよ。だけど翌朝起きたとき、私は夫に夢を見たと言った。どんな夢を見たかは言わず、ただ私たちは川上に行って左に曲がらなくてはならないのよと言った。そうしたらそこには、まったく同じ場所に巨大な牡牛［エルク］が立っていて、夫はそれを仕留めたんだよ。

つまり、フロイトが無意識の領域に帰したものを、ユカギールは現実であり、霊的存在との意識的な性的関わりと見なしている。この対照において重要な点は、前者の場合には夢見ることが幻想だと捉えられていることである。この発想は、睡眠それ自体が社会活動をしない時間、ある種の「空白の現実」（Riches 1995: 112）として理解されているという事実によっても補強される。それに対してユカギールにとっては、夢の心象は魂の経験を反映しており、夢は霊的存在との性的関係をとおして個人を利するような出来事に影響しうると考えられている。こうした解釈の違いは、根本的な存在論的前提に根ざしている。フロイトは他の多くの西洋人思想家と同様に、心は世界から分離しているとの前提から出発しており、それゆえ彼の視点では夢とは人の内面状態をただ反映するものに過ぎない。反対にユカギールにとって、心は人が世界にかかわることそのもののうちに常に存立《サブシスト》しているのであって、寝ているか起きているかとはまったく無関係なのである。したがって彼らの視点からすれば、人格は常に世界＝内＝存在として実在し、「生きられた環境中の諸要素との不断の関係性に巻き込まれている」（Ingold 2000: 101）。

さらに、またハーナーの解釈（Harner 1972: 134）とは反対に、ユカギールは夢の世界と通常の起きている状態の世界との間にいかなる葛藤も見出さない。ハーナーの主張によれば、アマゾンのシュアル（Shuar、ヒバロ（Jívaro））は通常の世界を幻想と見なす。なぜなら唯一の現実の世界は霊的な力の世界であり、そこには魂だけが夢をとおして到達できるからだという。だがこれは、ユカギールの理解とは対応しない。ユカギールは二つの世界を対立するものではなく、互いの鏡映であると見なす。これは魂、つまり**アイビ**が個人の鏡像として理解されるのと同様である（**アイビ**とはユカギール語で文字通り「**影**」を意味することを思い出してほしい）。したがって彼らの視点によれば、夢の世界と起きているときの生活は同一の現実の二側面であり、ともにひとつの世界を構成するのであって、どちらかが優越化へと向かうことはない[7]。

そうすると当然ユカギールの間では、夢の世界で働く原理は、起きているときの生活で働く原理とほとんど同じだということになる。したがって狩猟者が動物の不可視の片割れ、つまりその精霊に言い寄って誘惑しようとするとき、狩猟者の**アイビ**は動物の身体的な外見を取らなければならない。これは起きている間に獲物を誘惑しようとするとき、狩猟者自身がおこなうのと同様である。アイビの変形した身体の形は、精霊と出会うときにその多くがなぜ人間の姿をしているのかの理由にもなっている。なぜなら、すでに論じたように、同じ身体を持った存在者はすべてこのように人間の姿で互いを見るのだと信じられているからだ。さらに起きているときの生活と変わらず、夢見る狩猟者は、**アイビ**がその動物の身体によって持ち去られることを予防するため、自己認識的あるいは再帰的な要素を保持しなければならない。ある狩猟者はその夢見の間、日常の人間の姿をした自身のスナップショットとキツネの姿をした自身のスナップショットを交互に見るやり方を説明してくれた。再帰的な要素は、小さな木製の人形によっても示唆される。それは私が夢の中で精霊との関係を確立することを補助するために、ある狩猟者がくれたものだ。私の**アイビ**が夜の旅をしている姿を描き出したものだと言われるその人形は、おおむね人間の外見をしているものの、エルクの角も表現されている。さらに人形は十字架を両手で持っており、それが人形を悪霊から守るのである。狩猟者はこの人形を「お前の代わりに見るもの」を意味する**イオヤ**（*ioyä*）と呼び、寝る前には枕の下へ置くようにと言った。何かを殺したときはいつでも、その貢献に対する返礼として、また私を他の身体の中に置き去りにしなかったことを確認するために、脂肪や血を供えなければならない。

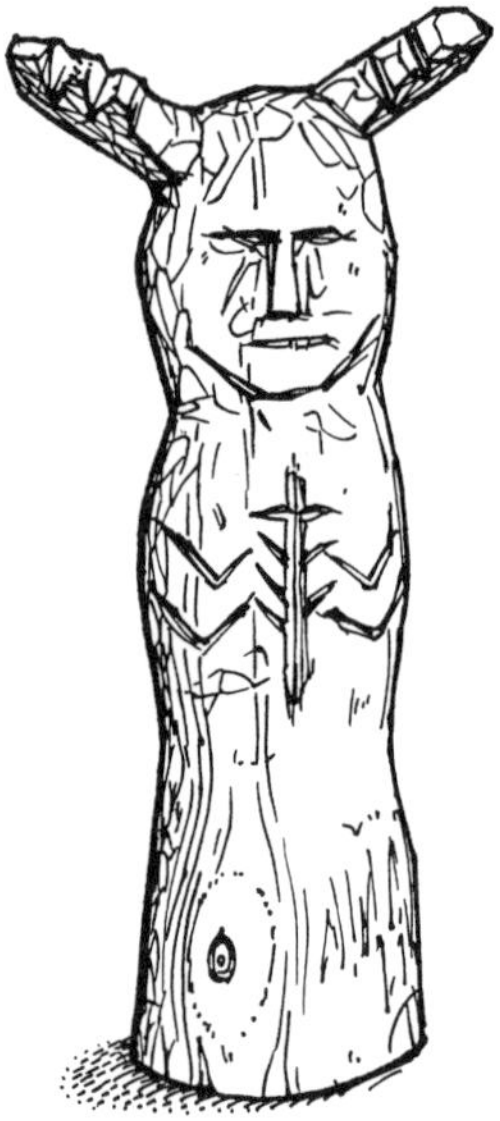

図14　イオヤ（幅3.5cm、高さ14cm）。マッズ・サリカス画。

さらにユカギールは、すでに述べた誘惑と愛の間の緊張関係に言及しながら、「もし精霊が狩猟者を愛し過ぎれば、そいつは彼を殺すだろう」と言う。もし狩猟者による気を引くための駆け引きが精霊に真の愛情を抱かせたなら、精霊は彼の**アイビ**を配偶者として引き留め、もとの身体に戻るのを妨げようとする。この場合、もし**アイビ**が精霊に打ち勝って身体に戻れなければ、狩猟者の余命はいくばくもないだろう。私はフィールドワーク中に一度、精霊が愛ゆえに狩猟者を殺そうとするこの種の事件を目撃した。森で狩りをしている間に腐ったバターを食べたのは、我々の狩りのリーダーであるスピリドン爺さんであった。その胃には穴が開き、血を吐き始めた。すぐに彼は立ち上がれなくなるほど衰弱し、寝たきりになってしまった。状況がより危機的になるにつれ、彼はうわごとで「あっちへ行け、あばずれめ！」と叫ぶようになった。当時の私は、その意味について考えるにはあまりにも状況に圧倒され過ぎていた。だが後日スピリドンを首尾よく村まで運んだ後、彼はそこで奇跡的に回復を遂げたのだが、スピリドンを殺そうとしたのは彼の**ポモスチニック**（*pomoshchnik*、補助霊）であるオムレフカ川の所有者だと狩猟者の一人が教えてくれた。スピリドンのところに行くと、彼はその通りだと認めた。夢の中で、彼女（その精霊）は故人となった二人の親族および一人の友人と連れ立ってやってきて、〈影の国〉まで一緒に来るよう彼を説得したのだと言う。「彼女は私を愛しており、私の望むすべてのエルクをくれた。だが彼女はずるがしこい悪女だった。一緒に住めるように私を殺したがったんだ。私の失敗は彼女に良くしすぎたことだ」。そう言って彼の話は終わった。つまり、狩猟者は動物の精霊を性的に誘惑して獲物を提供させる一方で、その喜びが破滅を招きかねない本物の愛の感情にならないよう細心の注意を払わなければならない。

## ◇精霊は現実か？

これらの考察を頭に入れた上で、夢と精霊、および言語についての問いへと戻ろう。これまで見てきたように、ユカギールにとって夢は「なすこと」として理解され、自己認識あるいは再帰的な生と同じく意識の一部を構成している。この点に関して、ユカギールは特別というわけではない。例えばカリザスは、シンハラ人の夢は「あらゆる人間活動の解釈を定める原則と同一の解釈の原則に従う」という（Carrithers 1982: 27）。同様にスミスは、北部アサパスカン（あるいはデネ）の人々にとって、「夢は現実世界の知覚の一側面」と書く（Smith 1998: 417）。したがって我々は、夢の内容や意味を無意識の内側へと単純に追いやることはできないのである。その代わりに私は、経験する主体の立場から二つの主張が可能であると提起する。第一に、人が起きていようと寝ていようと、人格が出会う相手は常に世界＝内＝存在であり、「空白の現実」ではないということ。第二にその直接的な帰結として、夢を見ている自己の意識は起きているときと同程度に現象学的な現実であるということである。

これらの論点はインゴルド（Ingold 2000: 100-102）から得たものだ。彼はオジブワ・インディアンの夢見に関するハロウェルの記述（Hallowell 1955: 96; 1960: 42）を頼りに、夢への現象学的アプローチを論じた。彼は、「睡眠中になされた経験は、起きているときの経験とまったく同様に自伝的記憶の一部である」（Ingold 2000: 101）と述べる。インゴルドもハロウェルも主張の根拠を何も提示してはいないものの、証拠は入手可能である。私がとりわけ念頭に置いているのは、実験的夢研究における最新の発見を明らかにした『認知としての夢（*Dreaming as Cognition*）』（Cavallero and Foulkes 1993）である。本書の序論で二人の編著者キャバレロとフォルクスは次のように書く。「経験的夢心理学のデータは……夢見が一般的に想像されているよりもかなり組織化されたプロセスであること、および**覚醒時の現象において現れるのと同じ心的表象と心的プロセスのシステムを夢が用いていること**を、ともに示している」（Cavallero and Foulkes 1993、強調はウィラースレフ）。

彼らが議論のために提示している実験に基づいた証拠を詳細に説明することは私の手に余る。その代わりに、私が最も重要な発見だと考えるものを要約しよう。

・夢見はこれまで想定されていたように、急速眼球運動を伴うレム睡眠中に限定された、「活動的な夢」だけからなるのではない。そうではなく、人々は睡眠中に休みなく夢を見続ける（Cavallero and Foulkes 1993: 10; Empson 1993: 80-81も参照）。したがって私は次のように補足できるだろう。人間は常に「世界＝内＝存在」であり、すべての社会的関わりが中断された「空白の現実」にいることは決してないのである。

・さらに実験的証拠から、覚醒時の生活において用いられるすべての感覚様相は、夢見の際にも明らかに同程度含まれていることが明らかになっており（Meier 1993: 62）、夢の心象と覚醒時の知覚の間には顕著な相関関係があると報告されている（Kerr 1993: 27）。そのうえ夢見においても覚醒時の認知においても、記憶の構成は根本的に同一であり、様々な記憶システムへのアクセスについても同様である（Cavallero and Foulkes 1993: 144）。

・夢見は異なった意識レベルからなり、そこには再帰的な意識も含まれる。つまり、まるで外側から見ているかのように、程度の差はあれ自己という中心を外れたやり方で自らを考慮できる可能性がある。夢見はまた夢の間になされた自己のふるまいの感情的、対人的あるいは認知的側面を評価する能力を持つ（Meier 1993: 63, Montangero 1993: 100）。

・最後に、エビデンスによって示されているのは、主体は何についての夢を見るか制御することを学習可能だということである（Faraday 1972）。

もしこれらの発見が正しく、実際に夢見が基本的な認知構造およびプロセスを起きているときの生活と共有しているなら、起きているときに働く概念発達のプロセスは夢の中でも同様に働いているものと考えられよう。そして、もし概念と言葉の間に必然的な結合などなく、また子供は言語を発達させるよりもはるかに前から、環境内の事物についての基本概念を発展させるのだとする認知科学の主張が正しいのであれば、話すことを学ぶずっと以前から、夢の経験をとおして原形的な概念の形式で霊的存在の観念を獲得しうることも想定可能である。この場合、言語は霊的存在についての概念的思考にとってまったく必須ではない。この議論は、レム睡眠は誕生時から起こるという事実と、特に子供は夢の中で経験したことと起きているときに経験したことを明確に区別できないという事実によってさらに裏付けられる。「(夢の経験は) いまだ子供には現実の経験であったように見える」(Foulkes 1993: 115) のである。

だが、様々な精霊に名前を付け、厳密に整序された分類システムのうちにそれを位置づけるということになれば、言うまでもなく言語が必要となる。それでもやはり、非言語的に基礎づけられた概念をさらに構造化することに人々が関与する程度については、文化ごとに異なっている。様々な種類の精霊を区別することに多大な労力を投入するように見えるモンゴル人たちとは異なり、ユカギールは**ハズィアイン**という適用範囲の広い用語のもとにそれらをひとまとめにする傾向があることはすでに見た。この違いについてのひとつの説明は、二つの社会の間の階層構造や権力構造の差異に見出せるだろう。以前にも説明したように、ユカギール社会は常に小規模かつ単純であり、社会的分節や地位の分化、また宗教的専門家を欠いている。社会構造の単純さが構造へと向かう人間の傾向性を消散させる効果を持ち、この消散はとりわけ宗教的表象の領域で発揮されることは、しばしば認められている (Woodburn 1982b: 206-8, Guenther 1999: 237)。いずれにせよ私の提起したことが真実であるなら、とりわけ霊的存在の概念が言語とは無関係に夢を媒介として発展するのであれば、「自然」と「超自然」、「現実」と「文化的構築」の伝統的な区分は容易には維持することができない。もはや我々は、動物や木や山といった観念が、霊的存在の観念よりも現実だと考えることはできないであろう。

# 第9章　アニミズムを真剣に受け取る

## ◇隠喩モデル

アニミズムをめぐる今日の理論には限界がある。精霊や霊魂、動物の人格といった存在の性質や、人々がそれらとの間に取り持つ関係について現地の人々の抱く態度や信念を、人類学者が真剣に受け取ろうとするとき、役に立つ理論的な道具立ては不十分である。ある意味では、そうした限界について幅広く省察してみたのが本書である。「真剣に受け取る」という言葉が意味するのは、人々が真剣に受け取っていることを私もまた真剣に受け取るというシンプルなことだ。これは通常、人類学ではなされていない。ユカギール人は、精霊は人間や動物と共に世界に存在し、起きているときの生活と夢の中の両方でそれらと相互作用するのだと主張する。だが一般に人類学者たちはそうした精霊を、現地人の精神が世界に押し当てた心的表象という以上の現実性を持つものとは認めない。人類学者にとって精霊は、文化的に構築された世界観が共有する条件の内側で、世界を概念によって把握し、象徴を用いて専有するための手段に過ぎない。例えば、高地ビルマに住むカチンの精霊についてリーチが与えた古典的な説明を考えてみよう。典型的なデュルケーム流のやり方で、リーチは次のように書く。カチンの宗教における様々なナッ（*nats*、精霊）「とは、結局のところ、カチンの人間社会に実在する個人や集団の間にある形式的関係を描く手段に他ならない」(Leach 1965: 182)。

換言すれば、リーチが私たちに説くのは以下のようなことである。カチンが霊的存在の実在に関して抱く意識、つまり彼らの価値観と目標の中核をなし、そのふるまいの大半を動機づける意識は、本物の精霊が実在するという状況から来るのではなく、ただ人間の社会関係が実在するという状況のみに由来する。カチンが逆のことを主張するとき、つまり人間と相互作用するように精霊とも相互作用するのだと主張するときには、彼らは隠喩に溺れていると言われる。それゆえ彼らの話は通常の語り《プロウズ》として扱われるべきではなく、象徴的な言明として理解するべきだとされる。だがこれは、彼らが人間の社会領域における「現実の」現実性と「想像の」領域における霊的存在の隠喩的な構築とを区別できないことを前提として、カチンが精霊に関して文字通りの真実だと考えているものを、本当のところは比喩的にのみ真実なのだと主張していることになる。それは現地の視点がカテゴリーとして拒絶する、社会と自然、人間と非人間、真の知識と偽の知識というまさにデカルト的二分法を再生産することである。換言すれば、この分析は我々の二元論パラダイムを公理としている。そうした二元論を基盤に、精霊は**現実には**実在せず、現地の人々の想像力のうちでのみそのように構築されているのだとして、我々は安堵するのである。本書全体をとおして見てきたように、精霊や他のいわゆる「想像上の」生きものが実在するという現地の人々の主張を、概念装置や隠喩だとして単純化するこの手の分析上の企ては、人類学の領域では今でも健在である。実際のところ現代のアニミズム研究のほとんどは、こうしたデュルケーム的な主題の変奏なのである(Tanner 1979, Nelson 1983: 239, Bird-David 1992; 1993, Århem 1996)。

こうした分析の様式は極めて傲慢であるにとどまらず、学問的な意味でも問題含みだという印象を受ける。それは人々自身による思考や言説の様式を不明瞭にし、かつ拒絶するのである。アニミズム的な信念を抱く人々によると、実際の現実と隠喩の現実という二つの現実があるのではない。人間と非人間の両方からなる人格とそれらの関係によって成り立つ、ただ**ひとつ**の現実があるのみだ。実のところ、皮肉なことに人類学者による説明モデルは、思考や実践の中に二元論や二項対立を持たない研究対象の人々の思考方法よりも、そうした対立項を中心とする自文化の思考方法について、はるかに多くの洞察をもたらすのである。そのうえ人類学者は、霊的存在との関係について現地の人々が語っていることは、人間共同体のうちで獲得した関係の隠喩的な投影に過ぎないと主張する。このために人類学者によるアニミズム的理解についての研究は、世界のあり方に関して何かしら新しいことを語ることが実質的にできなくなっている。その代わりに人類学者は、どこか同語反復的な推論の過程に依存する。つまり、他者のアニミズム的信念という与えられた現実をどのように説明するかをあらかじめ知っており、その上で完全だが結論のわかりきったモデルに基づいて説明するのである。だがすでに見たように、これでは存在論的な二元論をそれが当てはまらない人々へと押し付け、しかもその二元論を根拠にして、彼ら自身では事実と幻想、あるいは現実と隠喩を正しく区別できないのだとほのめかす以上の説明にはなっていないのだ。

## ◇デカルト主義としての相対主義

ここで、アニミズムを真剣に受け取るという私の知的な立場は、社会・文化人類学とはどのようなものかを根本的に誤解していると反論されるかもしれない。人類学の本質的な関心は、それが何であれ現実の根源的な性質を理解することではなく、人間主体のいわゆる「文化的に構築された」世界に現実が形を取って現れる様々なやり方をできるだけ正確に説明することだと主張することはできよう。結局のところ、我々は世界を直接的には経験することができず、文化的表象という媒体をとおして間接的にのみ経験できるに過ぎないという想定は、人類学ではお決まりの常識である。そのため、異なる文化に属する人々にとっては、同じ現実であってもまったく異なった物事を意味することになる。例えば精霊は我々の現実の一部ではないかもしれないが、だからと言って世界を知覚する文化概念が我々とは異なる現地の人々にとっては、精霊が現実でないということにはならない。

さらに、彼らの信念とまったく同様に、世界に関する我々の西洋的な主張もまたあるがままの世界それ自体に由来するのではなく、我々自身の文化的表象によって媒介されたものである。そのため絶対的で普遍的な単一の現実といったものはなく、むしろ文化的に構築された複数の現実があって、それぞれ独自の信念や概念および知覚経験の体系を持っていることになる（Nelson 1983: 239）。その世界を知覚する彼我のやり方はいずれも文化的に相対的なものであり、それぞれの現実の観念はそれ独自の文化的条件の下で判断されうるに過ぎないため、比較に基づいて真偽の判断をおこなうことは無意味である。社会・文化人類学者が共通して採用するこうした議論の流れは、バーによる次の一文に凝縮されている。「あらゆる理解のやり方は、文化的かつ歴史的に相対的である。それらの理解の仕方は特定の文化や歴史的時代に特有だというばかりでなく、それらはその文化と歴史の所産と考えられる。……どんな文化にも特有の知識の形態がたくさんあり、したがってそれはその文化の所産であって、**我々の**理解のやり方が他のやり方よりも（真理に近いという点で）必然的に優れていると仮定すべきではない」（Burr 1995: 4、強調はバー）。

だが、まさにこの文化相対主義の主張には問題がある。すべての文化がそれ独自の構築された意味の枠組みに閉じ込められ、そうした枠組みはその文化に関連する基準でのみ測ることができると主張するということは、人類学者は**ある**特定の文化の成員であるにもかかわらず、**すべての**文化についての文化＝超越的な解釈を提示していることになる。これは論理的に矛盾している。相対主義的な言明を非相対主義的な一般的主張としておこなっているからである。それゆえに相対主義的立場は、あらゆる他者の生がその中で形作られているとされる文化の諸世界から、人類学者だけは一歩抜け出していることを必然的に含意する。なぜなら、「文化を超えた観察の地点によってのみ、［土着の］理解を……ある独立した現実の……ひとつの可能な構築に過ぎないと見なすことができる」（Ingold 2000: 15）からである。換言すれば人類学的な文化相対主義の主張は、西洋の認識論が土着の理解に対して持つ優位性の基盤を掘り崩すのではなく、実際にはむしろ改めて強化するのである。これは文化相対主義が、現地の人々と、複数の文化的諸世界が実際にはどのようであるかをいかなる文化的バイアスにも縛られることなく理解できる啓蒙された人類学者との間の、ア・プリオリで本質的に非相対主義的な分割を前提するからである。インゴルドが言うように、「もし理性の能力によって人間性が自然から切り離されたのであれば、近代科学が、伝統の制約と規範によって思考が縛られたままであると言われる『他の文化』の人々の知的実践から自らを切り離したのは、この理性の能力を最大限に発展させることによってであった」(Ingold 2000: 15)。

我々は出発点であったタイラーとデュルケームに戻ってきたようだ。彼らは、現地の人々は本来的に彼らのアニミズム的な信念の本質について無知であり、アニミズムが実際にはどのように働いているかについて信頼に足る説明をなすためには、人類学者が抽象的な科学的理性の優越性と協働する必要があるのだと主張した。問題は、抽象的な科学的理性の至上の視点それ自体が、デカルト主義およびそれに内在する「近代」と「伝統」、および「真」の知と「偽」の知という二分法の産物であることだ。換言すれば、文化相対主義への人類学的な関わりは、本質的にデカルト的認識論の条件に則って形成されている。そしてすでに見たようにその認識論は、アニミズムを、世界についての何かしら誤った心的表象の形式へと貶《おとし》める他ない。

## ◇意味は関わりのうちに与えられる

本書はこのデカルト主義的な遺物と決別し、アニミズムの分析のために新たな出発点を用意する試みであった。その試みは、ユカギール人が自身について、また彼らを取り巻く世界について知覚するやり方を導きの糸として進められた。それは何にもまして、人間存在の「表象主義」的な見方を根絶することであった。表象主義において人間は、外的客体の世界からは距離を置いて立つ主体であり、ある種の心的表象の「認知」システムをそこに投射することによって世界についての信念を持つようになるとされていた。

すでに見たようにユカギール人にとっては、人間実存の基本的な状態は世界について抽象的な主張をする観照的主体ではなく、生という実践的な作業の中で人間と非人間を同様に含む他者との動的な知覚的関わりに、ことのはじめから浸されているものだ。そして彼らが世界の中で見出す意味とは、自らの心が世界に押し付けたものではなく、日々の実践的な経験におけるこうした関係的な文脈から引き出されるものだ。したがって、どこに精霊がいるのかと問うならば、答えは「人々の頭の中」ではなく「世界のそこ」、あるいはより正確に言えば人々の活動の関係的な文脈の中にいるということになるだろう。この意味では、精霊は完全に自律的な存在としては考えられていない。なぜなら精霊は、人間主体によって利用されたり、認識されたりするやり方に応じて左右される状況のもとに立ち現れるからだ。だが精霊は完全に非自律的でもない。なぜならそれらが**まさに**立ち現れるとき、例えば「没頭した行為」がうまくいかないときや夢の中などでは、**ハズィアイン**（誰でもあり誰でもないもの）としての通常の匿名性から浮かび上がって、統合性と固有の属性を備えたそれ自体〝としての〟人格となり、「本質」あるいは「それ自身であること《オウンネス》」を現わす。したがって精霊は世界のうちに「見出される」ものであり、世界との活発な交流の中で人々によって「作られる」ものでもある。これは矛盾に聞こえるかもしれないが、ここで述べられていることをよく検討してみれば矛盾は解消する。それはコンピューターの存在がその本質的属性だけにではなく、コンピューター**として**どのように用いられるかにも依存すると主張することよりも矛盾しているわけではないのだ。したがって精霊とコンピューターは両者とも現実世界に完全に属していると言えるのだが、それらは人々の活動との関わりによってその世界の構成要素になっているのである。要点は、デカルト的な自己と世界の二元論を乗り超えるとともに、現実世界は人間経験から独立して存在するという主張を乗り超えねばならないということだ。世界とは我々から分離した何かではなく、そのうちに私たちが生きる場なのである。そして私たちが世界と活発に交流するからこそ、世界は意味ある存在となる。実際のところ、これこそユカギールの人々が、理論的な説明よりも直接経験から開始することにこだわる理由である。「なぜなら、世界とはどのようであるかと人々が想像的に思いめぐらすことができるのは、こうした（生きられた経験の）立ち位置からだけである」（Ingold 2000: 60）。すでに見たように、ここでユカギールの人々は西洋哲学の内部でも根強い反デカルト主義的潮流からの援護を見出すことになる。最も注目すべきはハイデガーとインゴルドである。意味とは思考の中ではなく、まず活動の中に構成されるのだと彼らは言い、そもそも世界と活発に交流していることが、我々が世界について考えることのできる唯一の理由であると強調する（Ingold 2000: 60）。

## ◇つながりと自律

だがユカギールでは、精霊のみならず人間を含めたあらゆる存在が、こうした関係的かつ文脈依存的なやり方で理解される。ユカギールの狩猟者は、狩りの際には狩猟者かつ動物である。また人間共同体のうちでは、単純に彼自身ではなく再生した親族である。死者の魂なくして生きた人格がないのとまったく同様に、獲物なくして狩猟者はない。したがってユカギールの人格は、デカルト的な意味でのコギトとして分離し、自立しているのではない。それは本質的かつ生まれながらにして関係的なのであり、それ自身の実在は、参与する関係の外側やそこから切り離されたところにはない。それゆえに私はハイデガーの用語である「世界＝内＝存在」を採用した。それは間実在、間身体性、相互作用の領域であり、そこでは人格《パーソンフッド》であることは実在《エンティティ》の間にあるのであって、そのうちのひとつに宿るのではない。だが我々が理解しなければならない少々パラドクシカルな問題とは、ユカギールの人格はその存在に染みわたる深い関係性によって規定される一方で、固有の志向性と行為主体性《エージェンシー》を備えた独自の人格としても認識されることだ。まさにこの原理によって、狩猟者は獲物との関係をとおして構築され、規定されるにもかかわらず、動物を殺す意図を持った人間の狩猟者としてあり続けることができる。同様に、自己のアイビと取り持つ関係によって名前とアイデンティティを獲得するユカギールの人格は、同時に自身を以前の生から差異化し、独自の意思のもとに決断して行動をとることができる。人格は、人間と非人間および生者と死者という両面で他の人格から分離していないと考えられていると同時に、志向性と行為主体性も有すると見なされているのである。このどこか当惑を覚えるような事実は、どのように説明できるだろうか。

ハイデガー式の世界＝内＝存在モデルが説明不足を露呈するのは、人格が依存的かつ関係的であると同時に、その明らかな自律性と行為主体性を説明する、まさにこの問題に関してである。ハイデガーは、世界から切り離された我々自身という意識を明示的にも暗黙の裡にも表すことなく、我々が日常実践を通じて世界を開示し、そのうちに事物を発見するやり方を示すことで、西洋哲学に主体と客体というデカルト的二元論を乗り越えさせようとした。実際のところハイデガーにとっては、自己と世界の間に何らかの分離的な要素が挿入されるようなすべての存在の状態は、現実の差異や分割が一切現れない原初の統合体という一般構造を前提とする。ハイデガーの明敏な読者であるグルウィチは、ハイデガー哲学のこの側面を的確に捉えて次のように書く。「我々は、［世界＝内＝にある］我々自身を見出す。そして我々は世界と相互に織り込まれ、そこに含み込まれ、実際のところまさしく世界に『吸収されて』いる」(Gurwitsch 1979: 67)

人と世界はともに未分割の統合体の一部であるというハイデガーの主張が、彼の近代に対する抵抗によって深く彩られていることは指摘しておくべきである。ハイデガーの信じるところによれば、近代とは主体の中心化を着々と推進する形而上学を特徴とし、そこで人間は世界のいかなるものとも本源的な結びつきを持たない完全なる「根無し草《ルートレス》」として現れる (Young 2002: 33)。彼は頻繁にこの状態を、「素朴な」田舎の人々が土地との関わりにおいて経験する明らかな調和や、彼らが世界との関わりの中で示す極めて従順な自己犠牲の態度と比較する。この点からするとハイデガーの仕事は、近代人の疎外に対する人口に膾炙《かいしゃ》したロマン主義的告発のひとつの現れに過ぎないが、私はここでこの点を論じるつもりはない。だが指摘しておきたいのは、この手の議論と同様のものは狩猟採集民に関する近年の人類学文献の中でも繰り返されているということだ。そうした著作において先住民のアニミズムは、西洋社会が失ってしまったとされる世界や他なる存在との根本的な親近性を表象するようになる。これはインゴルドの「住まうことの視点」からも明らかに読み取れるが、おそらくよりあからさまなのは、アニミズムを「つながり《リレイテッドネス》」として理解しなおそうと提案するバード＝デイヴィッド（Bird-David 1999）の最近の論文である。インゴルドのように、彼女はつながり概念を、世界や他の存在者との同一性や一体性による差異の吸収に基づくものとする。したがって「（アニミズムは）近隣の他者とのつながりから成長するものであり、アニミズム**とは**そうしたつながりを維持することである。それは……差異を強調して共通性を覆い隠す『他者性《アザーネス》』から、差異を吸収する『我々＝性《ウィー・ネス》』へと関心を振り替える。『我思う、ゆえに我あり』に抗して、『我つながる、ゆえに我あり』を打ち立てようではないか」（Bird-David 1999: 78、強調はバード＝デイヴィッド）。

　はじめの章で私は、自己と世界の根本的な類似性というこの発想に対していくつかの反論を唱えた。そして我々が世界を経験できるのは、主体としての我々自身と、我々の主体的経験を超えた外部世界とを弁別可能な、意識的な経験の主体である場合に限るのだと論じておいた。さもないと、経験する主体と経験の客体は癒合し、同一化してしまうため、世界についてのいかなる経験も不可能になる[1]。これはデカルトのコギトの教義に宿った真実の胚であると私は論じた。つまり、「私」という反省的な意識がまさに最初から知覚に埋め込まれていなければならず、さもないと世界をそれとして意識することなど一切あり得ないのである。したがって、コギトは「差異の吸収」としてのつながりに置換可能であるというバード゠デイヴィッド（およびハイデガー）の推論は、根本的に誤解を招くものである。コギト、つまり世界からいくぶんか離れて立つ主体であることの自己意識は、世界とかかわるあらゆる試みの前提条件である。こうしたすべては、自己と世界の完全な同一性という観念が単なる神話であるに留まらず、誤った神話であるということを示している。我々という存在者の存在論的構造とは実は次のようなものなのである。すなわち、世界の他者性、つまり我々と世界の差異こそ、経験の最も原初的なレベルにおいて世界が持つ意味の一部である。

そうすると、アニミズム的なつながりは同一性としての「我々゠性」による差異の吸収に基づくのだとバード゠デイヴィッドが提起するとき、彼女は人々が経験しているように思われるものを提示しながら、自分自身のロマン主義的な感傷を狩猟採集民に投影しているということになるのではないのか[2]。私の信じるところでは、彼女の議論にはいくぶんかの真実が含まれている。我々が見てきたのは、他の狩猟採集民と同様にユカギール人が、世界や他の存在者たちとのそうした同一性を文化的に裏付け、精緻化してきたやり方であった。実際のところ、彼らが言語を知の障害と見なしていたのはこのためであった。なぜなら言葉は二元的な論理要素であり、本質的に弁別的であって、世界との直接的かつ即時的な関係である知覚の非゠二元的な性質を表現するには不適切であるからだ。さらに他の狩猟採集民と同様にユカギールは、生活して狩りをおこなう場所の精霊をしばしば親族名称を用いて呼び、カテゴリー上は根本的なあり方で同一と見なされる厳密な根拠に基づいてシェアリングの関係を確立する。事実、すでに見たようにユカギール世界の一般的な特徴は、他なる存在と同一化することの、ほとんど無限の可能性である。人間は動物に変容し、動物は人間に変容する。またある身分の人間は他の身分の人間になる。ここには根本的な断絶はなく、同一のものが他となり、他なるものが同一となる、持続的な置き換わりがあるだけだ。

バード＝デイヴィッドに従うならば、こうしたすべてのことは、アニミズムが自己と他者のある種の融合的な同一化に基づいていることを明らかにするものと解釈されるだろう。だが真実は、実のところ正反対なのである。ユカギール人が人間と非人間あるいは生者と死者の間に乗り越え不可能な存在論的障壁を設定しないことは、彼らが自己と他者の差異化に没頭しないということではない。反対に、保証されたア・プリオリな差異がないということは、差異を例示する様々な日常的実践をとおして絶えず差異を作り出し続けなければならないということである。(3)

## ◇差異化の力

我々は、ユカギールの社会性が他の狩猟採集民と同様に、シェアリングの原理をめぐって構成されるやり方を見た。シェアリングのエートスは、所有と蓄積からの解放、つまり個人の間に依存関係を作り出す可能性からの全面的な解放を伴い、基本的な平等という性質を持った関係を確立する。借金や信用貸し、互酬およびいかなる種類の非対称関係も、シェアリングの精神と実践の双方に反するものだ。お互いにシェアする人々が身をもって示すのはそうではなく、まぎれもない対等性である。「私は君のものに権利があると言える。なぜなら、君はある決定的な面で私と同じだからだ」。実際のところまさにこうした根拠から、サーリンズ（Sahlins 1972: 193）はシェアリングを「連帯の究極」と呼び、またバード゠デイヴィッドは狩猟採集民が「周囲の存在とのシェアリング関係を再生産」することをとおして「差異」を無効化し、「それらの種別をひとつの『我々゠性』へと［吸収する］」（Bird-David 1999: 73）と論じたのだった。だが問題はユカギール人にとって、自然の行為主との真に徹底的なシェアリングという状況は、最終的には維持不能であり、実のところ自己破壊的であるということだ。それは常に与え手と受け手の役割の反転をもって終わり、人間の捕食者は獲物である動物の精霊にとっての獲物の地位に転落する。この反転への恐怖はユカギールが動物の支配霊を取り扱うやり方に繰り返し見出せる。この精霊は人間の「親族」に対する「愛」ゆえに彼らを「殺す」ための手段として、豊かな獲物の群れをシェアするのだと信じられている。したがって全体としては、「シェアリング」や「愛」における「差異の吸収」は否定的に捉えられる。それは人間としてのアイデンティティの喪失を意味し、究極的には「死」を意味する。なぜなら、そうした明確なアイデンティティなくして人間にとっての生などないのだから。

狩猟者による解決策はシェアリングのやり取りを「汚い策を弄すること（ロシア語 *pákostit'*）」、つまり私が性的誘惑の駆け引きとして描き出したものへと変換することによって、差異を強調することである。だがここで、重要な類似性が保てないほど差異が大きくなることは決してない。換言すれば誘惑の駆け引きとは、お互いに「類似性を非類似化する」原理を特徴とするのである。狩猟者は獲物のアイデンティティと見た目を取り入れることで、動物（とその不可視の霊的な片割れ）に対して動物自身のイメージを投げ返す。ちょうど鏡に映しだされたモノのイメージは現実のモノと類似しながら、鏡像それ自体はモノのレベルでの現実性を持たないのと同じように、狩猟者によって始動されたイメージは獲物と完全に同一化することなく獲物を指し示す。そしてまさにこの不一致あるいは差異の局面が、動物を上回る力を狩猟者に付与する。第一に、それは狩猟者に二重のパースペクティヴを提供するのであり、（人間の狩猟者がするように）エルクをエルクとして見るとともに、（彼が見るエルクによって見られるように）彼自身をエルクとして見る。実のところ、狩猟者を著しい危険に晒《さら》すのはこのパースペクティヴの二重性である。なぜなら、彼自身の人間のパースペクティヴを備えた知覚主体として実在するという区別を保ち続けたまま、動物の根源的な「らしさ《テクスチャー》」のシェアリングを可能にしてしまうからだ。第二に、動物が狩猟者の中に見るもの、つまりその致命的な魅惑の対象とは、動物自身の正確な複製ではなく幻想のイメージである。実際には「内面」あるいは不可視のもの、すなわち動物自身の隠れた人間《インフラヒューマン》のパースペクティヴを、「外面」あるいは見かけとして晒しているのだ。狩猟者は自身の人間的性質《ヒューマンネス》を隠すことによって動物の人間的性質、つまりその**アイビ**をさらけ出す。**アイビ**こそ狩猟者が動物に自ら差し出すよう強要するものである。したがって狩猟者の欺く力は動物と同一であることに存するのではなく、同時に同かつ他であること、類似かつ差異であることに存する。これは可視性と不可視性、つまり事実性と幻想の間に戯れの空間を開き、この空間において狩猟者は現実についての動物の知覚を操作された虚構の中へと引き入れ、それによって獲物を仕留めるのである。

人間と非人間や、自己と世界の分裂あるいは不一致の要素が、どのようにユカギール人によって常に適切に保たれなくてはならないか、そして現に保たれているのかについて記述を続けることは可能である。そして実際に本書では、なぜアニミズムが同一性の原理だけではなく差異も前提とするのかについて、十分な根拠を提示した。ユカギールの世界では、あらゆる存在者が絶えずお互いを鏡映・共鳴し、自己と他者の様々な境界は透過的で簡単に乗り越えられる。私の主張は、こうしたユカギールの世界において力を規定するものは、類比性《アナロジー》と同一性《アイデンティティ》とを混同**しない**能力であるということだ。力の行使とは差異を乗り越えることと同一性を保持することの間の難しい舵取り、つまり人間と同様に非人間を含む様々な他者のパースペクティヴから世界を見つつ、それでいて完全なる融即や混乱を避けることなのだ。この側面では、アニミズム的なつながりの様態が持つ力は、境界性《リミナリティ》のパラダイムに基づくように見える。「空間を仕切りかつつなげる空間、文字通りには『しきい』であるところの境界性とは何か。すなわち間にあることの本質とは？」（Schechner 1985: 295）。私が「類似的同一化」や「二重のパースペクティヴ」、「動物ではないが、動物でないわけでもない」などのフレーズを用いながら捉えようと試みてきたのは、自己と他者が同一であると同時に別様であり、似てはいるが同じではないこの境界領域である。このことによって私が提起したいのは、もし我々がアニミズムを真剣に受け取ろうとするなら、世界との（ハイデガー的伝統における）完全な一致、あるいは世界からの（デカルト的伝統における）完全な分離といった考えは放棄しなければならず、その上で我々を世界に接触させつつそこから切り離す存在様態について説明しなければならないということだ。そして、もちろんこのような存在様態がある。それは模倣《ミメーシス》に基づく様態である。

　ミメーシスは本質的に関係的であり、模倣者は模擬されているモノや人格の外部には、あるいはそれらから切り離されては、独立した実在を持たない。それでいて模倣者は決して合致に至ることなく、常に自分自身へと再帰的に投げ戻される。したがってミメーシスは他者性との同化を進める一方で、境界を引いて自己を区分もする。アニミズムはこの両方を必要としており、したがってミメーシスなしにはアニミズム的なつながりの基礎そのものが崩壊してしまうだろう。これはミメーシスがアニミズムと同じものだと言っているのではない。だからこそ我々はアニミストであることなしに事物を模擬できるし、実際にそうしているのである。むしろ私が主張しているのは、ミメーシスはアニミズム的な象徴世界を制作するための前提にして不可欠の条件であるということだ。日常生活におけるミメーシス的実践なしには、アニミズムの象徴世界は生きられた経験との間にいかなる類似も生まず、まったくのところ宇宙論的な抽象概念以外の何ものでもなくなるだろう。したがってミメーシスはアニミズムの実践的側面であり、その世界製作の仕組みそのものである。現代世界ではミメーシスが重要性を持つというベンヤミンの発見それ自体が、我々の大衆文化の中でアニミズム的な形のつながりが表面化していることの証左である。実際のところ現代におけるアニミズムの広範な役割についてはかなり多くのことを語ることができるものの、それは別な本の主題としなければなるまい。ここで提唱しているのは、そしてユカギール人がその根拠を提供してくれたのは、実践的なミメーシスこそ、その起源ではないにせよ、アニミズムの妥当な基礎だということである。

# 註

## ◇はじめに

1　一九九三年におこなった最初のユカギール人の調査に先立って、私は他のシベリア先住民集団のあいだでフィールド調査をおこなっていた。一九九一年には、北部ヤクーチアのオモロイ川、メンケラ川のエヴェン人とサハ人を対象とする三ヵ月間の探検のメンバーであった。翌年は、カムチャッカ北東部に位置するアチャイヴァヤン村のチュクチ人のあいだでおよそ十週間を過ごした。同じ一九九二年には、アルタイ山脈北部のショルとロシア人の狩猟者のもとで罠狩猟者として六ヵ月を暮らした。

2　ジェサップ北太平洋探検はボアズによって組織されていた。メンバーには、ヨヘルソンの妻であり夫について探検に同行したディナ・ブロドスキーや、ヨヘルソンの友人で革命の同志でもあり、チュクチ人とユピック人のあいだでフィールドワークをおこなったボゴラスもいた（Freed, Freed and Williamson 1988: 97-104; Kendell, Mathe and Miller 1997）。またヨヘルソンはコリヤーク人

（Jochelson 1908）やサハ人（ヤクート）（Jochelson 1933）など、他のシベリアの諸集団についても研究をおこなった。

3

ソビエト時代、ユカギール人については何冊かの本が書かれている。スピリドノフによる一九三〇（新版一九九六）年の小著『コリマ地域のオデュル（ユカギール）（Oduly(Yukagiry) Kolymskogo Okruga)』や、ゴゴレフが一九七五年に発表した『ユカギール人――民族歴史学的素描（Yukagiry: Istoriko-etnograficheskiy ocherk)』、トゥゴルコフによる一九七九年の『オーロラの民――ユカギール民族誌（kto vy yukagiry?)』などである。だがこうした刊行物のほとんどすべては思想検閲によって大きな影響を受けており、欠けている情報がときに書き残された内容以上のことを明らかにしている。ソビエトの著述家たちは、マルクス主義的な社会政治形態の連なりのうちにユカギール人を位置付けることが自らの任務であると考えていた。このため同時代の人々自身の声は、ソビエト政府の成果についての過度に熱狂的な言明を除けば実質的に不在であった。かわりに我々に提示されるのは、ヨヘルソンや他の初期の探検家たちによって集められた古い民族誌的データであり、それはユカギールの人々が社会政治的に発展してきた様々な進化段階からの「残存《サバイバル》」の証拠として用いられた。したがって我々には、ユカギール人のあいだでは宗教や婚姻、性別関係（母系制）の最初期形態の痕跡が見つかると繰り返し告げられる。ところがユカギール人はエヴェンキ人やサハ人のより「進んだ」文化と接触したために、狩猟用の武器や売却用の毛皮に対する私的所有権といった、「階級に基づく」社会の様々な特徴を組み込んだというのである。スレツキンがいみじくも指摘するように、ソビエト民族学では「北方少数民族は大きなひとつの残存となった」（Slezkine 1994: 259）のであり、ユカギール人もまた例外ではない。共産主義の終焉以降に刊行された著作はほんのわずかであるが、それらは大変有益である。ここで私が念頭に置いているのは、ユカギールの宗教（Zukova 1996a）と物質文化（Zukova 1996b）について出版しているロシアの人類学者ツコヴァの仕事である。加えて、ロシア人の人類学者で言語学者であるバフチン（Vakhtin 1991）は、ユカギール人の社会言語学的状況について短いが極めて有益な本を書いている。彼は自身の調査データの分析こそしないものの、ユカギールの様々な集団の言語環境について純粋に実用的な記述を提示しており、そのデータは言語がユカギール人の霊的知識に対して果たす役割を判断する際に重要であった。西洋の学者たちは、シベリアに関する一般書の中の短い記述を除いて、ユカギール人に関する著作を刊行していない（例えば次を参照、Graburn and Strong 1973: 38-49, Forsyth 1992, Bobrick 1992, Slezkine 1994）。

## ◇第1章

1　エヴェンキは現地のトナカイ牧畜集団である。

2　ユカギールの小さな集団は、ジリアンカ、チェルスキー、シェレドネ・コリムスクおよびサハ共和国（ヤクーチア）の首都ヤクーツクのような、より都市化された集落にも住んでいる。さらに、ヤナ川やインジギルガ川の下流部にはみずからをユカギールと見なす数十人の人々がいるが、これらの人々の中で生涯のうちにユカギール語を話したことがある者はいない。

3 過去およびより近年にわたって、ロシアの人類学者は、北ヤクーチア地域の先住民として長い間見なされてきたユカギール、コリヤーク、チュクチ（Fedoseeva 1980; Erutikov 1990）と、紀元後七世紀から十四世紀の間にその地域に移動した、より最近の南からの移住者の子孫であると一般的に考えられているエヴェンキ（ツングース）やサハ（ヤクート）のような集団（Arutiunov 1988: 36）とを区別してきた。エヴェン（ラムート）集団は、さらに後になって成立したと考えられている。彼らは、移民であるエヴェンキ集団と地元のユカギール集団の通婚によって産まれたと広く記されている（Arutiunov 1988: 36）。

4 今日、地域の中心地との行き来は、冬には車かスノーモービル、夏にはモーターボートによる。かつて見慣れていた複葉機やヘリコプターは、運用を全くやめてしまった。

5 タンバイア（Tambiah 1990: 49）が指摘するように、タイラーは彼の理論の中で宗教としてのアニミズムと呪術としてのアニミズムに明白な区別を設けていなかった。むしろ、両者は本質的に混ぜ合わされ、相互に依存的であるものとして見られていた。

6 私たち自身の西洋社会におけるアニミズム的観念と実践の興味深い説明については、デグネン（Degnen 2005）を参照。

7 インゴルドはガスリーへの批判の中でこの点を述べている（Bird-David 1999: 82 内のインゴルドのコメントを参照）。

8 トーテミズムは、クランのようなある特定の社会集団と、ある特定の動物および植物、気象現象といった他の自然的存在とをむすびつける儀礼と信念の体系に貼られたラベルである。トーテミズムは主としてオーストラリアとアメリカ大陸の先住民の間で見られる。近年のトーテミズムとアニミズムの比較研究に関しては、以下を参照（Ingold 2000: 111-31; Descola 1996: 82-102; Pedersen 2001: 411-27）。

9 私はこの論点をキャセイ（Casey 1996: 15）から得ている。

## ◇第2章

1 エルクは、低地の森林地域の至るところ、とりわけヤナギの茂みの群れが曲がりくねった川の流れに沿って生えているところで見つかる。多数のエルクがコリマ川上流域に入ったのは一九六〇年代に過ぎず、そのとき、それが地域経済の頼みの綱であった野生トナカイに取って代わった。見ることができる他の大型動物は、ハイイログマ、オオカミ、アカキツネ、クズリ、オオヤマネコのみである。オオヤマネコを除いて、これらの動物はすべてありふれたものであり、どれも獲物として探し求められている。一九五〇年代中盤まで、もっとも重要な毛皮獣はリスであった。だが、クロテンが百年間以上、見られなかった後、一九五〇年代にこの地域に再導入されてからはもっとも多く狩られる毛皮獣となった。

2 ハドソン湾南東部のイヌイトの間で見られる似たような経験に関しては、以下を参照（Guemple 1994: 117-22）。

3 ある人が埋葬されるとき、人々は彼の衣服に穴を開け、彼によって所有されていたモノを壊す。これがなされるのは、モノのアイビが死者の魂とともに〈影の国〉に行けるようにするためである。

4 中界に戻る道のりで**アイビ**が出会うかもしれない危険についての詳細な説明に関しては、以下の中にある「ペトル・ベルベキン」の物語を参照（Zukova Nikolaeve and Dëmina 1989: I: 95-115）。

5 あらゆる者は、彼の聖名《クリスチャンネーム》に加えて、一つもしくは数個のあだ名をもっており、邪悪な精霊を混乱させるのに役立つ。あだ名は「チューチュ」（熱心な者）のようにユカギール語かもしれないし、「チェマダンチク」（小さいスーツケース）、「ギトゥレル」（ヒットラー）、「イーゴリ・ハン」（意味なし）のようにロシア語かもしれない。しばしば、あだ名はその者の性格や外見におけるある特定の残念な特質を指し示している。例えば、「小さなスーツケース」は、やや四角い体型をした、背が低く太った男である。

6 さらなる比較材料に関しては、以下を参照（Jochelson 1908: 100-102; Ingold 1986a: 250-51; Fienup-Riordan 1994: 211）。

7 バーチ（Burch 1991: 108-9）は、シェアリング以外の交換形態を無視してきた点について、狩猟採集社会に関する民族誌文献を批判した。だが、シェアリングは必ずしもユカギール人の間で行われる交換のレパートリーのすべてではない一方で、それはもっとも有力な形態であり、価値体系の基本方針である。この意味で私は、このやり取りの形態に特別な注目を与えることを正当化できる。

8 例外はウサギや鳥といった小型動物であり、それらは、それらを撃ったり、くくり罠で捕らえたりした男のものになる。

9 現在では、ユカギール人の政治的リーダーは、より大きな自治権を獲得しようと努めている。一九九八年には、ユカギール民族のスクトゥル自治法がヤクート議会を通過したが、今日まで施行されていない。

10 ここでは、行政の長、つまり私が以前言及した裕福なサハ人のことを脇に置いておくこととする。彼はみずからの権力をネレムノエのコミュニティからではなく、ジリアンカの地方行政から引き出している。

## ◇第3章

1 同じことは、ロシア正教の伝統における霊魂の概念にも当てはまり、ペスメン（Pesmen 2000）が事細かに描写しているように、霊魂はまったく霊的なものであり、非物質的なものであると考えられている。

2 このことがかつて起きたのは、ワタリガラスが私たちの頭上を旋回することで獲物のもとに導いてくれたときである。それは、飛び去って、ランドスケープの別のポイントでその旋回の動作を繰り返した。私たちの狩猟リーダーであるスピリドン爺さんは「見ろ。それは私たちと一緒に狩りたがっている」と言ったので、私たちはワタリガラスによって示された場所に言った。そこにはエルクが隠れていた。この時点で、狩猟者たちの一人は、私たちのアイビが一時的に鳥の姿を取っていたので、ワタリガラスが私たちを助けることが可能であったという説明をした。

3　ニコライ・リハチェフは八十歳を超えて、非常に高齢であり、死の淵に幾度か立ったことがあった。だが、彼が奇跡的に回復するたびに、後日、村のある健康な人が突如死んだ。人々は、彼がみずからの命を長らえさせることを確実にするために、何らかの方法で健康な人々の強さを盗んでいるに違いないと言って、このことを説明するきらいがある。

4　このことは、なぜ十八世紀のユカギールが死んだシャーマンの身体をばらばらにして、その諸部位をお守りとしてクラン成員に分け与えたのかについての手がかりを与えてくれるかもしれない（第6章を参照）。ある人のアイビは彼が死ぬときに彼の身体を去ると言われているが、アイビがかつて住まいとしていた身体の諸部位はそのサブスタンスのいくらかを保持しており、それゆえ、強力な霊的守護物として使うことができるというのが論理的な帰結であるように思われる。

5　ニコライ・リハチェフが主張するには、彼はかつて狩猟に出かけていた際、地面の穴に落ちて、〈影の国〉もしくは彼の呼び方では「第二のモスクワ」にたどり着いた。「そこにはあらゆる型の家があった」と彼は私に請け合った。「テント、木造の家、摩天楼。そこの人々は私を見たり、私の声を聞いたりすることができなかった。私だけが彼らを見て、彼らの声を聞くことができた。あるユカギールの家族がすむ家に入ったが、彼らは腐った肉を食べていた。それはひどいさまだった。食事の後、家族は床に就いたので、私は娘のそばに横たわった。私のペニスで彼女を犯すと、彼女は『お腹が痛い！』と叫んだ。彼女の親は女性のシャーマンを呼んだが、娘のどこが悪いのかわからなかった。もう一度私は娘を犯したので、彼女はまたしても大きな声で叫んだ。彼らは別のシャーマンを呼んできた。私は彼に見覚えがあった。彼は私の村出身だったが、大昔に死んでいた。彼に見られると、二本の光線が私の身体を貫くように感じた。彼には私が見えて、『お前はここで何をしている？ お前は死んでいない』と問うてきた。私は地面の穴に落ちてしまい、望みは帰ることだけだと彼に説明した。彼は一切れの馬革を手に持ち、その上に座れと命じた。次の瞬間、私は馬に乗っていた。気がつくと、地面の穴のそばで横たわっていた。私はその穴を石で埋めて、誰もそこに落ちることがないようにしてから家に帰った」

6 子供が鏡像段階に達するのに本当の鏡を用いることが必要不可欠であるというラカンの主張には疑問が残る。彼の「現実主義」は不運なものである。なぜなら、それはユカギール人のような人々を除外しているからだ。ユカギール人は、鏡を所有しているが、通常、子供を鏡の前に立たせることはしない。子供が鏡像段階に達するのに本当の鏡がなければならない本質的な理由は存在しないように思われる。むしろ、この論理ゲームでは、世界のあらゆるものが潜在的に子供にとっての鏡としての役割を果たすことができるように思われる。そのようなものの中には、ユカギール人の間でそうであるように、子供自身の影も含まれている。

7 自己／人格に関する人類学の文献の包括的なレビューに関しては、スパイロ（Spiro 1993）を参照。

## ◇第4章

1　シャルーギンが使ったロシア語のリューディ（*lyudi*）は、「人格」を意味するチェロヴェック（*chelovek*）の複数形である。そのため、リューディは「人々」あるいは「人格」と訳すことができる。

2　ワーシリー・シャルーギンがそれらを人格として描く時に、川と木の支配霊について言っているのか、その存在そのものについて言っているのか、私にははっきりとは分からない。だが、のちほど議論するように、動物はよく本来的に人格として感知される。

3　ユカギール語で心はコボイェ（*cobo'ye*）であるが、それはまた「走ること」あるいは「動き」を意味する。

4　ユカギール語のリストの中に、ヨヘルソンは「動物」としてノド（*no'do*）を含めている（Jochelson 1926: 330）。しかし、ユカギール語を知っている私のインフォーマントのうち、この語が「動物」を意味すると認める者は誰一人としていなかった。代わりに、それは「トリ」を意味すると言うのだった。彼らはみな、ユカギール語にはすべての非人間的な存在を指す「動物」にあたる単語はないと言い張った。これは、非人間の世界から自分たちを特別なものとして切り離そうとはしない狩猟採集民の諸集団ではありふれたことである（例えば、Howell 1996: 131; Morris 2000: 140 を参照）。ユカギールはロシア語の動物、ズィヴォトナイエ（*zhivotonoe*）のことを知っているが、彼らがその語を使うのを、私はほとんど聞いたことがない。一般的に言えば、次章で見るように、動物の獲物は、本当の名前で呼ばれてはならないので、ユカギールは、寓話的な表現を用いて、関心が向けられる特定の種に言及する。

5　クマの位置付けはやや曖昧である。時々、狩猟者はそれを、「汚い」生きものとしての捕食動物の仲間に入れることがある。

6　イヌは、その地域の伝統的な猟犬である東シベリアのライカと、様々なヨーロッパのイヌとの雑種である。ヨーロッパのイヌはロシア人によって導入され、今日、コリマ川上流域には純粋なライカ種は見当たらない。

7　動物が人格として感知されるアニミスト社会のカニバリズムの問題の魅力的な説明については、ファウストの近刊論文を参照［訳注：一三七頁の訳注も参照］。

8　チュクチとコリヤークの神話によれば、火を人間にもたらしたのは、ワタリガラスであった（Bogoras 1904-9: 40-43; Serov 1988: 242）。ユカギールはワタリガラスをイエスに置き換えてしまったのかもしれない。ただし、私のインフォーマントの誰かがそう言ったというのではない。

## ◇第5章

1　ここで話し手に起きた出来事として言い表されているこの物語はまた、ありふれた神話としても語られることが指摘されるべきであろう。狩猟者が狩猟に出かけている間にいかに獲物のパースペクティヴから世界を見ることができるようになったのかに関する多くの同じような語りを私は記録した。このテーマはまた、北極に近いカナダのクリーとオジブワ（Hallowell 1960: 36; Tanner 1979: 136-37; Brightman 1993: 41-48）およびイヌイト（Saladin d'Anglure 2001）のような、他の北方狩猟民の他の集団においても見出せる。そのテーマは、マレーの熱帯林のチュウォン

（Howell 1996）のような、東南アジアの狩猟民でも見出せる。

2 狩猟者たちは主に金属の足かせ罠を使うが、クズリとクマを捕まえるために立ち木からつくられた様々な種類の落とし罠を使うこともある。一九五〇年代までは、リスは、ヤナギの枝でつくられた仕掛け弓で捕まえていた。

3 悪魔、あるいは**アバスィ**は、（ヨーロッパ人の）死体や災害などを携えて、南からやって来ると言われる。そのため、狩猟小屋の扉は南に向いていないことが多い。**アバスィ**は過去の観念を持たないので、振り返ることなく、前に向かって進むだけである。**アバスィ**が小屋に着くと、扉が南に向いていなければ、入ることができない。彼は、屋根の上に登って、ずっと歩いていって、狩猟者から離れていくことになる。

4 ヨヘルソンがフィールドワークを行った頃には、ユカギールには、このような食人霊についての語りはなかった。「ユカギールの民話は最初、〈神秘的な年寄り〉によって語られた。それらがもっとも純正な民話である」（Jochelson 1926: 303）。しかし今日、これらの食人霊たちは、このような語りの主な登場人物である**アバスィラル**に取って代わられている。

5 太陽の神は、伝統的には、善なる存在のもっとも高位の一つであると考えられたが、今日、ユカギールの多くは、それはキリスト教の神と同じであると理解している。

6 ヴィヴェイロス・デ・カストロは、パースペクティヴ的思考の実践的な面をはっきりと認めていると言われてきた。彼は、以下のように書いている。「シャーマンたちが宇宙を旅するために用いる動物の衣服はファンタジーではなく、道具である。衣服はダイビングの道具あるいは宇宙服に近く、カーニバルのお面ではない」（Viveiros de Castro 1998: 482）。ただ、彼の議論は、シャーマニズムの本質的に象徴的な世界を中心に置いている（Viveiros de Castro 1998: 472, 483）。私は、現実生活での動物観察および狩猟経験でのパースペクティヴィズムの妥当な知識を（最初にではないにせよ）論じている。こう言ったとしても、パースペクティヴィズムは狩猟の文脈だけに限定されるわけではない。実際にはそれは、第6章で描かれるように、ユカギールのシャーマニズム、人々がとても快活に動物の動きや鳴き声をまねる踊りや、狩猟者がクロテンのように考えようとする罠猟などの、様々な活動の中に見られる。しかし、（主体的な）観点で、人格としての動物を人々が経験することに関するこのような活動のインパクトは、直接的に面と向かって行われる物まねを含み、かつ狩猟者と獲物の身体が同じ種の一つとなって溶け合うエルク猟に比べてみると、あまり強烈なものではないのだと私は考えている。私の考えでは、狩猟こそが、パースペクティヴ的思考が究極的に立ち現れる日常のユカギールの暮らしの至高の現実である。このことはまた、ヴィヴェイロス・デ・カストロが観察したように、捕食者と獲物の動態がパースペクティヴィストの思考にとって重要であるのはなぜかを説明することにもなる（Viveiros de Castro 1998: 471）。

7

ネルソンがいみじくも指摘しているように、エルク（あるいはヘラジカ）は、北方森林地帯で、他の生きものよりも危険である（Nelson 1983: 166）。狩猟者の模倣の策略を見通して、狩猟者を襲ったエルクについてのおびただしい話を、私は記録することになった。エルクは怒りの印として耳をまっすぐ伸ばすだろうし、狩猟者はゆっくりと引き下がらねばならないのである。

そうしなければ、その巨大な動物によって、狩猟者は死に至るまで踏みつけられるだろう。

8 フェイトはクリーで同じような狩猟の技術を描きだしているように思われる。彼は以下のように書いている。「風下から狩猟者が近づいてくる音を聞くと、エルクはゆっくり立ち上がって音のする方に向き直ってそちらを見つめ、シルエットやにおいを感じようとするのだが、動物が自身を与えるのは、両者がまなざしを交わす、まさにこの時なのである）」（Feit 2000: 133）

9 狩猟者とエルクの模倣的な出会いについての私の記述では、ヘーゲル（Hegel 1971[1830/1845]: 170-178）の「主ー奴」の弁証法についての有名な説明と同様に、ヒンドゥーの偶像を見ることのジェルの分析（Gell 1988: 118-19）から大きな霊感を得ている。両者は、私が直面するのと同じ問題、すなわち、自らを人間によって見られていると見ることとの心理学的インパクト、あるいは見ることとの実在の問題に直面している。

10 見ることと見られることとの知覚経験の別の魅力的な説明については、モンゴル人の家庭用のタンスに関するエンプソン（Empson 2006）の論文を参照。そこでは、彼がそれが陳列されている中で明らかになるイメージを彼自身が見ているのを見るとき、複数の親族関係が見ている者に一度に明らかになる。

11 最初、この議論は、狩猟者と精霊の関係性に関して第2章で私が言ったことと矛盾するように思えるかもしれない。それを私は、動物の支配霊が、家畜が再生産することができるよう、狩猟者に獲物を自由に送ることになる、相互依存関係の一つとして描いた。しかし覚えておかなければならないのは、動物とその支配霊は、少なくとも、いかなる絶対的な意味においても、一つの同じ人格ではないということである。それゆえ、それらは、必ずしも同じ利益を共有することはない。ユカギール自身は、このことをよく知っている。ハズィアインは、彼の獲物の家畜を狩猟者に送ってやろうとするつもりがある時でさえ、殺されることになる動物に明瞭に伝えることとは決してないと、私は言われた。代わりに支配霊は、例えばエルクに向かって、「そこに、新鮮なヤナギの新芽がたくさんあるよ」と言って、動物を誘い出す。

12 私は「彼女」を使う。なぜなら、狩猟者たちがエルクを女性の恋人として概念化する傾向にあるからである。

13 特に、十二世紀から十六世紀にかけて、ヨーロッパの伝統にも、狩猟とセックスとの類比が、何度も何度も詩や物語の中に現れたのである。これらの著作で、カートミルは書いている。「鹿狩りは隠喩的な性交となり、狩猟者の矢はペニス、牡鹿の死はオルガスムである」(Cartmill 1993: 69)。実際、カートミルはこの類比を拡張して、「強姦」を含めている。「狩猟者は時々、多くの強姦者が強姦に対して言うのと同じような、狩猟に対する言い訳をする。つまり、犠牲者がそれを求めているために、彼らには責任がないのだと言い張る」(Cartmill 1993: 239)と主張したのである。しかし、狩猟と強姦の類比は拡張されて、ユカギールと他の狩猟採集民を含めるようなことにはならない。彼らにとって、狩猟は性的な誘惑の、強制的ではない関係を含むものとして、一般的には提示される。

私が最初にその地方の中心地、ジリアンカを一九九三年に訪れた時、人口は約一万人だったが、二〇〇〇年までには、約三千人にまで減少した。ロシア人の人口流出が大きい。

14　私が最初にその地方の中心地、ジリアンカを一九九三年に訪れた時、人口は約一万人だったが、二〇〇〇年までには、約三千人にまで減少した。ロシア人の人口流出が大きい。

15　私はこの論点を、チンパンジーに関して明らかにした、インゴルド（Ingold 1994: 30）から取ってきている。

## ◇第6章

1　シャーマンという語はエヴェンキ起原であり、シャーマニズムに関しては、アメリカと南米および中央アジアから多くのデータがもたらされるが、シベリアはいまだにその「古典的な」ホームランドであると考えられている。

2　スレズキン（Slezkine 1993: 15-31）は、チュクチとコリヤークをキリスト教信仰に改宗させる正教会のミッションの不首尾に終わった試みについて、詳細な説明をしている。ユカギールを改宗させる点で正教会の試みが比較的成功したのは、植民地統治の初期の段階で、ユカギールがロシア人たちとより強い接触を持ったという事実によると、私は考えている。一六七〇年代から一七八〇年代までの間のどの時期においても、すべての大人のユカギールの男のうち約六％が共同体から連れ出されて、とりわけチュクチに対する戦争で予備兵士としてロシア軍で働いた。同じように、すべてのユカギール女性のうち約十％が、ロシア・コサックや罠狩猟者たちの妻、奴隷あるいは妾として、生まれた共同体を出て暮らした（Forsyth 1992: 78; Slezkine 1994: 27）。これらのユカギールのすべてが、形式的に洗礼を受けただけではなく、正教会の信仰を受け入れたと、私は考えている。

3 一つの例外は、日本のスパイだという冤罪で一九三八年に処刑された、ユカギールの作家ニコライ・スピンドノフ（テキ・オドゥロク）である。しかし、その時、スピンドノフはユカギール地方を離れ、レニングラードに住んでいた。

4 シャーマンの頭骨、**コイル**（Qoil）（Jochelson 1926: 163）を持つ人物のユカギール語は、今日、〈キリスト教の神の名前〉を表す時に老人たちが用いるのと同じ名前であるという点に注目するのは興味深い。すなわち、彼らは、これが精霊の似姿の名前であったことを知らずに、**コイル**の神と呼ぶのである。

5 子供は個々の動物それぞれの精霊の所有者（ユカギール語で**ペユル**）を表しているようである。それは、時々、小さな坊主頭の子供あるいは動物の首に乗っている小人として描かれる。

6 イヌイトのシャーマンの補助霊との性的な関係についての同じような考えに関しては、以下を参照（Saladin d'Anglure 2001: 8）。

7 しかし、もしこれが本当で、ヨヘルソンが十七世紀半ばのロシア人との遭遇以前にユカギールが父系氏族組織を有していたと主張するのが正しいのなら（Jochelson 1926: 115-18）、私のフィールドワークまでと比べてより明瞭に人々はシャーマンの社会的地位を区別していたのだと想像することができる。しかし、私たちがヨヘルソンの説明から集めることができるその主な証拠には、氏族のシャーマンが民族の核となる集団と同じ血でなければならなかったという、かつてのシャーマン＝祖先崇拝の存在についてほとんど記録に残された言明がない（Jochelson 1926:

120)。さらにヨヘルソンは、原生のユカギール社会では、シャーマンと氏族の長老の地位は、社会的な意味では明確に区別されていたと述べている(Jochelson 1926: 118-22)。

なお、ユカギールの原生的な父系氏族についてのヨヘルソンの主張については、様々な人類学者が異を唱えている。ソビエトの民族誌家であるステパノヴァ、グルヴィチとクラモヴァ(Stepanova, Gurvich and Khramova 1964)は、原生的な母系氏族だったと主張し、ユカギールの花婿がかつては花嫁の家族のところに行って住んだのだと指摘している(Stepanova, Gurvich and Khramova 1964: 176)。実際、ヨヘルソンが報告するように、彼のフィールドワークの時点では、ほとんどの婚姻が氏族内で行われたということが本当のことでなければ、いかに父系氏族が支配的な母方居住とともに行われたのかを理解するのは困難であろう(Stepanova, Gurvich and Khramova 1964: 86)。しかし、問題はそう簡単ではない。ソビエトの民族誌家が指摘するように、十九世紀およびソビエト権力の確立まで、ほとんどのユカギール人は、人口減少する氏族の併合の代表格だったし、残された十八世紀の婚姻記録によれば、ユカギールの結婚は通常異なる氏族の人々の間で行われたのである(Stepanova, Gurvich and Khramova 1964: 196)。彼らは、氏族の外婚制とともに母方居住が行われることは、地域化した父系氏族の基盤を破壊するだろうし、元来母系氏族組織があったことの証拠なのだと主張する。

グラバーンとストロング(Graburn and Strong 1973: 86-88)は別の見方をしている。長男と長女が母親の氏族に加わるというのがユカギールの慣習(それに対し、より若い子供たちは父親の氏族に加わる)だったという点を、古い時代の伝説が示していることをヨヘルソンは明らかにしたのだが、そのヨヘルソンによって与えられたデータを、彼らは引いている。グラバーンとストロングは、原生的なユカギールの氏族は単純な双系的集団であり、また出自は伝説上の理念様式のうちにあるようなものだった、あるいはこちらのほうがあり得ると思われるのだが、状況に即したものであったと示唆する。つまり、その選択は、母親あるいは父親の親族に加わることの相対的な有利と不利を考慮することに根ざしたものだったのである。そのことはまた、北極のバンド社会でしばしば必要になる柔軟性に通じている。

個人的には私は、原生的なユカギールの氏族の構成に関して、あえて推定しようとは思わない。それをするには私がここでおこなったような、より深い歴史調査が必要である。私に言えるのは、ユカギールの原生的な社会構造にもかかわらず、過去二百年かそれ以上の間、それは機能的な意味で、双系的集団だったということである。

## ◇第7章

1　だが実際は、ネレムノエ出身の子供たちの多くは六年から七年を超えて学校に通うことはなかった。かわりに子供たちはいつも脱走して両親の元へ戻った。最終的に地元当局は彼らを見放し、子供たちが最終試験に通過したことを証明する書類に記入するだけとなった。ソビエトの寄宿学校制度へのこうした地域的な抵抗は、シベリア全域で起きていたようだ。エヴェンキ人に対するソビエト式学校教育の影響を評定した近年の著作の中でブロック（Bloch 2004: 102）は、子供たちが連れていかれるのを妨害するため、人々がどのようにして学校に火をつけたかを描き出している。

2 ユカギール人やユピック人を含むシベリア北東部の様々な先住民集団における現地語話者数の概要は、クラウス（Krauss 1988: 144）を参照。

3 ボゴラス（1865-1936）はヨヘルソンと同様にロシアの革命家であり、流刑中にシベリア北東部の先住民族の研究をおこなった。ヨヘルソンと同じくボアズに雇われて、ジェサップ北太平洋探検の一員としてシベリアでフィールドワークをおこなった。ヨヘルソンがユカギール人とコリヤーク人を調べたのに対して、ボゴラスはチュクチ人とユピック人を集中的に調査した。探検のあと、ヨヘルソンはニューヨークに居を定め、アメリカ自然史博物館に所属する。ボゴラスはロシアに戻り、ソビエト人類学の創始者のひとりとなった。

4 **世界観**の同義語としての**認知モデル**という用語は、ブロックが「認知の人類学的モデル」（Bloch 1998: vii）と呼んだものを指している。つまり、その語が持つ心理学的な含みには反した、デュルケーム的伝統における意味での集合表象としての認知である。これは、社会文化的現象は人間精神の自然的な性質に固く結びついているという考えから始まっている。のちに私は夢と言語の議論の中で、認知発達心理学の分野での発見を引用することになる。

5 知覚に対する言語の影響についてのリーチとバーによる言明は、強い意味にも弱い意味にも解釈できる。強いというのは、話者がどのように世界を見て解釈するかを特定の言語の構造が決定するという、例えばサピア・ウォーフの仮説（Sapir 1951: 162）によって提起されたような観念を意味している。これが含意するのは、人々が雪について七つの語を持っているとき、彼らは七種類の雪を知覚するだろうということだ。また青を指す用語を持っていなければ、人々はそのような色についての考えを持たないのである。弱いというのは、特定の言語を話すことと関連付けられるいくつかの認知的相関を特定できるという意味で、言語が知覚を媒介するということである。いずれにしても私の主張は、存在論的に言って言語表象は人間の知覚と知識を分析するための出発点にすべきではないということだ。

6 シベリア先住民の言語の喪失に対するこうした態度の一例についてはカステン（Kasten 1998）を参照。

7 私は調査地にノートパソコンを持ち込んでおり、人々の大きな関心を引いていた。

8 懐疑的な読者は、精霊は道具のようなものであるという私の議論を問題含みだと考えるかもしれない。つまり道具と違って精霊は自然ではなく超自然であり、したがって世界＝内＝存在には含まれないと言われるかもしれない。もちろん安易な解決策は、精霊は我々にとっての現実ではないかもしれないが、我々とは異なる世界観を持つユカギール人にとってはまったくの現実であると論じることだ。だが私はこれには満足できない。このあとの第8章と第9章において、精霊の概念は現実であるのか文化的かつ言語学的な構築物であるのかという問いに言及する形で、この反論を取り上げることになる。

9 これはデュルケームによる原型的な区分である「聖」と「俗」の状況や思考が、間文化的な比較検証に耐えられないことの確証の一つとなりうる。我々が宗教という用語を通常理解する意味では疑いなく「宗教的」である狩猟者の儀礼は、すでに見たように、デュルケームが主張するような神秘や畏れの雰囲気といった中でとりおこなわれるのではない。実のところ、「火に食べさせる」のような実践を描写するにあたっては、「儀礼」という語は完全に適切というわけではないように思える。なぜならこの儀礼は、参加者にとってはなんら呪術宗教的な位置づけを含意していないのである。それは罠を仕掛けたり木を伐ったりといった通常の意図的で実践的な行為に近いものだ。

10 児童心理学の研究はこの論点を補強するように思える。「対象のアフォーダンスとは、幼児がまず初めに気づくものであり……それは物質や面、色や形状などがそれとして理解されることに先立つ」(Gibson in Costall 1997: 80)。したがって子供にとって事物の本質とは、それによってなにができるか、つまりその機能的な重要性から構成される。コスタルが言うように、「子供は切り離された観察者というよりも、行為者として事物と関わりを持ち始めるのだ」(子供がモノと関係を持つやり方についての研究の概要は Costall 1997: 79-80 を参照)。

11 だが、ダグラスによる穢れと清浄についての仕事(Douglas 1970)のような注目すべき例外を見つけることはできる。本書で彼女は、あらゆる宗教システムには象徴的意味を保持するものとして、ふつうでないもの《アノマリー》やどっちつかずのもの《アンビギュイティ》が必要だと論じる。とはいえふつうでないものは、全体としての宇宙論的秩序の内部に適切な位置を見つけられないことだけを理由としてそうなるのである。したがって彼女にとっては、構造主義的な傾向にある他の人類学者と同様に、構造があることはア・プリオリな前提なのである。

## ◇第8章

1 これはハイデガーが初期の仕事である『存在と時間』の中で取った言語への態度である（Heidegger 1962）。のちに彼はローティが「言語論的転回」（Rorty 1993: 338）と呼ぶ立場を取り、言語を「存在」の境界として考え始めるようになった。このパラダイムの転換は、ナチスへの参加および、真理について最初に語った人々である古代ギリシア詩人の言語の復元という試みと密接にかかわっていたのだが、この転換については私の関心の外である。

2 狩猟者たちは、川あるいは川の流れとの関係（上流へ、下流へ、川の方へ、川から離れて等）によって自らを定位する。川沿いの場所のみが名前を付けられる一方で、残りの土地はほとんどが無名のままである。だがユカギール人の地名の特徴的な点は、本質的に「無歴史的《アヒストリカル》」、すなわち歴史的・神話的な意味をほとんど完全に欠いているということだ。したがって、例えば土地を先祖の軌跡との交錯とみなすオーストラリアのアボリジニ（Lewis 1976: 272）とは対照的に、実質的にユカギール人のランドスケープには歴史的あるいは神話的な場所がない。そのうえ人々全体としては、ほんのわずかな地名しか共有していない。そのかわりに、それぞれの狩猟者集団は彼らが生活して狩りをする川に沿った場所に独自の名前を付ける。その名前は集団によって異なり、また世代によって変化する。スピリドンとその仲間はオムレフカ川沿いの場所に、集団にいる狩猟者にちなんだ名前を付ける。そのため、例えばイヴァンのプロトカ、ユラのプロトカ、スピリドンのプロトカと呼ばれる場所が無数にある。それぞれの場所は個人的な物語と結びついている。例えばイヴァンのプロトカは、イヴァンが腐った肉を食べて下痢をし、ズボンを投げ捨てた場所である。通常は四年から五年に一度、川が流れを変えると、以前の川床は地面になり、狩猟者は全てを最初からやり直してその新しい川の経路に沿った様々な場所に名前をつける。もしある狩猟者がまだそのグループで暮らしと仕事をともにしていれば、沢山の新しい場に彼の名前が付けられる。だが、もし彼が土地の別な場所にいる他の狩猟者集団に移っていたら、彼の名前はその地域のランドスケープからは消え去り、そこに暮らして働く人々の記憶からも失われる。

3 イロンゴットはフィリピン北部に先住する狩猟・農耕民集団である。

4 私の双子の兄弟であり、同様にユカギールの狩猟者たちと暮らしていたエスケは、まさにこのトピックについて意味深い報告をもたらしてくれた。彼はロシア語がしゃべれなかったのだが、ただ一緒に行き、他の狩猟者がなしていることをなすことで、森の環境に習熟するようになったのである（E. Willerslev 1995: 50-56）。

5 この最後の論点はインゴルドの議論を受けたものである（Ingold 2000: 56）。

6 この語り手たちの名前を明かさないのは、彼らがそう頼んだからである。おそらく夢の経験がエロティックな内容であるためであろう。

7 ユカギール語で「夢を見る」は ***osyodit tyetuliou*** であり、「私は寝ているあいだに見た」を意味する。*Ädäbut yo yeio* は「私は起きているときに見た」を意味する。したがって夢が現実世界の経験として受け取られるという事実を、タイラー（Tylor 1929a: 445）がより一般的に「未開」人に関して主張したように、ユカギール人が夢の経験を起きているときの経験と混同しているかのように誤解してはならない。むしろポイントは、夢の世界と起きている生活の世界は全く同一の世界とみなされており、ただ異なったパースペクティヴから経験されているということである。

## ◇第9章

1 これは、より一般的に他者や世界との差異化の感覚を持たないように見える非常に小さな幼児の状況だと考えることができる。だがおよそ十八ヵ月を超えると、全ての子供にとって自他の区別はすでに固定化し、子供は自身を分離された存在として見ることができる。つまり自身を対象として再帰的に知覚するのである。すでに見たように、実際のところこの外部性の視点を取り入れることによって、子供は自身の主観的視点を構築するのである。

2 ここでは「同一性としての我々＝性」というフレーズを、ヴィヴェイロス・デ・カストロがバード＝デイヴィッド論文への批判のなかで提起した問い（Bird- David 1999: 79-80 コメント部分）とあわせて用いている。

3 この論点に関心を導いてくれたことについて、ヴィヴェイロス・デ・カストロに感謝したい。バード＝デイヴィッド論文へのコメントで彼は、「（バード＝デイヴィッドにとって）すべての差異は対立として読まれ、すべての対立は関係の**不在**として読みとられている……この奇妙な考えは、他者が他者性を我々と同様に認識しているという罪深い推測のせいとしか考えられない。だが、彼らはそうではない。他者が『他者』であるのは、まさしく彼らが他の『他者』を持つためなのである」と書いている（Viveiros de Castro in Bird-David 1999: 40、強調はヴィヴェイロス・デ・カストロ）。

# 謝辞

本書は多くの人々の協力によって完成した。何よりもご恩を受けたのは、ネレムノエの住民や狩猟者たちの惜しみない支援ともてなしであった。とりわけアクリナとグレゴリーのシャルーギン夫妻、アレクサンドラとイヴァンのダニロフ夫妻、スピリドンとユラ、ピョートル、コンスタンティンのスピリドノフ一家、ビャチェスラフ・シニツキー、ビャチェスラフ・シャドリン、ニコライ・シャルーギン、ワシーリー・シャルーギン、そしてニコライ・リハチェフの各氏に対しては特にお礼を申し上げたい。

本書の最終稿は、寛大にも幾人かの読者からいただいた批判とコメントに大きな影響を受けている。中でも指導教官であったキャロライン・ハンフリーとピアーズ・ヴィテブスキー、そして博士論文の審査員を務めていただいたティム・インゴルドとスティーブン・ヒュー＝ジョーンズにはとりわけ多くを負っている。本書の査読者であるニコライ・スソーリン＝チャイコフとピーター・シュワイツァーの二人によるレポート、およびジェイムズ・クリフォードとジョエル・ロビンズによる編集委員会のレポートもまた大きな手助けとなった。さらに、ケンブリッジの同窓生や友人たちのコメントにも感謝したい。レベッカ・エンプソン、サリ・ワシュテル、ジェイムズ・ススマン、マーティン・ホルブラード、モルテン・ピーダーセン、ラーズ・ホーヤーとメッテ・ホルム、ヴェラ・スクヴィスカヤ、オルガ・ウルトゥカシュワ、アニエスカ・ハレンバ、ケイティ・スワンカット、イェナ・フロラ、シーニェ・グンダーソン、そしてカロリーン・ノーマンの諸氏である。マンチェスター大学社会人類学部時代の同僚たち、とりわけアルベルト・コルシン・ヒメネス、カレン・サイクス、ステフ・ヤンセン、サムャ・フェンカテサン、サラ・グリーン、キャサリン・ディグネン、ペニー・ハーヴェイの各氏からは、寛大なるコメントとご批判をいただいた。デンマークでは、オーフス大学のトルベン・ヴェスターガード、ロッテ・マイナート、ニルス・ブバント、トン・オットー、コペンハーゲン大学のイーダ・ニコライセン、エスター・フィル、インガー・ショスレフ、カーステン・ハーストラップの各氏に感謝の意を表したい。

本書中に用いられている民族誌資料の線画を快く作成していただいた、ムースガルト博物館のマッズ・サリカス、マリー・カーステン・ピーダーセン、イェンス・キルケビーの各氏の仕事には心より感謝している。また初期草稿の校閲をしていただいたコイリン・オーアイシーダとカティシャ・マターに、また編集上のアドバイスをいただき、最終版の刊行準備を手伝ってくれたアン・ダンバー＝ノブス、シャロン・ウッド、シャクリーン・ウォリンの各氏に感謝を捧げる。

もし以下の組織からの寛大なる助成がなければ、この調査は決して完遂できなかっただろう。デンマーク独立研究委員会、英国経済社会研究委員会、デンマーク女王マルグレーテ陛下およびヘンリク殿下基金、デンマーク北方自然民族委員会、ガートン・カレッジ、ケンブリッジ大学ウィリアム・ワイズ基金である。

最後に、私自身の論文 "Not Animal, Not Not-Animal: Hunting, Imitation, and Empathetic Knowledge among the Siberian Yukaghirs," *Journal of the Royal Anthropological Institute* 10 (2004): 629–52 の一部を第5章に使用することを許可して下さったブラックウェル・パブリッシング社に感謝する。また "Spirits as 'Ready to Hand': A Phenomenological Analysis of Yukaghir Spiritual Knowledge and Dreaming," *Journal of Anthropological Theory* 4 (4): 395–418 (Sage Publications Ltd., 2004) の一部を第7章に再掲することを許可して下さったセージ・パブリケーション社に謝意を表する。

# 訳者解説

本書は、Rane Willerslev *Soul Hunters: Hunting, Animism, and Personhood among the Siberian Yukhagirs.* 2007 University of California Press. の全訳である。著者レーン・ウィラースレフは、本書で、シベリアの狩猟民ユカギールの狩猟、アニミズム、人格性に焦点をあてながら、人間と動物が別個の、これかあれかという存在ではなく、これもあれもという、どっちつかずの存在様態であることを論じている。読者は、「アニミズムを真剣に受け取る」という、著者が提唱する研究の指針に沿って、アニミズムをめぐる新しい見取り図が示されるさまを目の当たりにするだろう。

レーン・ウィラースレフは、一九七一年にデンマークの首都コペンハーゲンで生まれた（一卵性双生児の兄弟であるエシュケ・ウィラースレフは進化生物学者である）。レーン・ウィラースレフ（以下、ウィラースレフ）は、マンチェスター大学人類学科の修士課程で映像人類学を学んだ後、ケンブリッジ大学人類学科の博士課程を二〇〇三年に修了している。その後、マンチェスター大学、オーフス大学ムースガルド博物館（デンマーク）、オスロ大学文化史博物館（ノルウェー）を経て、二〇一七年七月からは国立デンマーク博物館館長の職にある。

本書のもととなったフィールドワークは、一九九三年から二〇〇〇年にかけて、ロシア・北東シベリアのコリマ川上流域に暮らすユカギールのもとで、通算十八ヵ月にわたっておこなわれた。本書は、豊富な民族誌データだけでなく、マルティン・ハイデガーやティム・インゴルドの現象学的な理論、ヴァルター・ベンヤミンやマイケル・タウシグのミメーシス（模倣）論、ジャック・ラカンの精神分析論を駆使しながら紡ぎだされる精緻な理論的考察の点で、近年の「存在論の人類学」の中でも抜きんでた位置を占めている。

まずは、本書の各章の概要を紹介しよう。

第一章では、従来のアニミズム論の問題点があぶり出され、ユカギールの「アニミズムを真剣に受け取る」ための枠組みが提示される。そのことは、世界への直接的な関わりの中で意味が与えられると説く現象学を導きとしつつ、ミメーシス（模倣）論で補強することによって成し遂げられるはずだと宣言される。

第二章では、ソビエト連邦崩壊後に重要性を増したユカギールのエルク猟が、動物の再生とそれを管理する支配霊との関わりにおいて取り上げられる。狩猟者は動物を殺して、その霊魂を解放し、再生へと導くが、与えられた獲物を受け取り続けることで支配霊に捕食される危険性が高まる。そのため、猟運がいいときには、支配霊が人間から霊魂をもらいたがっているのではないかと、狩猟者は勘繰るのである。

第三章では、人間の転生に焦点があてられる。ユカギールにとって、死者の霊魂は、その近親者、とりわけ孫や甥や姪として生まれ変わる場合がある。誰かの生まれ変わりであることで自己になることが、ラカンの「鏡像段階」論や身体の他者性に関する現象学の議論との比較の上で検討される。

第四章では、人格性の問題が取り上げられる。ユカギールは、あらゆる存在に霊魂があると見るが、動物には影の霊魂に加えて、心の霊魂と頭の霊魂があり、そのため、動物は人格を持っていると考える。動物もまたウマを飼い、火を使用し、自らを道徳的存在であるとみなしている。動物もまた人間であるため、人間が殺して獣肉を食べることは食人であり、人間は道徳的不安を感じることがあるという。

第五章の主題は、狩猟活動と動物の人格である。狩猟者が狩猟の場面で獲物と実践的に関わる過程で、身体的にも人格的にも動物になってしまうことは危険なことであり、狩猟者は「動物でもなく、動物でもなくはない」という二重のパースペクティヴを同時に達成しなければならない。狩猟者にとって大事なことは、獲物を殺そうとする側の人間の人格に留まることだということが示される。

第六章で扱われるのは、シャーマニズムである。ユカギールでは、専門職のシャーマンが一九三〇年代のソビエト連邦の権力強化とともにいなくなったのに対して、家庭内のシャーマンは一九六〇年代頃まで存在していた。家庭内のシャーマンは、狩猟者と同じように、人間と動物のパースペクティヴの間を動き、精霊との親密な性的関係を築く。そうした「シャーマンシップ」は今日に至るまで維持されている。

第七章では、精霊が論じられる。精霊は普段は意識化されないが、何らかの危機に陥ったときに初めて省察の対象となる。精霊は狩猟活動の流れの中で、一時的かつ部分的に自ら立ち上がってくるのであり、今も昔も狩猟者たちは「精霊の大系」全体に関心を抱くことはない。その意味で、

「ユカギールの世界観」は、学者による理念化の産物なのである。

第八章では、ユカギールにとっての学習が論じられる。ユカギールは（そしてもちろん我々も）、言語に先立って、世界＝内に住まい、実生活と夢の中の双方で、事物と直接知覚的な関係を結んでいる。こうして獲得された意味にラベルを付与するものが、言語にすぎない。ただし、単に世界＝内に埋没しているだけでは主体は失われてしまうため、ユカギールの狩猟者は、狩猟が終わるとキャンプ地に戻って語り合い、言語をつうじて人間化する。

第九章では、「アニミズムを真剣に受け取る」という主題に戻る。著者はアニミズムを社会関係の投影とみなす既存のアニミズム論を批判し、世界＝内で他者との関わりを通して意味を構成するユカギールのやり方を確認し、精霊や事物は「人々の活動の関係的な文脈」の中に立ち現れると説く。ただし、他者と完全に一致すると自己がなくなってしまうというこの危険を避けるため、自己は他者と同一化すると同時に、他者から差異化するという両方向の運動に自らを置く必要がある。このどっちつかずの状態を保つことが、ユカギールの狩猟者の能力である。ミメーシス（模倣）こそが実践面で重要であり、アニミズムの原理であると結論づける。

こうして各章の概略だけを追ってみても、かなり興味深い論旨が展開されていることがお分かりいただけるだろうが、一方で本書には、こうした概略だけでは語りきれない豊かな細部があり、また興味の尽きない民族誌的なエピソード、独自の概念などが登場する。以下では、用語解説を含めた読みどころ、本書の背景などを紹介しておきたい。

## ◇ユカギールのラカン

ある若い母親によれば、三歳の息子をイーゴリという彼の名前で呼んだとき、息子はトンプラと名乗ったという。彼女が年寄りたちにそのことを話すと、母方のひい爺さんのあだ名が、トンプラだったことが分かった。息子はひい爺さんの生まれ変わりであり、間違った名前で呼ばれていたのだと分かり、その後彼女は息子をトンプラと呼ぶようになった。子供の霊魂が、自らが誰の生まれ変わりであるのかを告げるのである。ユカギールでは、自己は転生した他者をとおして構築されることがある。

ユカギールにとって霊魂とは非物質的なものではなく、物質性を多分に含んでいる。それは、身体部位や臓器にひそんでいると考えられていたり、人間の人格としても理解されていたりする。

ウィラースレフがユラという名の男とエルク猟をしていたときのことである。ヤナギの茂みの背後に隠れているエルクをおびき寄せようとして、ユラがエルクの動作をまねて進んだとき、スキーにつまずいて転倒した。そのことに驚いて、エルクは逃げてしまった。そのとき、ユラは「この野郎！」と、自分の「脚」に対して怒りをぶちまけた。脚にも霊魂があるわけだ。

ユカギールは様々な場面で、身体の一部を、行為主体性を持つ他者として扱い、予知や予言をすることがある。ある年寄りの女性は、「下唇の震え」は、近々食事をすること示していて、猟運の徴候であると語った。ある若者にとって、「背中の痛み」は、獲物を運ぶことの前兆であると解釈された。自己は、その内側に他者を抱えている。こうしたウィラースレフの記述分析は、人間の中に人間がいるという点で、これ以上分割されない最小単位としての「個人（in-dividual）」よりも小さな単位としての「分人（dividual）」が見出されるとする、マリリン・ストラザーンや作家・平野啓一郎らによる、近年の「分人論」や「分人主義」の議論に通じる。

ここで見た習慣は、生きられた身体が経験の主体であると同時に客体でもあり、つまり自己であると同時に他者であるということを含む、ユカギール人特有の存在論である。ウィラースレフは、ラカンの精神分析論が、この課題に適切な見通しを与えてくれるという。ラカンによれば、生後六ヵ月から十八ヵ月の「鏡像段階」において子供は、内的な一貫性のない個々別々の部位の寄せ集めとしての自身の身体経験を、鏡に映し出される全体的な身体＝主体像をとおして、統一された理想的な自己イメージを形成していく。ユカギールは、主体は他者性や霊魂を内面化し、「一」をつくるには「二」が必要だという点でラカンに接近する。自己は他者によって構築される。他方で、ラカンにとって、そのような経験は成熟過程の一段階にすぎないのに対し、ユカギールにとって、それは単なる発達段階ではないという違いがある。

このように見てくると、「目が泳いでいる」「肝が据わる」「腹が立つ」「膝が笑う」などという言い方を、我々日本人もまたすることに思い当たる。私たちが臓器や身体部位に関して用いる言い回しは、ユカギールのそれとたいして変わらないようにも思われる。

私たちの身体は単なる物質なのではない。それは、私たちと他者との関係の結果なのである。なお、他者との関わりの中で主体や自己の形成を論じる思想としての構造主義を扱った『ほんとうの構造主義』の中で、出口顯は、「シベリアのラカン」と題して、ここで述べた論点を巧みに論じている。

## ◇人間の人格は動物の人格に由来する

第五章でウィラースレフが注目するのは、狩猟者が狩猟の場面で達成するとされる、「動物ではなく、動物でなくもない」という二重の否定を含むパースペクティヴである。パースペクティヴィズムとは、エドゥアルド・ヴィヴェイロス・デ・カストロによって提起された人類学の存在論的転回の重要な概念である。動物は、人間とは異なる身体を持つために、私たち人間が見るものとは異なるものを見る。ジャガーは血をマニオク酒として、死者はコオロギを魚肉として、ハゲタカは腐敗した肉に湧く蛆を焼いた魚肉として見ている。

ウィラースレフは、ヴィヴェイロス・デ・カストロのパースペクティヴィズムの問題点は、抽象的なモデルにとどまっていることであり、それは、狩猟活動に結びついた実用的なものとして理解されなければならないという。この点は、パースペクティヴィズムを、捕食と被捕食の関係を視野に入れて実用的なものと見るエドゥアルド・コーンの議論に重なる（『森は考える』）。

ウィラースレフは、動物のパースペクティヴに立ちながらも、完全に動物になりきってしまうのは危険であるとするユカギールの狩猟者に寄り添って、動物を模倣することの意味を考えている。自己が他者を模倣することは、自己と他者の二分法を崩壊させることであると捉えた、マイケル・タウシグの「模倣（ミメーシス）」論を援用しながら、ウィラースレフは、獲物をまねて獲物になってしまうだけでなく、他方で、獲物をしとめなければならないことを意識しつづける存在であるという、二重のパースペクティヴを同時に達成することが重要であると指摘する。二重のパースペクティヴの同時達成によって、ユカギールの狩猟者は狩猟に成功する。

宮沢賢治の短編童話「鹿踊りのはじまり」が思い出されるかもしれない。農夫の嘉十は、六頭のシカたちが、彼が忘れていった手ぬぐいを見て不思議がるのをすすきの陰からのぞき見する。やがて一頭ずつ歌を歌って、みなで輪になって踊り始めるのを見て、嘉十もシカになったような気がしてその場から飛び出すと、シカたちは一斉に逃げ去ってしまう。嘉十はシカになりきってしまって、自らが人間であることを忘れてしまったのだ。言い換えれば、嘉十は、二重のパースペクティヴを同時達成できなかったのである。シカにとっては、嘉十は人間のままである。

ウィラースレフは、さらに議論を進めて、人間と動物の二重のパースペクティヴを同時に達成しながら、狩猟者がエルクを人格性のない客体にすぎないと捉えようとすれば、狩猟者自らにも人格性がないと考えざるを得なくなると主張する。つまり、ユカギールの狩猟者にとっては、獲物の人格を認めないことには、人間の人格自体が瓦解してしまいかねないというのである。言い換えれば、人格としての動物にこそ、人間の人格としての意識の源泉があるのだ。興味深いことに、ユカギールにとっては、人格性は動物にこそ根ざしている。この点において本書は、精神や理性だけでなく、人格もまた人間に固有のものであるという我々の考えを揺さぶり、攻撃さえするように思われる。

さらに興味深いのは、このような獲物との実践的な関わりの背景に広がる、狩猟者の動物への感情移入、すなわち「模倣的な共感」である。模倣的な共感は、狩猟に出かける数日前から、狩猟者が自らの人間的なにおいを消すためにサウナに入るところから始まる。狩猟者が用いる毛皮の衣服が美しく、弾薬帯が色とりどりの紐やビーズ細工で飾り付けられているのは、動物を惹きつけるためである。狩猟者は狩猟行の前日になると、支配霊をみだらな気分にさせるために、ウォッカやタバコなどの舶来の品を火の中に投じる。そうすると、支配霊が酔っ払って、性的に興奮し、夢の中で狩猟者とベッドインする。そのみだらな感情はなぜか翌朝になって獲物へと拡張され、獲物が狩猟者のもとに走り寄ってくるのだという。

狩猟者は、獲物のアイデンティティを身にまとい、獲物の行動や感性に響きあうようにふるまって、獲物との間に共感関係を築く。こうした模倣的な共感のために、獲物は狩猟者に向けて自らを投げうつのだと、ウィラースレフは説明する。

## ◇もじゃもじゃ人間

死者の霊魂は、母親が妊娠中に膣を経由して子宮に入り、子供に乗り移る。生まれてきた子供は、その故人の気性や気質、食べ物や飲み物の好みなどの個性を受け継ぐとされる。子供は個性や知識のあらゆる要素を、カプセルに入れられたような形式で死者から受け取る。ユカギールの「知識」に関するそうした考えは、人間は白紙状態で生まれ、個性や知識などは成長過程で獲得していくのだとする我々のそれと際立った対照をなしている。

ユカギールでは、子供は言語を覚えるのにつれて、自分が誰であるか、何を知っているのかをしだいに意識しなくなる。つまり、祖先から受け継いだ知識や個性が薄れていく。だから、子供は、狩猟や漁撈活動、夢見などを通じて、失われた知識を引き出さなくてはならない。

一方で、ユカギールは言語で伝達された情報に対して、敵意と言えるほどの不信感を示す。言語は事物についての適切な理解を歪めると考えられている。知識は、原初的に、言語以前に存在するものだからである。子供は狩猟に出かけるようになり、人間の言語による会話を控えることで獲物と一体化し、言語以前の世界の意味を再発見する。

知識が本来的には自己と世界の向こう側にあるのに対し、人間であることは、人間の発話に深く結びついている。狩猟者が狩猟キャンプに戻ったとき、必ず語りの場に加わる。そのことは、狩猟者を「人間化」すること、すなわち人間の人格としての自己アイデンティティを再構築することに関わっているとウィラースレフは言う。

狩猟から戻った語りの場では、発話の一文一文が断片的で、主語やその他の部分が省略され、聴く側は文脈の前後関係や身振りなどから意味を推測するというように、ミニマリスト的な語りがおこなわれる。話すことは、世界についての真正な知識習得を促すのではなく、逆に妨害する。ユカギールの狩猟者は、もっぱら人間化のために語らなければならないのである。

そのことに関連して、ユカギール人が何を「野生」と見なしているのかについて、「もじゃもじゃ人間」をめぐる語りが興味深い。もじゃもじゃ人間とは、狩猟に出かけ、キャンプ地への帰路を見失ってしまって、人間性の根本的な面を喪失しながらも、動物にはならなかった狩猟者のことを指す。ユカギールは、動物と精霊を「文化的存在」と見なす一方で、もじゃもじゃ人間を、人間にとっても動物にとっても部外者であるため、野生であると捉えている。ユカギールにとっては、人間が文化で、獲物が野生ということではない。人間的な語りの場から長い間疎外されることが、道に迷った狩猟者を野生に変容させるのだ。

### ◇アニミズムを真剣に受け取るとは

第九章のタイトルであり、本書の最重要キーフレーズが「アニミズムを真剣に受け取る」である。現地に入り込んだ部外者である人類学者が、精霊や霊魂をめぐる現地の人々の態度や信念を「真剣に受け取ろう」とするとき、既存の人類学の説明モデルでは役に立たないと、ウィラースレフは言う。人類学者は、精霊や霊魂を、現地の人々が世界に押し付けた心的表象以上の現実性を持つものとして認めてこなかったからである。その事例としてウィラースレフが取り上げるのが、エドマンド・リーチによる東南アジア大陸部の山岳民カチンの宗教をめぐる論述である。

リーチによれば、精霊は現実には存在せず、カチンの人々の想像力で構築されている。そのことは、現地の人たちが実際の現実と隠喩的現実という二種類の現実を持っていると、リーチが想定していることを示している。ウィラースレフが述べるように、リーチ流の説明が継承されているのだとすれば、今日の人類学は真と偽、人間と非人間、社会と自然を切り分けるデカルト的な二分法からいまだに抜け切っていないことになる。実際には、現地の人たちにとっては、人間と非人間からなるひとつの現実だけがあるにすぎない。

外部にある客体から距離を置く主体が心的表象を投射することによって世界を理解しているとするこうした「表象主義」の枠組みは、これまで人類学では十分に検討されてこなかったというのが、ウィラースレフの主張である。それに代えて本書で提示されるのが、現地の人々が見出す意味とは、心が世界に押し付けるものではなく、日々の実践的経験において構成されるのだという見方である。そのアイデアは、ハイデガーとインゴルドらの現象学的な考えに由来する。

本書では一貫して、ユカギールの人格が、デカルト的な意味で自我（コギト）として自立しているのではないことが論じられている。自我は、自我が関係する世界から切り離されてあるのではなく、関係的かつ文脈依存的に生成する。現地の人たちが真剣に受け取っていることから説明を切り離してしまうのではなく、人類学者もまた、彼らの世界理解を真剣に受け取らなければならない。そのことが、「アニミズムを真剣に受け取る」というフレーズに込めた、ウィラースレフの問題提起である。

この問題提起によって、西洋の認識論を持ち込んで、現地の人たちの現実を理解した気分になっていたことに気づいた人類学者は、現地の存在の根本様式から現実を問う存在論へとようやく一歩踏み込むことになったのである。現在の人類学が立っている最前線がここである。

## ◇住まうことの視点と関係的な存在様態

本書を貫いているのは、我々人間は世界を対象として眺める超越的な主体ではなく、他の事物とまったく同等の地位で世界の内に位置付けられた存在者とする、「住まうことの視点」であるということもできる。ウィラースレフはこの視点を、直接的にはインゴルドの一連の著作から受け継いでいる。

インゴルドは、ハイデガーの哲学をベースに、モーリス・メルロ゠ポンティの身体論、ジェームズ・ギブソンのアフォーダンス論、ジーン・レイヴとエティエンヌ・ウェンガーによる実践共同体の議論などを交差させた「住まうことの視点」という独自の概念を提示している。インゴルドはこの視点を、我々が知覚や概念を持つ以前から有機体゠人格として常にすでに環境へと浸されている状況を扱うためのものだと説明する。世界は住まう人々の周囲で絶えず存在化し、世界の種々の構成要素は生きるという日常の活動に組み込まれることによって意味を獲得するというのが、その概念の骨子である。

このように、世界の根本的なありかたを生成的なものとして捉えるならば、必然的に事物の存在様態もまた関係的なものとなる。ウィラースレフは、インゴルドが練り上げたこの視点を踏襲しつつ、狩猟者を取り巻く活動の流れの中で関係的に立ち現れる精霊や人格のあり方を具体的に描き出している。

例えば、狩猟が順調にいっているときには、人類学者が供犠を捧げている狩猟者にその対象となる精霊の名前や特徴を尋ねても、彼らは怪訝な顔をしながら精霊の総称を持ち出して、「ハズィアイン」と答えるだけであった。だがある日、何発も銃弾を命中させたはずのエルクが歩き去るという事件が起きると、それは、怒れる〈オルギア川の所有者〉のせいであるとされ、固有の人格を備えた精霊が狩猟者たちの前に立ち現れたのである。精霊とは世界=内に見出されるものであり、世界との活発な交流の中で人々によって作られるものでもある。そこでは、自己と世界、主体と客体は不可分な関係にある。

ウィラースレフの真骨頂は、単に世界を自他が相互浸透しあった調和的なものと見るだけではなく、人間が厳しい環境を生き抜くためには不可欠な行為主体としての側面を、狩猟者の活動に対する参与をとおして描き出している点にある。

## ◇ポスト・ソビエト民族誌と狩猟民研究

本書はまた、地域研究的な視点からも重要な貢献をなしえている。第一章でも触れられるように、一九九一年のソビエト連邦崩壊は、シベリア先住民社会に大きな影響を与えた。ソビエト連邦の時代には、外国人が民族誌的調査をおこなう許可を得るのは困難であったが、この時期以降、その制限は多少なりとも緩められてきた。新しいフィールドが開かれたこともあり、多くの研究者が一九九〇年代から二〇〇〇年代にかけて現地調査に赴き、その成果を出版している。

この時期のシベリア民族誌では、ソビエト体制の崩壊後、シベリア先住民の生活はどう変わったのかという点を明らかにするのが調査目標のひとつであった。本書でも、食料の確保と生存が再び核心的な課題となったとき、ユカギール人と精霊や霊魂との関わりには何が起きたのかという問いが投げかけられている。

ソビエト体制の崩壊にともなう社会変動は、民族誌記述の中にちりばめられている。第二章では、現地のオブシーナ（ソビエト崩壊後に組織された共同生産組合）の初代代表ニコライ・シャルーギンが「親族」としての分け前を要求する村人たちの要求に答えざるを得ず、オブシーナが破産状態に追い込まれた事情が描かれている。

本書はまた、狩猟採集民社会、とりわけ北方狩猟民社会の研究者にとって、興味深い比較事例が提供されている。例えば、第2章では、運びきれないほどのエルクを短時間のうちに狩ったスピリドン老の行動を考える上で、カリブーを大量に狩ってみずからの飢饉まで招いたとされる十八世紀のクリーの狩猟行動を動物の支配霊との関係から考察したブライトマンの研究が取り上げられている。ウィラースレフは、その研究を一歩進めて、「獲物を使いきれないほど殺すこと」と「狩猟をやめてしまうこと」の両極端を行き来するユカギールの狩猟実践を、狩猟者と獲物の支配霊との関係に焦点を当てながら分析している。これは、北方狩猟民の資源利用が持続可能的であるか収奪的であるかをめぐる長年の議論に新しい見方を提供するものである。本書は、北方狩猟民の狩猟活動を比較考察することで、広く狩猟採集民研究に資するものとなっているということができるだろう。

なお、sharing の訳語に関しては、共訳者の間でも議論があった。北方狩猟民社会研究では、

sharingを「分配」、distributionを「配分」と訳す傾向にある。だが本書では、sharingを生産から消費だけでなく価値体系にまで及ぶより包括的な概念として捉え、「分かち合う」という意味で「シェアリング」と訳すことにした。またdistributionをシェアリングの実践的行為という意味で「分配」と訳している。

ところで、本書の原著が出版されたのは、二〇〇七年のことであり、それからすでに十年余の時間が経過している。これまでのところ、本書はどのような点において評価されてきたのだろうか。ここでは、三つの点に絞って、整理しておきたい。

第一に、本書は、二〇〇〇年代になって、ヴィヴェイロス・デ・カストロやフィリップ・デスコーラらによって始められた、いわゆる人類学の「存在論的転回」における重要著作のひとつに位置づけられる。存在論的転回とは、文化的存在としての人間を取り上げて、異文化の中にその多様なあり方を探ってきた文化相対主義／多文化主義を突破して、人間を取り巻く存在を人間同様の存在者と捉える（非西洋の人々の）「存在」をめぐる思考と実践を人類学の主題として切り拓いてきた知の運動である。ウィラースレフは、「パースペクティヴィズム」という、ヴィヴェイロス・デ・カストロによって提唱された課題に挑み、それを抽象的な次元ではなく、自らも狩猟者として参与した経験と具体的な民族誌事例を用いながら、狩猟活動における獲物との実践的な関わりの中で、より精緻なものとして鍛え上げていった。その点が、まずは評価されるであろう。

第二に、旧来のアニミズム論は、真なる知識と偽の知識、人間と非人間（動物や精霊）、文化と自然、主体と客体、自己と他者の間に線引きをしたデカルト主義の軛を逃れていないと批判した上で、「アニミズムを真剣に受け取る」ことを提唱しながら、アニミズムの新しい見方を示した点も、本書の貢献のひとつに挙げることができる。本書の中でも繰り返し論及されているような、デカルト主義の懐疑と乗り越えが、今日の人類学のアニミズムをめぐる議論の中核を形作っている。

第三に、本書は、人間と動物との関係性を、民族誌を通じて探究し、深めている点で、「マルチスピーシーズ民族誌」という、ダナ・ハラウェイの影響を受けて、生物種との絡まり合いの中で人間を記述考察するジャンルとして、二〇一〇年ころから現れた人類学の新しい流れの枠内でも一定の評価が与えられきている。ウィラースレフは、ユカギールの狩猟者と獲物の関係を生き生きと描き出している。

## ◇あとがきに代えて

二〇一三年に、奥野克巳、近藤祉秋らで、ウィラースレフの二〇〇四年発表の論文〝Not Animal, Not Not-Animal: Hunting, Imitation and Empathetic Knowledge among the Siberian Yukaghirs〟, *The Journal of the Royal Anthropological Institute* 10(3) :629-652 を、あらかじめ下訳をつくって持ち寄って読む研究会を開いた。それが、本書の翻訳を始めるそもそものきっかけである。その論文では、ユカギールの人間と動物の関係の独自性が、きわめて印象的に記述考察されていた（本書の第五章の基礎となった論文である）。

その後、二〇一四年に亜紀書房の内藤寛さんから、人類学の先鋭的な作品を翻訳出版しないかという誘いを受け、本書を選んで企画がスタートした。二〇一五年には奥野と近藤が訳出を開始したが、二人が加わっている訳書『森は考える：人間的なるものを超えた人類学』（亜紀書房、二〇一六年刊）の翻訳・出版時期と重なったこともあって、訳業はなかなか進まなかった。二〇一六年十月には古川不可知を三人目の共訳者に迎え、その後の約一年間で翻訳をほぼ終えるに至った。

近藤が第一章から第三章、奥野が第四章から第六章、古川が、はじめに・謝辞と第七章から第九章を分担し、朝から夜中まで一文一文の検討に没頭する全員での一回の検討会合宿および四回の検討会（近藤、古川はそれぞれ三回参加）をおこなった。哲学の幅広い知識がある内藤さんにはそのすべてに出席いただき、助けられる場面がたくさんあった。

識者の断片的な意見に照らすと、ウィラースレフの現地語（ユカギール語、サハ語、ロシア語）には、いささか不正確な部分があるのかもしれない。しかし、本訳書では、著者の言語表記を尊重し、現地語はできうる限り調べた上で、カタカナ表記に置き換えるように努めた。その際、一九九五年に出版された、斎藤晨二訳のトゥゴルコフ著『オーロラの民』の表記を参考にさせていただいた。ロシア語のカタカナ表記については、我々の親しい友人の杉嶋俊夫さんにご助言いただいた。御礼を申し上げたい。なお、著者名については、デンマーク語をカタカナ表記すれば、ラネ・ヴィラッスレフやラーネ・ヴィラスリウになるのではないかと思われるが、本書は英語で書かれていることもあり、日本人に親しみやすい英語的なカタカナ表記として、レーン・ウィラースレフとした。
なお、本書に引用されている文献のうち、既訳のあるものについては、参考にさせていただきつつ、本書に合うように一部表現を改めさせていただいた場合もある。既訳文献の訳者のみなさんには感謝とお詫びを申し上げげたい。

共訳者の一人（近藤）が初めてウィラースレフに会ったのは、二〇一五年九月にオーストリア・ウィーンで開かれた第十一回狩猟採集社会会議でのことである。懇親会の席である人が彼のことをからかい半分に評して「デンマーク人爆弾」と呼んでいた。その呼び名は、現象学や精神分析論などがユカギール人の世界に絡まり合うことで生まれる絶大な学術的な破壊力と、読む者がはらはらするほどの危うさをあわせ持つ本書の執筆者の魅力を表すのにふさわしいものだったように思われる。共訳者らは、シベリアの森で狩猟民とともに獲物を追った「デンマーク人爆弾」入魂の一冊を日本の読書界に送り届けることができることを誇りに思う。
著者の息づかいや時には逡巡にさえ迫ろうとする翻訳の仕事は辛く、しかし楽しいものである。我々の覚えた楽しさがお読みいただいた方に伝わるならば、共訳者としてこれにまさる喜びはない。

本書は立教大学学術推進特別重点資金（立教ＳＦＲ）、ＪＳＰＳ科研費ＪＰ１７Ｈ００９４９の助成を受けて刊行した。

za nashu pushninu, Sakhabult?" [When Will You Pay Us for Our Furs, Sakhabult?] *Ilken* (September 22) 8(11): 8.
Willerslev, R., and J. Høgel. 1997. *Time Apart* (documentary film). Department for Visual Anthropology, University of Manchester.
Woodburn, J. 1980. "Hunters and Gatherers Today and Reconstruction of the Past." Pp. 95–117 in *Soviet and Western Anthropology,* edited by E. Gellner. London: Duckworth.
——. 1982a. "Egalitarian Societies." *Man* 17(3): 431–51.
——. 1982b. "Social Dimensions of Death in Four African Hunting and Gathering Societies." Pp. 187–210 in *Death and the Regeneration of Life*, edited by M. Bloch and J. Parry. Cambridge: Cambridge University Press.
——. 1991. "African Hunter-gatherer Social Organisation: Is It Best Understood as a Product of Encapsulation?" Pp. 31 – 64 in *Hunters and Gatherers I: History, Evolution, and Social Change,* edited by T. Ingold, D. Riches, and J. Woodburn. Oxford: Berg Publishers.
——. 1998. "Sharing Is Not a Form of Exchange: An Analysis of Property-sharing in Immediate-return Hunter-gatherer Societies." Pp. 48–63 in *Property Relations: Renewing the Anthropological Tradition*, edited by C. M. Hann. Cambridge: Cambridge University Press.
Worsley, P. 1997. *Knowledges: What Different Peoples Make of the World.* London: Profile Books Ltd.
Young, J. 2002. *Heidegger's Later Philosophy*. Cambridge: Cambridge University Press.
Zukova, L. N. 1996a. *Religia Yukagirov: iasicheskii panteon* [The Religion of the Yukaghirs: Pagan Pantheon]. Yakutsk: Isdatelstvo.
——. 1996b. *Odeshda Yukagirov* [The Clothing of the Yukaghirs]. Yakutsk: Isdatelstvo.
Zukova, L. N., I. A. Nikolaeva, and L. N. Dëmina. 1989. *Folklor Yukagirov Verhnei Kolymy* [Folklore of the Verkhne Kolyma Yukaghirs]. Parts 1 and 2. Yakutsk: Isdatelstvo.
——. 1993. "Les Ioukaghirs." Pp. 175–90 in *Études Mongoles et Sibériennes.* Nanterre, Paris: Laboratoire d'ethnologie et de sociologie comparative.

the Chukchis." Pp. 405–18 in *Shamanism in Siberia*, edited by V. Dioszegi and M. Hoppal. Budapest: Adamediai Kiado.
Vendler, Z. 1984. "Understanding People." Pp. 200–213 in *Cultural Theory: Essays on Mind, Self, and Emotion*, edited by R. A. Sweder and R. A. LeVine. Cambridge: Cambridge University Press.
Vitebsky, P. 1992. "Landscape and Self-determination among the Eveny: The Political Environment of Siberian Reindeer Herders Today." Pp. 222–46 in *Bush Base: Forest Farm—Culture, Environment, and Development*, edited by E. Croll and D. Parkin. London: Routledge.
——. 1993. *Dialogues with the Dead: The Discussion of Mortality among the Sora of Eastern India*. Cambridge: Cambridge University Press.
——. 1997. "Dreams and Omens: Shattered Fragments of a Shamanic Sense of Destiny." Paper presented at the Jesup Centenary Conference, American Museum of Natural History, November 13–17, New York.
Vitebsky, P., and S. Wolfe. 2001. "The Separation of the Sexes among Siberian Reindeer Herders." Pp. 81–94 in *Sacred Custodians of the Earth? Women, Spirituality and Environment,* edited by A. Low and S. Tremayne. New York and Oxford: Berghahn Books.
Viveiros de Castro, E. 1998. "Cosmological Deixis and Amerindian Perspectivism." *Journal of the Royal Anthropological Institute* 4: 469–88.
Wicks, R. 2002. "Death and Enlightenment: the Therapeutic Psychology of the Tibetan Book of the Dead." Pp. 71–97 in *Death and Philosophy,* edited by J. Malpas and R. C. Solomon. London and New York: Routledge.
Willerslev, E. 1995. "Fortabt i Sibirien" [Lost in Siberia]. Pp. 50–56 in *På Rejse i Sibirien: tre danske ekspeditioners møde med Nordøstsibiriens j{ae}gere og nomader* [Exploring Siberia: Encounters of Three Danish Expeditions with the Hunters and Nomads of Northeastern Siberia], edited by I. Asmussen, A. Damm, M. Pedersen, and R. Willerslev. Moesgaard, Denmark: Prehistoric Museum.
Willerslev, R. 1995. "På Rejse i Sibirien" [Exploring Siberia]. Pp. 6–12 in *På Rejse i Sibirien: tre danske ekspeditioners møde med Nordøstsibiriens j{ae}gere og nomader* [Exploring Siberia: Encounters of Three Danish Expeditions with the Hunters and Nomads of Northeastern Siberia], edited by I. Asmussen, A. Damm, M. Pedersen, and R. Willerslev. Moesgaard, Denmark: Prehistoric Museum.
——. 1997. *Yukaghir Stories* (documentary film). Department for Visual Anthropology, University of Manchester.
——. 2000a. *Hunting and Trapping in Siberia*. Foreword by Finn Lynge. Copenhagen, Denmark: Arctic Information.
——. 2000b. "Datsko-Yukagirski pushnoi proiekt" [The Danish-Yukaghir Fur Project]. *Ilken* (August 2) 7(10): 5.
——. 2004a. "Not Animal, Not Not-Animal: Hunting, Imitation, and Empathetic Knowledge among the Siberian Yukaghirs." *Journal of the Royal Anthropological Institute* 10: 629–52.
——. 2001. "The Hunter as a Human 'Kind': Hunting and Shamanism among the Upper Kolyma Yukaghirs of Siberia." *North Atlantic Studies* 4(1/2): 44–50.
——. 2004b. "Spirits as 'Ready to Hand': A Phenomenological Analysis of Yukaghir Spiritual Knowledge and Dreaming." *Anthropological Theory* 4(4): 395 – 418.
——. 2006. "To Have the World at a Distance: Rethinking the Significance of Vision for Social Anthropology." Pp. 23–46 in *Skilled Visions*, edited by K. Grissini. New York and Oxford: Berghahn Books.
Willerslev, R., and U. R. Christensen [pseud. Igor Kolomets]. 2000. "Kogda vi nam zaplatite

Cornell University Press.
Smith, D. M. 1998. "An Athapaskan Way of Knowing: Chipewan Ontology." *American Ethnologist* 25(3): 412–32.
Smith, J. 1981. "Self—an experience in Maori culture." Pp. 145–59 in *Indigenous Psychologies: The Anthropology of the Self*, edited by P. Heelas and A. Lock. London: Academic Press.
Spencer, R. F. 1959. *The North Alaskan Eskimo: A Study in Ecology and Society*. Smithsonian Institution Bureau of American Ethnology Bulletin 171. Washington, DC: US Government Printing Office.
Spiridonov, N. I. [Teki Odulok]. 1930. "Oduly (Yukagiry) Kolymskogo Okruga" [The Odul (Yukagirs) of the Kolyma Region]. Sovetskiy Sever no. 9–12: 167– 214.
Spiro, M. E. 1993. "Is the Western Conception of the Self 'Peculiar' within the Context of the World Cultures?" *Ethos* 21(2): 107–53.
Ssorin-Chaikov, N. 2001. "Evenki Shamanistic Practices in Soviet Present and Ethnographic Present Perfect." *Anthropology of Consciousness* 12(1): 1–18.
——. 2003. *The Social Life of the State in Subarctic Siberia*. Stanford, CA: Stanford University Press.
Stepanova, M. V., I. S. Gurvich, and V. V. Khramova. 1964. "The Yukaghirs." Pp. 788–98 in *The Peoples of Siberia, edited by M. G. Levin and L. P. Potapov*. Chicago: University of Chicago Press.
Stocking, G. W. 1996. *After Tylor: British Social Anthropology, 1888–1951*. London: Athlone.
Strathern, M. 1990. *The Gender of the Gift: Problems with Women and Problems with Society in Melanesia*. Berkeley and Los Angeles: University of California Press.
Tambiah, S. J. 1990. *Magic, Science, Religion, and the Scope of Rationality*. Cambridge: Cambridge University Press.（タンバイア、スタンレー J. 1996『呪術・科学・宗教——人類学における「普遍」と「相対」』多和田裕司（訳）、思文閣出版）
Tanner, A. 1979. *Bringing Home Animals*. London: Hurst.
Taussig, M. 1993. *Mimesis and Alterity: A Particular History of the Senses*. New York and London: Routledge.
Thomas, D. 1974. "An Archaeological Perspective on Shoshonean Bands." *American Anthropologist* 76: 11–23.
Tugolukov, V. A. 1979. *kto vy yukagiry?* [Who Are You Yukaghirs?]. Moscow: Nauka.（トゥゴルコフ、R.A. 1995『オーロラの民——ユカギール民族誌』斎藤晨二（訳）、刀水書房）
Turner, V. 1982. *From Ritual to Theatre: The Human Seriousness of Play*. New York: PAJ Publications.
Tylor, E. B. 1929a [1871]. *Primitive Culture*. Vol. 1. London: John Murray.
——. 1929b [1871]. *Primitive Culture*. Vol. 2. London: John Murray.
Vainshtein, S. I. 1989. "The Turkic Peoples, Sixth to Twelfth Centuries." Pp. 55– 66 in *Nomads of Eurasia*, edited by V. N. Basilov and M. F. Zirins. Seattle and London: Natural History Museum of Los Angeles County in association with University of Washington Press.（タイラー、エドワード B. 1962『原始文化——神話・哲学・宗教・言語・芸能・風習に関する研究』比屋根安定（訳）、誠信書房）
Vakhtin, N. 1991. *The Yukaghir Language in Sociolinguistic Perspective*. Leningrad, USSR: Institute for Linguistics, Academy of Science.
Valeri, V. 2000. *The Forest of Taboos: Morality, Hunting, and Identity among the Huaulu of the Moluccas*. Madison: University of Wisconsin Press.
Van Gennep, A. 1960 [1909]. *The Rites of Passage*. London: Routledge and Kegan Paul.（ファン・へネップ 2012 『通過儀礼』綾部恒雄・綾部裕子（訳）、岩波文庫）
Vdovin, I. S. 1978. "Social Foundations of Ancestor Cult among the Yukaghirs, Koryaks and

1984『石器時代の経済学』山内昶（訳）、法政大学出版局）
Saladin d'Anglure, B. 1994. "From Foetus to Shaman: the Construction of an Inuit third Sex." Pp. 82–107 in *Amerindian Rebirth: Reincarnation Belief among North American Indians and Inuit,* edited by A. Mills and R. Slobodin. Toronto: University of Toronto Press.
Santos-Granero, F. Forthcoming. "Time Is Disease, Suffering, and Oblivion: Yanesha Historicity and the Struggle against Temporality." In *Time and Memory in Indigenous Amazonia: Anthropological Perspectives*, edited by C. Fausto and J. Heckenberger. Gainesville, FL.: University Presses of Florida.
Sapir, E. 1951. *The Selected Writings of Edward Sapir*, edited by D. G. Mandelbaum. Berkeley and Los Angeles: University of California Press.（サピア、エドワード 1983『言語・文化・パーソナリティ――サピア言語文化論集』平林幹郎（訳）、北星堂書店）
Sarup, M. 1988. *An Introductory Guide to Post-structualism and Postmodernism.* Hempstead: Harvester Wheatsheaf.
Sartre, J-P. 2000 [1958]. *Being and Nothingness: An Essay on Phenomenological Ontology,* translated by H. E. Barnes. London: Routledge.（サルトル、ジャン＝ポール 2007-8『存在と無　――現象学的存在論の試み』松浪信三郎（訳）、ちくま学芸文庫）
Saussure, F. de. 1959. *Course in General Linguistics,* edited by C. Bally and A. Sechehaye, translated by W. Baskin. New York: The Philosophical Library.（ソシュール、フェルディナン・ド 1972『一般言語学講義』小林英夫（訳）、岩波書店）
Schechner, R. 1985. *Between Theater and Anthropology*. Philadelphia: University of Pennsylvania Press.
Schutz, A. 1962. *Collected Papers I*, edited by M. Natanson. The Hague: Martinus Nijhoff.（シュッツ、アルフレッド 1983『アルフレッド・シュッツ著作集 第1巻 社会的現実の問題 1』／1985『アルフレッド・シュッツ著作集 第2巻 社会的現実の問題 2』モーリス・ナタンソン（編）・渡部光ほか（訳）、マルジュ社）
——. 1966. *Collected Papers III: Studies in Phenomenological Philosophy,* edited by I. Schutz. The Hague: Martinus Nijhoff.（シュッツ、アルフレッド 1998『アルフレッド・シュッツ著作集 第4巻 現象学的哲学の研究』I. シュッツ（編）・渡部光ほか（訳）、マルジュ社）
——. 1971. *Collected Papers II: Studies in Social Theory*, edited by A. Brodersen. The Hague: Martinus Nijhoff.（シュッツ、アルフレッド 1998『アルフレッド・シュッツ著作集 第3巻 社会理論の研究』アーヴィド・ブロダーソン（編）・渡部光ほか（訳）、マルジュ社）
Schweitzer, P. P., and P. A. Gray. 2000. "The Chukchi and Siberian Yupiit of the Russian Far East." Pp. 17–37 in *Endangered Peoples of the Arctic: Struggles to Survive and Thrive*, edited by M. R. Freeman. Westport, CT: Greenwood Press.
Serov, S. la. 1988. "Guardians and Spirit-masters of Siberia." Pp. 241–55 in *Crossroads of Continents: Cultures of Siberia and Alaska,* edited by W. W. Fitzhugh and A. Crowell. Washington, DC: Smithsonian Institution.
Sharp, H. S. 1991. "Dry Meat and Gender: the Absence of Chipewyan Ritual for the Regulation of Hunting and Animal Numbers." Pp. 183–91 in *Hunters and Gatherers II: Property, Power, and Ideology, edited by T. Ingold, D. Riches, and J. Woodburn. Oxford: Berg Publishers.*
*Shnirelman, V. A.* 1999. "Introduction: North Eurasia." Pp. 119–25 in *Encyclopedia of Hunters and Gatherers*, edited by R. B. Lee and R. Daly. Cambridge: Cambridge University Press.
Skinner, B. F. 1938. *The Behavior of Animals: An Experimental Analysis.* New York: Appleton-Century-Crofts.
Slezkine, Y. 1993. "Savage Christians or Unorthodox Russians? The Missionary Dilemma in Siberia." Pp. 15–31 in *Between Heaven and Hell: The Myth of Siberia in Russian Culture*, edited by G. Diment and Y. Slezkine. New York: St. Martin's Press.
——. 1994. *Arctic Mirrors, Russia and the Small Peoples of the North.* Ithaca and London:

Morris, B. 1991. "Rights to Game and Rights to Cash among Contemporary Australian Hunter-gatherers." Pp. 52–94 in *Hunters and Gatherers II: Property, Power, and Ideology,* edited by T. Ingold, D. Riches, and J. Woodburn. Oxford: Berg Publishers.

——. 2000. *The Power of Animals: An Ethnography.* Oxford and New York: Berg Publishers.

Nagel, T. 1997. "What Is It Like to Be a Bat?" Pp. 165–80 in *Mortal Questions.* Cambridge: Cambridge University Press.（ネーゲル、トマス 1989「コウモリであるとはどのようなことか」、『コウモリであるとはどのようなことか』永井均（訳）pp.258-282、勁草書房）

Nash, D. 1977. "Hallowell in American Anthropology." *Ethos* 5(1): 3–12.

Nelson, R. K. 1983. *Make Prayers to the Raven: A Koyukon View of the Northern Forest.* Chicago: University of Chicago Press.

Noske, B. 1997. *Beyond Boundaries: Humans and Animals.* Montreal: Black Rose Books.

Nuttall, M. 1994. "The Name Never Dies: Greenland Inuit ideas of the person." Pp. 123–36 in *Amerindian Rebirth: Reincarnation Belief Among North American Indians and Inuit,* edited by A. Mills and R. Slobodin. Toronto: University of Toronto Press.

Obeyesekere, G. 1994. "Foreword: Reincarnation Eschatologies and the Comparative Study of Religions." Pp. xi–xxiv in *Amerindian Rebirth: Reincarnation Belief Among North American Indians and Inuit,* edited by A. Mills and R. Slobodin. Toronto: University of Toronto Press.

Pedersen, M. A. 2001. "Totemism, Animism and North Asian Indigenous Ontologies." *Journal of the Royal Anthropological Institute* 7(3): 411–27.

Pesmen, D. 2000. *Russia and the Soul: An Exploration.* Ithaca, NY: Cornell University Press.

Peterson, N. 1993. "Demand Sharing: Reciprocity and the Pressure for Generosity among Foragers." *American Anthropologist* 95(4): 860–74.

Rasmussen, K. 1929. *Intellectual Culture of the Iglulik Eskimos.* Report of the Fifth Thule Expedition 1921–24, vol. 7, no. 1. Copenhagen: Gyldendalske Boghandel, Nordisk Forlag.

Reichel-Dolmatoff, G. 1971. *Amazonian Cosmos: The Sexual and Religious Symbolism of the Tukano Indians.* Chicago and London: University of Chicago Press.

Riches, D. 1995. "Dreaming as Social Process, and its Implications for Consciousness." Pp. 101–117 in *Questions of Consciousness*, edited by A. Cohen and N. Rapport. London and New York: Routledge.

Riordan, J. 1989. "Man-bear." In *The Sun Maiden and the Crescent Moon: Siberian Folk Tales.* Edinburgh: Canongate.

Rival, L. 2002. *Tracking through History: The Huaorani of Amazonian Ecuador.* New York: Columbia University Press.

Roepstorff, A., and N. Bubandt. 2003. "General Introduction: The Critique of Culture and the Plurality of Nature." Pp. 9 – 30 in *Imagining Nature: Practices of Cosmology and Identity,* edited by A. Roepstorff, N. Bubandt, and K. Kull. Aarhus: Aarhus University Press.

Rorty, R. 1989. *Contingency, Irony and Solidarity.* Cambridge: Cambridge University Press.（ローティ、リチャード 2000『偶然性・アイロニー・連帯――リベラル・ユートピアの可能性』斎藤純一ほか（訳）、岩波書店）

——. 1993. "Wittgenstein, Heidegger, and the reification of language." Pp. 337–58 in *The Cambridge Companion to Heidegger*, edited by C. Guignon. Cambridge: Cambridge University Press.

Rosaldo, R. 1986. "Ilongot Hunting as Story and Experience." Pp. 97–138 in *The Anthropology of Experience,* edited by W. Turner and E. M. Burner. Urbana, IL: University of Illinois Press.

——. 1993. *Culture and Truth: The Remaking of Social Analysis.* Boston, MA: Beacon Press.（ロサルド、レナード 1998『文化と真実　――社会分析の再構築』椎名美智（訳）、日本エディタースクール出版部）

Sahlins, M. 1972. *Stone Age Economics.* New York: Aldine De Gruyter.（サーリンズ、マーシャル

and with notes by J. Forrester. New York: W. W. Norton.（ラカン、ジャック 1991『フロイトの技法論（上・下）』ジャック・アラン・ミレール（編）・小出浩之ほか（訳）、岩波書店）
Langer, M. M. 1989. *Merleau-Ponty's Phenomenology of Perception: A Guide and Commentary*. London: Macmillan.
Lave, J. 1997. "The Culture of Acquisition and the Practice of Understanding." Pp. 309–27 in *Cultural Psychology: Essays on Comparative Human Development,* edited by W. Stigler, R. A. Shweder, and G. Herdt. Cambridge: Cambridge University Press.
Leach, E. R. 1965. *Political Systems of Highland Burma: A Study of Katchin Social Structure*. London: Bell.（リーチ、エドモンド R. 1995『高地ビルマの政治体系』関本照夫（訳）、弘文堂）
——. 1976. *Culture and Communication: The Logic by Which Symbols Are Connected*. Cambridge: Cambridge University Press.（リーチ、エドマンド 1981『文化とコミュニケーション——構造人類学入門』青木保・宮坂敬三（訳）、紀伊國屋書店）
Lee, R. B. 1991. "Reflections on Primitive Communism." Pp. 252–68 in *Hunters and Gatherers I: History, Evolution, and Social Change,* edited by T. Ingold, D. Riches, and J. Woodburn. Oxford: Berg Publishers.
——. 1993. *The Dobe Ju/'hoansi: Case Studies in Social Anthropology*. Fort Worth, TX: Harcourt Brace College Publishers.
Lender, D. 1990. *The Absent Body*. Chicago and London: University of Chicago Press.
Lemaire, A. 1996. Jacques Lacan. London and New York: Routledge.（ルメール、アニカ・リフレ 1983『ジャック・ラカン入門』長岡興樹（訳）、誠信書房）
Lewis, D. 1976. "Observations on Route Finding and Spatial Orientation among the Aboriginal Peoples of the Western Desert Region of Central Australia." *Oceania* 46(4): 249–82.
Maslova, E., and N. Vakhtin. 1996. "The Far North-east of Russia." Pp. 999–1001 in *Atlas of Languages of Intercultural Communication in the Pacific, Asia, and the Americas*, edited by S. A. Wurm, P. Mühlhäuser, and D. T. Tryon. Berlin and New York: Mouton de Gruyter.
McCallum, C. 1996. "The Body That Knows: From Cashinahua Epistemology to a Medical Anthropology of Lowland South America." *Medical Anthropology Quarterly* 10(3): 347–72.
Meier, B. 1993. "Speech and Thinking in Dreams." Pp. 58–77 in *Dreaming and Cognition*, edited by C. Cavallero and D. Foulkes. New York: Harvester Wheatsheaf.
Merleau-Ponty, M. 1964. "The Child's Relations with Others." Pp. 96–155 in *The Primacy of Perception*, translated by J. Edie. Evanston, IL: Northwestern University Press.（メルロ＝ポンティ、モーリス 2001「幼児の対人関係」滝浦静雄（訳）、『幼児の対人関係（メルロ＝ポンティ・コレクション 3）』木田元・滝浦静雄（訳）pp. 1-115、みすず書房）
——. 1998 [1962]. *Phenomenology of Perception*, translated by C. Smith. London and New York: Routledge.（メルロ＝ポンティ、モーリス 1967『知覚の現象学 1』竹内芳郎・小木貞孝（訳）、みすず書房／1974『知覚の現象学 2』竹内芳郎ほか（訳）、みすず書房）
Mikhailov, T. M. 1990. "Buryat Shamanism." Pp. 110–20 in *Shamanism*, edited by M. M. Balzer. Armonk, NY: Sharpe.
Miller, T. R., and B. Mathé. 1997. "Tough Fieldworkers: History and Personalities of the Jesup Expedition." Pp. 9–19 in *Drawing Shadows to Stone: The Photography of the Jesup North Pacific Expedition, 1897–1902*, edited by L. Kendall, B. Mathé, and T. R. Miller. New York: American Museum of Natural History, in association with the University of Washington Press.
Montangero, J. 1993. "Dream, Problem-solving, and Creativity." Pp. 93–114 in *Dreaming and Cognition*, edited by C. Cavallero and D. Foulkes. New York: Harvester Wheatsheaf.
Morin, F., and B. Saladin d'Anglure. 1997. "Ethnicity as a Political Tool for Indigenous Peoples." Pp. 157–93 in *The Politics of Ethnic Consciousness*, edited by C. Govers and H. Vermeulen. London: Macmillan.

Peter the Great Museum.
Jochelson, W. 1908. *The Koryak,* edited by F. Boas. Memoir of the American Museum of Natural History, vol. 6. New York: American Museum of Natural History.
——. 1926. *The Yukaghir and the Yukaghized Tungus*, edited by F. Boas. New York: American Museum of Natural History.
——. 1933. *The Yakut. Anthropological papers of the American Museum of Natural History,* vol. 33, part 2. New York: American Museum of Natural History.
Kapferer, B. 1984. "The Ritual Process and the Problem of Reflexivity in Sinhalese Demon Exorcisms." Pp. 179–207 in *Rite, Drama, Festival, Spectacle*, edited by J. MacAloon. Philadelphia: Institute on the Study of Human Issues.
Kasten, E. 1998. *Bicultural Education in the North: Ways of Preserving and Enhancing Indigenous Peoples' Languages and Traditional Knowledge*, edited by E. Kasten. Münster, New York, Munich, and Berlin: Waxmann.
Kendall, L., B. Mathe, and T. R. Miller. 1997. *Drawing Shadows to Stone: The Photography of the Jesup North Pacific Expedition, 1897–1902.* Seattle and London: American Museum of Natural History in association with the University of Washington Press.
Kennedy, J. S. 1992. *The New Anthropomorphism.* Cambridge: Cambridge University Press.
Kerr, N. H. 1993. "Mental Imagery, Dreams, and Perception." Pp. 18–38 in *Dreaming as Cognition,* edited by C. Cavallero and D. Foulkes. New York: Harvester Wheatsheaf.
Koester, D. 2002. "When the Fat Raven Sings: Mimesis and Environmental Alterity in Kamchatka's Environmental Age." Pp. 45–62 in *People and the Land: Pathways to Reform in Post-Soviet Siberia*, edited by E. Kasten. Berlin: Dietrich Reimer Verlag.
Krauss, M. F. 1988. "Many Tongues—Ancient Tales." Pp. 144–50 in *Crossroads of Continents: Cultures of Siberia and Alaska*, edited by W. W. Fitzhugh and A. Crowell. Washington, DC: Smithsonian Institution Press.
Krupnik, I. 1993. *Arctic Adaptations: Native Whalers and Reindeer Herders of Northern Eurasia,* translated and edited by M. Levenson. Hanover and London: University Press of New England.
Krupnik, I., and N. Vakhtin. 1997. "Indigenous Knowledge in Modern Culture: Siberian Yupik Ecological Legacy in Transition." *Arctic Anthropology* 34(1): 236 – 57.
——. n.d. "Remembering and Forgetting: Indigenous Knowledge and Culture in Chukotka." Filed in The American Museum of Natural History, Smithsonian Institution, Washington, DC.（クルプニク、イーゴリ＆ニコライ・ヴァフチン 2009 「記憶と忘却――ポスト・ジェサップ期のチュコトカにおける文化変化と土着的知識」井上紘一（訳）、『「渡鴉（ワタリガラス）のアーチ」（1903―2002）――ジェサップ北太平洋調査を追試検証する』谷本一之・井上紘一（編）、国立民族学博物館調査報告 82: 209-232）
Kwon, H. 1993. "Maps and Actions: Nomadic and Sedentary Space in a Siberian Reindeer Farm." PhD diss., Department of Social Anthropology, University of Cambridge.
——. 1997. "Movements and Transgression: Human Landscape in Northeastern Sakhalin." Pp. 143–68 in *Arctic Ecology and Identity,* edited by S. A. Mousalimas. Budapest: Akadémia Kiadó, and Los Angeles: International Society for Trans-Oceanic Research.
——. 1998. "The Saddle and the Sledge: Hunting as Comparative Narrative in Siberia and Beyond." *Journal of the Royal Anthropological Institute* 4(1): 115 – 27.
——. 2000. "To Hunt the Black Shaman: Memory of the Great Purge in East Siberia." *Ethofoor* 13(1): 33–50.
Lacan, J. 1989 [1966]. *Écrits: A Selection*, translated by A. Sheridan. London and New York: Routledge.（ラカン、ジャック 1972-81『エクリ 1 ～ 3』宮本忠雄ほか（訳）、弘文堂）
——. 1991 [1953–54]. *Seminar I: Freud's Papers on Technique*, edited by J. A. Miller, translated

pp.1-82、中央公論美術出版）
Hobart, M. 1986. "Introduction: Context, Meaning and Power." Pp. 7–19 in *Context, Meaning and Power in Southeast Asia*, edited by M. Hobart and R. H. Taylor. New York: Cornell Southeast Asia Program.
Hoebel, E. A. 1972. *Anthropology: The Study of Man*. New York: McGraw-Hill.
Howell, S. 1996. "Nature in Culture or Culture in Nature? Chewong Ideas of Humans and Other Species." Pp. 127–45 in *Nature and Society: Anthropological Perspectives*, edited by P. Descola and G. Pálsson. London and New York: Routledge.
Hugh-Jones, S. 1996. "Bonnes raisons ou mauvaise conscience: de l'ambivalence de certains Amazoniens envers la consommation de viande." *Terrain* 26: 123 – 48.
Hultkrantz, Å. 1953. *Conceptions of the Soul among North American Indians*. Stockholm: Ethnographical Museum of Sweden Monograph Series No. 1.
Humphrey, C. 1998. *Marx Went Away but Karl Stayed Behind*. Ann Arbor: University of Michigan Press.
Humphrey, C., and J. Laidlaw. 1994. *The Archetypical Actions of Ritual: A Theory of Ritual Illustrated by Jain Rite of Worship*. Oxford: Clarendon Press.
Humphrey, C., with U. Onon. 1996. *Shamans and Elders: Experience, Knowledge, and Power among the Daur Mongols*. Oxford: Clarendon Press.
Hutton, R. 2001. *Shamans: Siberian Spirituality and the Western Imagination*. London and New York: Hambledon.
Ingold, T. 1986a. "Hunting, Sacrifice and the Domestication of Animals." Pp. 243–77 in *The Appropriation of Nature: Essays on Human Ecology and Social Relations*. Manchester: University of Manchester.
——. 1986b. "The Significance of Storage in Hunting Societies." Pp. 198–221 in *The Appropriation of Nature: Essays on Human Ecology and Social Relations*. Manchester: University of Manchester.
——. 1992. "Culture and the Perception of the Environment." Pp. 39–73 in *Bush Base: Forest Farm: Culture, Environment and Development,* edited by E. Croll and D. Parkin. London and New York: Routledge.
——. 1993. "The Art of Translation in a Continuous World." Pp. 210–30 in *Beyond Boundaries: Understanding, Translation and Anthropological Discourse*, edited by G. Pálsson. Oxford: Berg Publishers.
——. 1994. "Humanity and Animality." Pp. 14–33 in *Companion Encyclopedia of Anthropology: Humanity, Culture and Social Life*, edited by T. Ingold. London and New York: Routledge.
——. 1996. "Human Worlds Are Culturally Constructed." Pp. 112–18 in *Key Debates in Anthropology*, edited by T. Ingold. London and New York: Routledge.
——. 2000. *The Perception of the Environment: Essays in Livelihood, Dwelling and Skill*. London and New York: Routledge.
Ivanov, M. I. 1999. "The Iukagir." Pp. 152–55 in *Encyclopedia of Hunters and Gatherers*, edited by R. B. Lee and R. Daly. Cambridge: Cambridge University Press.
Jackson, J. 1994. "Chronic Pain and the Tension between Body as Subject and Object." Pp. 201–28 in *Embodiment and Experience: The Existential Ground of Culture and Self,* edited by T. J. Csordas. Cambridge: Cambridge University Press.
Jackson, M. 1983. "Knowledge of the Body." In *MAN* (n.s.) 18: 327–45.
Jochelson [Iohelsonom], W. 1900. *Materiali po izuchniu jukagirskogo iazika I folklora sobrannie v Kolimskom okruge* [Material on Yukaghir Language and Folklore Studies, Collected in Verkhne Kolymski Okrug]. Part 1, *Obrazini narodnoi slovesnosti jukagirov (teksti s perevodom)* [Patterns of Yukaghir Oral Tradition (Texts and Translations)]. St. Petersburg:

*Perspective*. Pacific Palisades, CA: Goodyear Publishers.

Grant, B. 1993. "Siberia Hot and Cold: Reconstructing the Image of Siberian Indigenous Peoples." Pp. 227–53 in *Between Heaven and Hell: The Myth of Siberia in Russian Culture*, edited by G. Diment, and Y. Slezkine. New York: St. Martin's Press.

——. 1995. *In the Soviet House of Culture: A Century of Perestroikas*. Princeton, NJ: Princeton University Press.

Grosz, E. 1990. *Jacques Lacan: A Feminist Introduction*. London: Routledge.

Guemple, L. 1991. "Teaching Social Relations to Inuit Children." Pp. 131–49 in *Hunters and Gatherers II: Property, Power, and Ideology*, edited by T. Ingold, D. Riches, and J. Woodburn. Oxford: Berg Publishers.

——. 1994. "The Inuit Cycle of Spirits." Pp. 107–22 in *Amerindian Rebirth: Reincarnation Belief among North American Indians and Inuit*, edited by A. Mills and R. Slobodin. Toronto: University of Toronto Press.

Guenther, M. 1979. "Bushmen Religion and the (Non) Sense of Anthropological Theory of Religion." *Sociologus* 29: 102–32.

——. 1999. *Tricksters and Trancers: Bushman Religion and Society*. Bloomington: Indiana University Press.

Gurwitsch, A. 1979. *Human Encounters in the Social World*. Pittsburgh: Duquesne University Press.

Guthrie, S. 1993. *Faces in the Clouds: A New Theory of Religion*. Oxford: Oxford University Press.

——. 1997. "Anthropomorphism: A Definition and a Theory." Pp. 50–58 in *Anthropomorphism, Anecdotes, and Animals*, edited by R. W. Mitchell, N. S. Thomson, and H. L. Miles. New York: State University of New York Press.

Hallowell, A. I. 1955. *Culture and Experience*. Philadelphia: University of Pennsylvania Press.

——. 1960. "Ojibwa Ontology, Behavior, and World-View." Pp. 19–52 in *Culture in History: Essays in Honor of Paul Radin*, edited by S. Dimond. New York: Columbia University Press.

Hamayon, R. N. 1990. *La chasse à l'ame: equisse d'une théorie du chamanisme sibérien*. Nanterre: Société d'Ethnologie.

——. 1994. "Shamanism in Siberia: from Partnership in Supernature to Counter-power in Society." Pp. 76–89 in *Shamanism, History and the State,* edited by C. Humphrey and N. Thomas. Ann Arbor: University of Michigan Press.

Harner, M. 1972. *The Jivaro: People of the Sacred Waterfalls*. Garden City, NY: Doubleday/Natural History Press.

Harrison, S. 2005. *Fracturing Resemblances: Identity and Mimetic Conflict in Melanesia and the West*. Vol. 5, EASA Series. New York and Oxford: Berghahn Books.

Hegel, G. W. F. 1971 [1830/1845]. *Hegel's Philosophy of Mind* (being Part three of the Encyclopaedia of the philosophical sciences) (trans. W. Wallance together with the zusatze in Boumann's text, trans. A. V. Miller). Oxford: Clarendon Press.（ヘーゲル 1996『ヘーゲル全集 3　改訳 精神哲学（哲学体系Ⅲ）』船山信一（訳）、岩波書店）

Heidegger, M. 1962. *Being and Time*. New York: Harper and Row.（ハイデッガー、マルティン 1994 『存在と時間（上・下）』細谷貞雄（訳）、ちくま学芸文庫）

——. 1982 [1927]. *The Basic Problems of Phenomenology*, translated by A. Hofstader. Bloomington: Indiana University Press.（ハイデガー、マルティン 2010 『現象学の根本問題』木田元ほか（訳）、作品社）

——. 1993. "Building, Dwelling, Thinking." Pp. 347–63 in *Martin Heidegger: Basic Writings*, edited by D. F. Krell. London: Routledge.（ハイデッガー、マルティン 2008 「建てる・住まう・考える」、『ハイデッガーの建築論　——建てる・住まう・考える』中村貴志（訳・編）

Empson, J. 1993. *Sleep and Dreaming*. New York: Harvester Wheatsheaf.
Empson, R. 2006. "Separating and Containing People and Things in Mongolia." Pp. 113–40 in *Thinking through Things: Artefacts in Ethnographic Perspective*, edited by A. Henare, M. Holbraad, and S. Wastell. London: Cavendish University of London Press.
Eritukov, V. I. 1990. *Ust'Mil'skaia kul'tura epokhi bronzy Yakutii* [The Ust'Mil'skaia Culture of Yakutia's Bronze Age]. Moscow: Nauka.
Faraday, A. 1972. *Dream Power*. London: Hodder and Stoughton.（ファラデー、アン 1973『ドリームパワー』中野久夫・佐波克美（訳）、時事通信社）
Fausto, C. Forthcoming. "Feasting on People: Cannibalism and Commensality in Amazonia." *Current Anthropology*.Fedoseeva, S. A. 1980. Ymyiakhtakhskaia kul'tura Severo-Vostochnoi Azii [The Ymyiakhtakhskaia Culture of Northeast Asia]. Novosibirsk: Nauka.
Feit, H. A. 2000. "Les animaux comme partenaires de chasse: Réciprocité chez les Cris de la baie James." *Terrain* 34: 123–42.
Fienup-Riordan, A. 1994. *Boundaries and Passages: Rule and Ritual in Yup'ik Eskimo Oral Tradition*. Norman and London: University of Oklahoma Press.
Forsyth, J. 1992. *A History of the Peoples of Siberia: Russia's North Asian Colony 1581–1990*. Cambridge: Cambridge University Press.
Foulkes, D. 1993. "Children's Dreaming." Pp. 114–33 in *Dreaming as Cognition*, edited by C. Cavallero and D. Foulkes. New York: Harvester Wheatsheaf.
Frazer, J. G. 1993 [1922]. *The Golden Bough: A Study in Magic and Religion,* 3rd ed. Volume 1 part 1. London: Macmillan.（フレーザー、ジェームズ G. 1951-2『金枝篇（1~5）』永橋卓介（訳）、岩波文庫）
Freed, S. A., R. S. Freed, and L. Williamson. 1988. "The American Museum's Jesup North Pacific Expedition." Pp. 97–104 in *Crossroads of Continents: Cultures of Siberia and Alaska*, edited by W. W. Fitzhugh and A. Crowell. Washington, DC: Smithsonian Institution.
Freud, S. 1957. *A Metapsychological Supplement to the Theory of Dreams*. The Standard Edition of the Complete Psychological Works of Sigmund Freud, vol. 14. London: Hogarth Press.
——. 1961. *Beyond the Pleasure Principles*, translated by J. Strachey. New York: W. W. Norton.（フロイト、ジークムント 1996「快楽原則の彼岸」中村元（訳）、『自我論集』竹田青嗣（編）pp.113-200、ちくま学芸文庫）
Fudge, E. 2002. *Animal. London*: Reaction Books.
Gebauer, G., and C. Wulf. 1992. *Mimesis: Culture, Art, Society*, translated by D. J. Reneau. Berkeley and Los Angeles: University of California Press.
Gell, A. 1992. "Inter-tribal Commodity Barter and Reproductive Gift Exchange in Old Melanesia." Pp. 142–68 in *Barter, Exchange and Value: An Anthropological Approach*, edited by C. Humphrey and S. Hugh-Jones. Cambridge: Cambridge University Press.
——. 1996. "The Language of the Forest: Landscape and Phonological Iconism in Umeda." Pp. 232–55 in *The Anthropology of Landscape: Perspectives on the Place and Space*, edited by E. Hirsch and M. Hanlon. Oxford: Clarendon Press.
——. 1998. *Art and Agency: An Anthropological Theory*. Oxford: Clarendon Press.
Gellner, E. 1985. *The Psychoanalytic Movement*. London: Paladin.
Gogolev, Z. V., et al. 1975. *Yukagiry: Istoriko-etnograficheskiy ocherk* [The Yukaghirs: An Ethnohistorical Outline]. Novosibirik: Nauka.
Goodenough, W. 1951. *Property, Kin and Community on Turk*. Yale University Publications in Anthropology 46. New Haven, CT: Yale University Press.
Goulet, J. A. 1998. *Ways of Knowing: Experience, Knowledge and Power among the Dene Tha*. Lincoln: University of Nebraska Press.
Graburn, N. H. H., and B. S. Strong. 1973. *Circumpolar Peoples: An Anthropological*

*Sexual Meanings*, edited by S. Ortner and H. Whitehead. Cambridge: Cambridge University Press.
Costall, A. 1997. "The Meaning of Things." Pp. 76–86 in P. Harvey, ed., "Technology as Skilled Practice." *Social Analysis* 41(1): 76–85.
Cox, R. A. 2003. *The Zen Arts: An Anthropological Study of the Culture of Aesthetic Form in Japan*. London: Routledge Curzon
Czaplicka, M. A. 1914. *Aboriginal Siberia: A Study in Social Anthropology*. Oxford: Clarendon Press.
Darwin, C. 1882. *The Descent of Man and Selection in Relation to Sex*. London: John Murry.（ダーウィン、チャールズ　R. 2016『人間の由来（上・下）』長谷川眞理子（訳）、講談社学術文庫）
Degnen, C. 2005. "On Vegetable Love, Gardening and Genetic Modification." Seminar paper presented in the Department of Social Anthropology, University of Manchester, February 7.
Derlicki, J. 2003. "The New People: the Yukaghir in the Process of Transformation." Pp. 121–36 in *Between Tradition and Postmodernity*, edited by L. Mroz and Z. Sokolewicz. Warsaw: Committee of Ethnological Science, Polish Academy of Science, Institute of Ethnology and Cultural Anthropology of the University of Warsaw.
Descartes, R. 1984. *The Philosophical Writings of Descartes,* translated by J. Cottingham, R. Stoothoff, and D. Murdoch. Vol. 2. Cambridge: Cambridge University Press.
——. 1988. *Selected Philosophical Writings*, translated by J. Cottingham, R. Stoothoff, and D. Murdoch. Cambridge: Cambridge University Press.
——. 1996. *Meditations on First Philosophy: With Selections from the Objections and Replies*, edited by J. Cottingham. Cambridge: Cambridge University Press.（デカルト、ルネ 2006『省察』山田弘明（訳）、ちくま学芸文庫）
Press. Descola, P. 1992. "Societies of Nature and the Nature of Society." In *Conceptualizing Society*, edited by A. Kuper. London and New York: Routledge.
——. 1996. *In the Society of Nature: A Native Ecology in Amazonia*. Cambridge: Cambridge University Press.
Descola, P., and G. Pálsson. 1996. *Nature and Society: Anthropological Perspectives*. London and New York: Routledge.
Dillon, M. C. 1974. "Sartre on the Phenomenal Body and Merleau-Ponty's Critique." *Journal of the British Society for Phenomenology* 5(2): 144–58.
——. 1988. *Merleau-Ponty's Ontology*. Evanston, IL: Northwestern University Press.
Douglas, M. 1970. *Purity and Danger*. Harmondsworth: Penguin.（ダグラス、メアリー 2009『汚穢と禁忌』塚本利明（訳）、ちくま学芸文庫）
Dreyfus, H. L. 1988. "Husserl, Heidegger, and Modern Existentialism." Pp. 253–277 in *The Great Philosophers*, edited by B. Magee. Oxford: Oxford University Press.
——. 1991. *"Being-in-the-world": A Commentary on Heidegger's Being and Time, Division I.* Cambridge, MA, and London: MIT Press.（ドレイファス、ヒューバート L. 2000『世界内存在——『存在と時間』における日常性の解釈学』門脇俊介ほか（訳）、産業図書）
Durkheim, E. 1976 [1912]. *The Elementary Forms of Religious Life*, translated by J. W. Swain. New York: HarperCollins.（デュルケム、エミール 1975『宗教生活の原初形態（上下）』古野清人（訳）、岩波文庫）
Eagleton, T. 1983. *Literary Theory: An Introduction*. Oxford: Basil Blackwell.（イーグルトン、テリー 1997『新版 文学とは何か　——現代批評理論への招待』大橋洋一（訳）、岩波書店）
Eliade, M. 1964. *Shamanism: Archaic Techniques of Ecstasy*. Princeton, NJ: Princeton University Press.（エリアーデ、ミルチア 2004『シャーマニズム　（上下）』堀一郎（訳）、ちくま学芸文庫）

*and Literacy*. Boulder, CO: Westview Press.
Bobrick, B. 1992. *East of the Sun: The Conquest and Settlement of Siberia*. London: Heinemann.
Bodenhorn, B. 1997. "Person, Place and Parentage: Ecology, Identity and Social Relations on the North Slope of Alaska." Pp. 103–32 in *Arctic Ecology and Identity*, edited by S. A. Mousalimas. Budapest: Akadémia Kiadó, and Los Angeles: International Society for Trans-Oceanic Research.
——. 2000. "He Used to Be My Relative: Exploring the Basis of Relatedness among Inupiat of Northern Alaska." Pp. 128–48 in *Cultures of Relatedness: New Approaches to the Study of Kinship*, edited by J. Carsten. Cambridge: Cambridge University Press.
Bogoras, W. 1904 – 9. *The Chukchee*, edited by F. Boas. Memoir of the American Museum of Natural History, vol. 7. New York: American Museum of Natural History.
Boothby, R. 1991. *Death and Desire: Psychoanalytic Theory in Lacan's Return to Freud*. London and New York: Routledge.
Bourdieu, P. 1977. *Towards a Theory of Practice*. Cambridge: Cambridge University Press. [この文献は見当たらない。*Outline of a Theory of Practice* だと思われる]
Boyer, P. 1993. "Pseudo-natural Kinds." Pp. 121–41 in *Cognitive Aspects of Religious Symbolism*, edited by P. Boyer. Cambridge: Cambridge University Press.
——. 1994. *The Naturalness of Religious Ideas: A Cognitive Theory of Religion*. Berkeley and Los Angeles: University of California Press.
Brightman, R. A. 1993. *Grateful Prey: Rock Cree Human-Animal Relationships*. Berkeley and Los Angeles: University of California Press.
Burch, E. S., Jr. 1991. "Modes of Exchange in North-west Alaska." Pp. 95–109 in *Hunters and Gatherers II: Property, Power, and Ideology*, edited by T. Ingold, D. Riches, and J. Woodburn. Oxford: Berg Publishers.
Burr, V. 1995. *An Introduction to Social Constructionism*. London and New York: Routledge. (バー、ヴィヴィアン 1997『社会的構築主義への招待——言説分析とは何か』田中一彦（訳)、川島書店)
Cameron, D., and E. Frazer. 1994. "Cultural Difference and the Lust to Kill." Pp. 156–71 in *Sex and Violence: Issues in Representation and Experience*, edited by P. Harvey and P. Gow. London and New York: Routledge.
Carrithers, M. 1982. "Hell-fire and Urinal Stones: An Essay on Buddhist Purity and Authority." In *Contributions to South Asian Studies II*. Delhi: Oxford University Press.
Cartmill, M. 1993. *A View to a Death in the Morning: Hunting and Nature through History*. Cambridge, MA, and London: Harvard University Press. (カートミル、マット 1995『人はなぜ殺すか——狩猟仮説と動物観の文明史』内田亮子（訳)、新曜社)
Casey, E. S. 1987. *Remembering: A Phenomenological Study*. Bloomington and Indianapolis: Indiana University Press.
——. 1996. "How to Get from Space to Place in a Fairly Short Stretch of Time: Phenomenological Prolegomena." Pp.13–52 in *Senses of Place*, edited by S. Feld and K. H. Basso. Santa Fe, NM, and New York: School of American Research Press.
Cavallero, C., and D. Foulkes. 1993. "Introduction." Pp. 1–18 in *Dreaming as Cognition*, edited by D. Foulkes and C. Cavallero. New York: Harvester Wheatsheaf.
Chaussonnet, V. 1988. "Needles and Animals: Women's Magic." Pp. 209–27 in *Crossroads of Continents: Cultures of Siberia and Alaska*, edited by W. W. Fitzhugh and A. Crowell. Washington, DC: Smithsonian Institution.
Classen, C. 1993. *Worlds of Sense*. London: Routledge. (クラッセン、コンスタンス 1998『感覚の力——バラの香りにはじまる』陽美保子（訳)、工作社)
Collier, J., and M. Rosaldo. 1981. "The Politics and Gender in Simple Societies." Pp. 275–329 in

# 参考文献


Altman, J., and N. Peterson. 1991. "Rights to Game and Rights to Cash among Contemporary Australian Hunter-Gatherers." Pp. 75–94 in *Hunters and Gatherers II: Property, Power, and Ideology*, edited by T. Ingold, D. Riches, and J. Woodburn. Oxford: Berg Publishers.

Anderson, D. G. 2000. *Identity and Ecology in Arctic Siberia: The Number One Reindeer Brigade*. Oxford: Oxford University Press.

Anisimov, A. F. 1963. "The Shaman's Tent of the Evenks and the Origin of the Shamanic Rite." Pp. 84–123 in *Studies in Siberian Shamanism*, edited by H. N. Michael. Toronto: University of Toronto Press.

Århem, K. 1996. "The Cosmic Food Web: Human-Nature Relatedness in the Northwest Amazon." Pp. 185–205 in *Nature and Society: Anthropological Perspectives*, edited by P. Descola and G. Pálsson. London and New York: Routledge.

Arutiunov, S. A. 1988. "Even: Reindeer Herders of Eastern Siberia." Pp. 35–38 in *Crossroads of Continents: Cultures of Siberia and Alaska*, edited by W. W. Fitzhugh and A. Crowell. Washington, DC: Smithsonian Institution.

Atkinson, J. M. 1989. *The Art and Politics of Wana Shamanship*. Berkeley and Los Angeles: University of California Press.

Barnard, A., and J. Woodburn. 1991. "Introduction." Pp. 4–31 in *Hunters and Gatherers II: Property, Power, and Ideology*, edited by T. Ingold, D. Riches, and J. Woodburn. Oxford: Berg Publishers.

Barth, F. 1987. *Cosmologies in the Making: A Generative Approach to Cultural Variation in Inner New Guinea*. Cambridge: Cambridge University Press.

Barthes, R. 1990. *A Lover's Discourse: Fragments*, translated by R. Howard. London: Penguin Press.（バルト、ロラン 1980『恋愛のディスクール・断章』三好郁朗（訳）、みすず書房）

Becker, A. 1994. "Nurturing and Negligence: Working on Other's Bodies in Fiji." Pp. 100–115 in *Embodiment and Experience: The Existential Ground of Culture and Self*, edited by T. J. Csordas. Cambridge: Cambridge University Press.

Bird-David, N. 1990. "The Giving Environment: Another Perspective on the Economic System of Hunter-gatherers." *Current Anthropology* 31: 183–96.

——. 1992. "Beyond the Original Affluent Society: A Culturalist Reformulation." *Current Anthropology* 33: 25–47.

——. 1993. "Tribal Metaphorization of Human-nature Relatedness: A Comparative Analysis." Pp. 112–25 in *Environmentalism: The View from Anthropology*, edited by K. Milton. ASA Monograph 32. London and New York: Routledge.

——. 1999. "Animism Revisited: Personhood, Environment, and Relational Epistemology." *Current Anthropology* 40 (supplement): S67–S91.

Black, M. B. 1977. "Ojibwa Taxonomy and Percept Ambiguity." *Ethos* 5: 90–118.

Bloch, A. 2004. *Red Ties and Residential Schools: Indigenous Siberians in a Post-Soviet State*. Philadelphia: University of Pennsylvania Press.

Bloch, M. 1998. *How We Think They Think: Anthropological Approaches to Cognition, Memory*

97, 114, 122, 165, 168, 186, 312, 313
二重否定　29, 117, 163, 186
人 間 化　54, 146, 147, 170, 221, 273, 284, 285
認知モデル　244, 334
ネレムノエ　6-10, 15, 18-21, 57, 58, 64, 68, 69, 74-76, 88, 89, 94, 136, 139, 156, 189, 190, 203, 204, 210, 211, 239, 256, 267, 321, 333

## は

パースペクティヴ　12, 40, 52, 54, 65, 85, 93, 95, 97, 110, 112, 114, 117, 135, 151-153, 156, 159, 160, 165, 168-170, 179, 180, 182, 184-186, 198, 212, 284, 312, 313, 325, 327, 339
パースペクティヴィズム　54, 135, 150, 151, 161, 162, 179, 182, 186, 327,
バード＝デイヴィッド、N.　38-41, 79, 80, 85, 308-311, 339
ハイデガー、M.　42-47, 54, 246, 247, 250, 253-255, 270, 305-307, 309, 313, 337
ハズィアイン　65, 74, 78, 81, 82, 134, 222, 236, 242, 247, 250, 251, 255, 261, 297, 304, 329
バフチン、N.　240-245, 251, 259, 261, 262, 267, 317
火　46, 144, 145, 151, 154, 159, 172, 222 , 238, 250, 251, 267, 273, 289, 325, 334, 336
ピーダーセン、M.　48, 50
表象　25, 27, 30, 37-39, 41, 42, 44, 54, 80, 117, 162, 164, 168, 174, 175, 180, 182, 183, 192, 209, 244, 246, 247, 259, 276-279, 282, 287, 288, 295, 297, 298, 301, 303, 304, 308, 334, 335
フレイザー、J. G.　25, 33, 35, 36, 61, 164, 187
フロイト、S.　118, 119, 288, 290
ベンヤミン、W.　24, 28, 52, 314
変　容　7, 121, 145, 147, 153, 156, 157, 159, 160, 162, 176-178, 221, 222, 233, 271, 272, 281, 285, 309, 310
変　身　28, 50, 95, 153, 156, 160, 163, 168, 170, 174, 177, 182, 212, 271
暴力　83, 86, 87, 172, 187, 215-217
補助霊　78, 88, 219, 220, 257, 258, 293

## ま

学ぶこと　267, 278
ミメーシス　23-25, 28, 51-53, 55, 313, 314
メルロ＝ポンティ、M.　42, 47, 98, 112, 114, 115
メンタルマップ　54, 276, 277
木偶　84, 106, 216, 217, 292
模倣的な共感　179, 180, 182, 183, 191

## や

誘　惑　86, 87, 133, 149, 159, 171-174, 177, 178, 183, 185, 188, 191, 192, 198, 214, 232, 237, 284, 289, 291-293, 311, 329
ユピック　240-243, 245, 261, 267, 315, 334
夢　9, 13, 34, 54, 55, 78, 91, 102, 104, 106, 121, 129, 155, 172, 180, 185, 198, 220, 232, 236, 237, 255, 256, 258, 266, 288-291, 293-298, 304, 334, 338, 339
欲望　106, 132, 159, 172, 177, 187, 214
ヨヘルソン、W.　7, 67, 68, 84, 101-103, 130, 139, 144, 159, 184, 188, 202, 205-208, 235-238, 242, 243, 261, 315, 316, 324, 326, 331-334

## ら

ラカン、J.　49, 50, 53, 112, 114-117, 119, 121, 123, 125, 126, 269, 270, 280-282, 323
猟運　65, 70, 78, 79, 81, 85, 100, 202, 207, 211, 214, 222, 233, 255, 256
類感呪術　25, 164
ロシア人　8, 15, 16, 18, 62, 68, 136, 139, 171, 189, 190, 196, 217, 226, 239, 256, 315, 317, 325, 330, 331

## わ

罠猟　6, 157, 184, 185, 327

213, 217, 220, 221, 269, 272, 289, 291-293, 306, 322, 323, 327
身体 - 霊魂の弁証法　89, 116, 117
スキー　11, 99, 105, 128, 131, 154, 166, 167, 210
スピリドノフ、N. I.　316
住まうことの視点　246, 253, 308
主体　23, 25, 27, 28, 31, 40, 43, 44, 46, 47, 49, 110, 112-121, 123, 149, 151, 166, 168-170, 195-198, 213, 246, 248, 253, 254, 269-271, 294, 296, 301, 304, 307-309, 312, 327
主体性　112, 116, 119
女性　9, 10, 21, 26, 60, 68, 90, 111, 132, 138, 139, 144, 159, 160, 163, 184, 187-190, 202, 203, 206, 207, 236, 256, 323, 329, 330
人格としての動物　169, 184, 198, 327
生存狩猟　20
性的関係　219, 220, 290, 346
精霊　9, 12, 14, 19, 21, 46, 54, 55, 74, 78-80, 82-84, 86, 88, 107, 111, 127, 135, 140, 146, 150, 151, 172, 173, 185, 199, 202, 206, 208, 215, 217-221, 227, 232, 235-238, 240-243, 245-253, 255-263, 267, 272, 286, 287, 291-294, 297-299, 301, 304-306, 309, 311, 320, 328, 335
世界 = 内 = 存在　42-44, 47-49, 51, 53, 161, 283, 290, 294, 295, 306, 307, 335
世界観　63, 240, 244, 245, 259, 260-262, 298, 334, 335
想像界　49, 118-120, 122
疎外　100, 113-115, 117, 120, 307
ソビエト（ソビエト連邦）　10, 20, 21, 25, 26, 67, 68, 133, 189, 190, 200, 201, 203, 204, 207, 227-229, 231, 238, 239, 317, 332-334

## た

第二の自然　25, 51
タイラー、E. B.　7, 8, 13, 33-36, 38, 41, 44, 128, 288, 303, 318, 339
タウシグ、M.　24, 25, 27, 28, 164
他者　24, 26, 27, 29, 44, 49-52, 67, 71, 86, 95, 100, 110, 112-115, 117, 118, 120, 122, 123, 125, 126, 134, 137, 143, 146, 148, 149, 152, 154, 165, 166-170, 177, 179, 182, 183, 191, 192, 197, 213, 265, 285, 300, 302, 304, 308-310, 313, 314, 339, 340
脱人間化　145, 169, 181, 221, 271
知識　7, 14, 22, 31, 36, 40, 52, 54, 63, 67, 90, 103, 104, 106, 121, 132, 194, 199, 205, 223, 224, 228, 236, 238-249, 251, 252, 255, 257-260, 262-270, 273-275, 278-280, 283, 286, 288, 299, 302, 317, 327, 335
知的文化　240, 243-246, 253, 259
ディロン、M. C.　42, 47, 113, 114, 117, 124
デカルト、R.　30-33, 40-43, 45, 47-49, 51, 193, 266, 299, 303, 305-308, 313
デカルト主義　197, 303
デスコラ　13
デュルケーム、E.　13, 37-39, 41, 187, 189, 191, 192, 195, 196, 299, 300, 303-336
転生　29, 61, 65, 80, 89, 90, 92-95, 103, 178
トゥゴルコフ、V. A.　316
〈尖った頭の老人〉　59, 84, 237
トナカイ　15, 16, 18, 63, 67, 70, 129-133, 136, 139, 143, 147, 150, 153-157, 159, 163, 165, 184, 185, 190, 196, 203, 210, 213, 229, 284, 286, 317, 319
トリックスター　84, 119

## な

におい　132, 133, 135, 138-141, 143, 145-147, 156, 163, 171, 217, 271, 273, 285, 328
肉　9, 57, 58, 60, 61, 64, 67, 68, 70, 72-74, 76, 78, 79, 82, 97, 100, 104, 134, 136, 137, 139, 144, 147, 148, 155, 160, 178, 204, 205, 210, 212-215, 217, 218, 222, 229, 250, 269, 273, 322, 338
二元論　29, 31, 32, 39, 40, 45, 48, 113, 299, 300, 305, 307
二重のパースペクティヴ　84, 93（訳注内）,

245, 251, 259, 261, 262, 267,
煙　145-147, 273
言語　6, 12, 16, 19-21, 54, 104, 116, 119-122, 129, 147, 153, 171, 193, 194, 197, 221, 239, 240, 241, 244, 245, 247, 253, 259, 261, 263, 265, 266, 268-271, 274, 278-283, 286-288, 294, 296, 297, 309, 317
現象学　42, 47, 98, 99, 110, 246, 265, 294
行為主体性　52, 82, 99, 101, 108, 118, 125, 306, 307
行為主体　38, 40, 80, 83, 85-87
子供　18, 20, 21, 39, 52, 55, 60, 77, 78, 80-82, 84, 85, 91, 93, 96, 97, 114-116, 119-123, 125, 133, 134, 138, 139, 142, 143, 145, 154, 158, 160, 190, 211, 215, 217, 219, 230, 236, 239, 256, 266-271, 287, 296, 297, 323, 331, 333, 334, 336, 339
共産主義　202, 204, 230, 231, 233, 317

## さ

差異　14, 15, 24, 28, 29, 37, 48-50, 52, 54, 60, 80, 115, 120, 122, 134, 142, 150, 152, 182, 185, 194, 224, 269-271, 276, 280-282, 297, 306-313, 339, 347
再帰性　24, 28, 44, 50
サハ　6, 8, 16, 18-20, 60, 68, 69, 76, 88, 102, 108, 135, 139, 156, 157, 196, 205, 217, 226, 228, 239, 267, 274, 275, 277, 280, 285, 315-318, 321
サルトル、J=P.　42, 98, 112-114, 166
死　8, 12, 16, 22, 26, 48, 52, 53, 58-61, 64, 81-83, 85, 86, 89-98, 103, 106, 107, 109, 118, 119, 121, 134, 137, 138, 143, 155, 159, 175, 178, 188, 201, 204-206, 211, 212, 215-218, 220, 221, 240, 243, 249, 252, 266, 306, 310, 311, 320, 322, 323, 326, 328, 329
シェア、, シェアリング　39, 56, 66-68, 70-77, 79, 80, 82, 83, 85, 86, 136, 137, 204, 309-312, 320
ジェル、A.　72, 328
自己と他者　100, 120, 126, 166, 213, 310, 313
実践的な関わり　246, 247
支配霊　59, 65, 77-80, 82, 84-87, 130, 172, 173, 214, 215, 218, 222, 289, 311, 324, 328, 329
ジャクソン、M.　124
シャーマニズム　7, 25, 54, 199-201, 204, 205, 207-209, 231, 232, 327, 330
シャーマンシップ　200, 209, 210, 215, 223, 227, 231-233
呪術　9, 25, 27, 34, 63, 137, 164, 200, 207, 214, 220, 229, 251, 273, 285, 318, 336
シュッツ、A.　42, 110, 252
狩猟　6-10, 12-15, 18, 22, 23, 27-29, 36, 41, 52-54, 56-59, 61-71, 73, 74, 76-83, 85-89, 93, 95, 96, 99-102, 104, 106, 108, 109, 122, 125, 128-149, 151, 154-159, 162, 165-177, 180-192, 196-199, 201-204, 206, 207, 209-224, 229, 230, 233, 234, 236-238, 240, 247-251, 255-257, 260, 261, 263-265, 270-280, 283-285, 289, 291-293, 306, 311, 312, 315, 316, 320-322, 325-330, 336-338
狩猟採集民　13, 37, 40, 45, 66, 69, 78-80, 82, 83, 186, 187, 192, 196, 308-311, 324, 329
象徴人類学　37
象徴秩序　270, 271, 282
食人
135, 137, 138, 155, 159, 160, 175, 214, 326
所有者　78, 82, 84, 88, 106-108, 119, 130, 218, 222, 236, 237, 256-258, 293, 331
ジリアンカ　20, 57, 58, 68, 92, 136, 196, 239, 317, 321, 330
人格性　22, 23, 30, 41, 43, 44, 50, 52, 54, 123, 129-132, 138, 169, 170, 197-199, 284, 285
身体　11, 12, 24, 27, 31, 32, 43, 50, 51, 53, 57, 59, 60, 62-65, 80, 87, 89, 90, 98-105, 110-116, 120, 123-126, 138, 141-147, 149-153, 155-157, 161-166, 168, 170, 175, 176, 179-182, 184, 191, 192, 199, 205, 206, 209,

# 索引

## あ

愛　80, 83, 85, 86, 96, 125, 136, 148, 168, 171, 174, 176-178, 182, 183, 187, 219, 220, 292, 293, 311
アイデンティティ　11, 18, 19, 29, 48, 87, 91, 94-96, 116, 119, 120, 122, 126, 130, 143, 144, 149, 153, 163, 165, 176, 186, 191, 221, 222, 269, 271, 273, 283-285, 306, 311, 313
アイビ　霊魂　12, 14, 21, 26, 29, 31-34, 50, 53, 59, 60-62, 65, 80-83, 86, 89, 91, 94, 97, 101-109, 116-119, 121, 127-129, 137, 141-144, 151, 161, 172, 173, 178, 198, 218, 220, 266, 289, 291-293, 298, 306, 312, 320-322
曖昧さ　114, 170, 261, 262
悪魔　107, 143, 157, 158, 202, 326
アナロジー　9, 34, 259, 313
アニミズム　7, 8, 12-14, 22, 30, 33-41, 44, 45, 48, 51-53, 55, 128, 160, 179, 193, 195, 196, 298, 300, 301, 303, 308-310, 312-314, 318, 319
アバスィ　アバスィラル　邪霊　60, 135, 137, 138, 142-144, 151, 176, 326
イヌ　15, 133, 203, 256, 257, 267, 280, 281, 325
イマーゴ　116-118
インゴルド、T.　39, 42, 45, 46, 49, 130, 148, 246, 253, 279, 294, 303, 305, 308, 318, 330, 338, 341
隠喩　13, 37-39, 189, 192, 199, 299, 300, 329
ヴィヴェイロス・デ・カストロ、E.　150, 151, 161, 326, 327, 329, 339, 340
ヴェルフネ・コリムスク　15, 19, 20, 57, 68, 75
エルク　10, 11, 21, 22, 27, 57-59, 64, 67, 70, 81, 88, 97, 99, 100, 106, 129, 131-134, 136, 139-143, 145, 147, 149-151, 153, 154, 156, 157, 159, 165-171, 173, 176-178, 181, 183-185, 194-199, 210-214, 216, 217, 222, 229, 230, 234, 249, 255, 258, 263, 267, 273, 284, 286, 290, 292, 293, 312, 319, 321, 327-329
エルク猟　57, 133, 171, 184, 185
オオカミ　58, 129, 133, 134, 153, 156, 158-160, 185, 193, 281, 319
オムレフカ川　64, 78, 88, 222, 255, 258, 293, 337

## か

〈影の国〉　59, 60, 103, 106, 110, 119, 218, 293, 320, 322
ガスリー、S.　35-37, 41, 318
語り、語りの場　54, 89, 97, 102, 104, 107, 121, 148, 170, 179, 182, 205, 212, 215, 221, 236, 252, 273-277, 279, 280, 283, 285, 286, 289, 325, 326, 338
関係　24, 25, 31, 37-39, 44, 46, 51, 53, 54, 62, 63-66 , 75, 79, , 82, 86, 89, 93, 96, 104, 112, 117, 120, 121, 126, 127 , 131, 144, 152, 175, 182, 186, 187, 189, 192, 208 , 214, 222, 240, 252-255, 258, 266, 270, 271, 280, 292, 298-300, 306, 309, 310, 329 , 336, 337, 339
関係的　19, 30, 41, 42, 44, 46, 126, 246, 304, 306, 307, 313
関係性　43, 80, 82, 85, 86, 91, 94, 117, 120, 127, 143, 144, 174, 186, 187, 189, 219, 290, 306, 328
キツネ　129, 130, 132, 133, 139, 147, 158, 163, 185, 292, 319
客体＝としての＝私の身体　113
教育システム　239
境界性　313
鏡像段階　53, 115, 116, 123, 125, 269, 270, 323,
儀礼　46, 63, 78, 79, 137, 158, 201, 202, 207, 210, 217, 218, 238, 240, 242, 245, 248-251, 253, 267, 284, 319, 336
クウォン、H.　215, 275, 276, 278, 279, 282
クズリ　129, 132-135, 139, 151, 158, 185, 319, 326
クマ　8, 10, 70, 129-133, 136, 137, 139, 141, 149, 153, 163, 171, 213, 217, 218, 284, 325, 326
クルプニク、I.　62, 64, 65, 87, 225, 240-

**奥野 克巳**（おくのかつみ）

1962年生まれ。立教大学異文化コミュニケーション学部教授。

一橋大学社会学研究科博士後期課程修了、桜美林大学教授を経て、2015年より現職。

【著書】

『「精霊の仕業」と「人の仕業」：ボルネオ島カリスにおける災い解釈と対処法』（春風社、2004年）、『人と動物、駆け引きの民族誌』（編著、はる書房、2011年）、『改訂新版　文化人類学』（内堀基光との共編著、放送大学教育振興会、2014年）、『Lexicon 現代人類学』（石倉敏明との共編著、以文社、2018年）、『反省も謝罪もしない森の民と暮らして人類学者が考えたこと』（亜紀書房、2018年刊行予定）など。訳書にエドゥアルド・コーン『森は考える』（共監訳、亜紀書房、2016年）など。

**近藤 祉秋**（こんどうしあき）

1986年生まれ。北海道大学アイヌ・先住民研究センター助教。

早稲田大学大学院、アラスカ大学フェアバンクス校博士課程を経て、2016年より現職。

【著書・論文】

『人と動物の人類学』（奥野克巳、山口未花子との共編著、春風社、2012年）、「ボブ老師はこう言った：内陸アラスカ・ニコライ村におけるキリスト教・信念・生存」『社会人類学年報』第43号、「アラスカ・サケ減少問題における知識生産の民族誌——研究者はいかに関わるべきか——」『年報人類学研究』第6号

**古川 不可知**（ふるかわふかち）

1982年生まれ。大阪大学大学院人間科学研究科　博士後期課程修了。

【論文】

「「仕事は探検」　——ネパール・ソルクンブ郡、シェルパの村の生業と変容」『日本山岳文化学会論集』第14号(単著、2016年)、「職業としての「シェルパ」をめぐる語りと実践」『年報人間科学』第36号(単著、2015年)。

**レーン・ウィラースレフ　Rane Wilerslev**

1971年生まれ。国立デンマーク博物館館長。2003年、ケンブリッジ大学人類学科博士課程修了。博士(人類学)。マンチェスター大学（イギリス)、オーフス大学ムースガルド博物館(デンマーク)、オスロ大学文化史博物館(ノルウェー）を経て現職。



**ソウル・ハンターズ**──シベリア・ユカギールのアニミズムの人類学

| | |
|---|---|
| 発行 | 2018年4月13日　第1版第1刷発行 |
| 著者 | レーン・ウィラースレフ |
| 訳者 | 奥野克巳・近藤祉秋・古川不可知 |
| 発行者 | 株式会社亜紀書房<br>東京都千代田区神田神保町1-32<br>TEL　03-5280-0261（代表）03-5280-0269（編集）<br>振替　00100-9-144037<br>http://www.akishobo.com |
| 装幀 | 間村俊一 |
| DTP | コトモモ社 |
| 印刷・製本 | 株式会社トライ<br>http://www.try.sky.com |

好評既刊

# 森は考える——人間的なるものを超えた人類学

エドゥアルド・コーン著
奥野克巳・近藤宏（共監訳）
近藤祉秋・二文字屋脩（共訳）

中沢新一氏推薦——自分の属する民族や共同体の外から人間を理解しようとしてきた人類学は、いまや人間性の外から人間について思考する学問へと、大きな転回をとげようとしている。森は考える。植物が考え、動物が考えている。それらの異なる思考に包まれながら、人間も自分のやり方で考えている。人類学と哲学はいま限りなく近い場所に立っている。

南米エクアドルのアマゾン河流域に住むルナ人にとっては、森は考え、イヌは夢を見る。人類学、哲学、文学、言語学、環境学、生態学、生命論などの諸領域を縦横に接続する知的興奮のエスノグラフィ。

2700円＋税

近刊

# 反省も謝罪もしない森の民と暮らして人類学者が考えたこと

奥野克巳著

ボルネオのジャングルで狩猟・採集生活を送る「プナン」たちは、反省しない。謝罪もしない。貯蓄もしない。感謝もしない。そんな「熱帯のニーチェ」たちのもとのフィールドワークから、いまの日本社会が抱えている息苦しさや生きづらさが見えてくる。人類学の醍醐味や可能性が詰まった渾身の著、まもなく刊行。

予価1700円＋税